教育部哲学社会科学研究重大课题攻关项目
"高等学校分类体系及其设置标准研究"（14JZD046）

福建省高等教育改革与研究项目
"福建省高等教育分类治理的政策优化研究"（FGJY202419）

康 敏 ◎著

中国高等学校
分类制度的生成研究

中国社会科学出版社

图书在版编目（CIP）数据

中国高等学校分类制度的生成研究／康敏著.
北京：中国社会科学出版社，2025.5. -- ISBN 978-7
-5227-5124-5

Ⅰ．G649.2

中国国家版本馆CIP数据核字第20252DH460号

出 版 人	季为民
责任编辑	耿晓明　朱楚乔
责任校对	禹　冰
责任印制	李寡寡

出　　版	中国社会科学出版社
社　　址	北京鼓楼西大街甲158号
邮　　编	100720
网　　址	http://www.csspw.cn
发 行 部	010-84083685
门 市 部	010-84029450
经　　销	新华书店及其他书店

印　　刷	北京明恒达印务有限公司
装　　订	廊坊市广阳区广增装订厂
版　　次	2025年5月第1版
印　　次	2025年5月第1次印刷

开　　本	710×1000　1/16
印　　张	14.25
插　　页	2
字　　数	210千字
定　　价	78.00元

凡购买中国社会科学出版社图书，如有质量问题请与本社营销中心联系调换
电话：010-84083683
版权所有　侵权必究

序

党的二十届三中全会提出统筹推进教育科技人才体制机制一体改革，提升国家创新体系整体效能。分类推进高等学校改革是进一步深化教育综合改革的重要内容，在支持全面创新体制机制方面发挥着重要作用。高等学校分类制度是分类推进高等学校改革的顶层设计，系统引领高等学校分类设置、分类指导、分类支持、分类评价。笔者领衔攻关团队，配合教育部从分类设置角度研究构建了高等教育分类体系，已为教育部采纳并整体吸收至2017年颁布的《教育部关于"十三五"时期高等学校设置工作的意见》。该意见明确将我国高等学校划分为研究型、应用型、职业技能型三类院校，标志着高等学校分类设置与管理上升至顶层设计层面。

高等学校分类制度具有体制守正和机制创新的突出特点，在稳中求进、在稳中求变。高等学校分类制度设计作为一种系统化制度安排，需要协调好三个关系，分别为法规规制、管理体制、创新评估机制的关系，经济社会人才分类与高等学校分类的关系，高等学校设置、高等学校评估、教育体系督导的关系。国务院1986年颁布的《普通高等学校设置暂行条例》与当前分类推进高等学校改革的时代要求已然不相适应，亟待以分类设置为起点，"头尾配合"，联动管与评。以管为基础、以办为核心，以评为导向，只有形成分类管，才能促进和推动分类办学和分类评估。

高等学校分类制度作为一种新的制度安排，溯源其生成基础、生成动因、生成机理，有利于在政策实施过程中贯彻指导存量和增量高等学校分类定位、特色办学的政策意图，提升高等学校分类改革的效能。中国式现代化进程中高等学校分类发展研究呈现政策话语先于理论话语和实践话语的特点。高等教育体系人才培养与不同禀赋学生多样化成才的现实矛盾，要求深化我国高等学校分类发展政策和实践，需要形成符合本土语境的高等学校分类话语作为基础和引领。当前在理论、政策、实践方面仍需持续构建中国式高等学校分类发展的话语体系。

高等学校分类制度的生成，立足于中国实际和时代特征，是具有中国特色的制度设计，对制度生成的理论、政策、实践研究，有助于推动构建新时代中国特色社会主义话语。《中国高等学校分类制度的生成研究》一书，依托笔者主持的教育部哲学社会科学研究重大课题攻关项目"高等学校分类体系及其设置标准研究"（14JZD046），采用理论研究、政策分析、实证探索等多重范式，以制度供给—需求矛盾为抓手，提出高等学校同质化发展的实践问题、分类功能弱化的选拔性分层分类的政策问题，具体分析了高等学校办学的路径依赖现象与推进特色办学思想的两极化困境，高等学校人才培养目标同质性强与毕业生结构较为单一的人才培养同质化困境。基于此，从制度话语和行动实践的双重逻辑梳理了我国高等学校分类制度生成的原理及过程。

高等学校分类制度是进一步深化教育综合改革的系统工程，事关高等学校分类设置、分类指导、分类支持、分类评价等全过程，牵一发而动全身。以高等学校分类设置与管理为核心的顶层设计奠定了这一项系统工程的基础，全面深化教育综合改革仍须久久为功，坚守制度定力，保持政策持续性，在高等学校分类办学实践中推进制度创新、理论创新。因此，"中国高等学校分类制度的生成"这一主题尚有广阔的探索空间，值得深入研究。本书的研究成果迈出了重要的一步，也是未来持续探索的坚实基础。

史秋衡
2024 年 12 月 9 日

摘 要

当今世界日趋激烈的经济和科技等综合国力竞争归根结底是人才的竞争，中国正处于经济社会转型发展和创新型国家建设提质增效的关键阶段，培育研究型、应用型、技术技能型、复合型等多样化人才是支撑和引领国家创新驱动发展战略和提升国际竞争力的重要手段。多元人才类型的培养需求对高等教育多样化发展和高等学校特色办学提出了新要求和新挑战。在此背景下，社会层面多元质量观念逐渐形成，高等学校开始转向自发探索多样化办学路径。但是以层次特征为主的高等教育管理制度表现出滞后性，缺乏反映不同类型高等学校办学特征的分类思想，难以系统地指导中国高等学校特色办学实践。高等学校分类制度需求和供给的矛盾日益突出，倒逼着国家高等教育行政力量采用自上而下的强制性制度变迁方式，以建立高等学校分类体系为抓手，推动中国高等学校分类制度设计生成。高等学校分类制度作为一种新的制度设计，需要澄清中国如何从高等学校层次特征突出和缺乏反映不同类型高等学校特征的分类制度安排，逐步走向高等学校分类制度安排和政策选择，以帮助各级教育行政管理者、高等学校和社会等高等教育利益相关者深入认识高等学校分类制度，并在高等学校分类制度框架中采取适切的行动策略，使得高等学校分类制度从制度设计走向政策实践，推动制度的持续改进和彰显促进高等教育多样化发展的功能，这也是本书研究的目的和意义所在。

本书从理论研究、政策研究和实证研究等多重范式，分析中国高等学校分类制度变迁的基础、动因及机理，论证中国高等学校分类制度的生成过程。以生成论为方法论指导，采用制度变迁理论、三螺旋创新模式理论、大学观多重隐喻等作为理论基础，系统分析中国高等学校分类制度的生成基础、生成动因、生成机理。主要采用半结构式访谈法和文本分析法，以高等教育行政管理者、高等学校管理者、高等学校分类研究者、高等学校设置评议委员为调查对象，以政策文本把握高等学校分类制度的生成进程，包括制度话语构建和行动实践；从高等学校分类制度利益相关者的视角出发，分析高等学校分类制度在一定环境中的生成动因，分析高等教育内外部系统各要素之间交互作用以及高等教育外部系统如何通过高等教育内部系统发挥作用，即高等教育内外部系统的制度供需矛盾推动高等学校分类制度的外显生成过程，并通过高等学校办学基础数据对高等学校分类制度供给问题进行验证；此外，以制度变迁理论为基础建立高等学校分类制度生成机理的分析框架，阐释中国高等学校分类制度变迁的路径选择和内在机理。

通过对中国高等学校分类制度生成基础、生成动因、生成机理的系统论证，总结中国高等学校分类制度生成具有强制性、滞后性、持续性、渐变性特征，需要相应地处理好制度合法化和社会化、制度话语和行动实践、技术变迁和制度变迁、分层文化和分类文化之间的关系问题。本书研究基于高等学校分类制度生成分析、生成特征、推动制度生成还需要处理好的四对关系，提出建立国家、地方、高等学校、社会等多重机制保障高等学校分类制度从制度话语走向行动实践；在国家层面以高等学校分类体系为抓手，联动其他高等教育制度；地方政府统筹地方高等教育规划，引导高等学校错位竞争；高等学校专注于内涵式建设和渐进式深化校内综合改革；社会深度融合高等学校知识生产和人才培养过程，共同推动高等学校分类制度设计的生成与实践。

本书的创新之处在于，从理论层面提出高等学校分类的制度学研究，基于高等学校分类发展的制度供给和制度需求的矛盾破题，以制度话语和行动实践作为高等学校分类制度生成的双重逻辑，分析高等学校分类制度变迁；在实践层面，以高等学校分类制度利益相关者为调查对象进行高等学校分类制度生成动因的质性建构，并采用高等学校办学数据验证高等学校分类制度供给方面存在的问题。因而中国高等学校分类制度生成的理论分析来源于实践，高等学校分类制度生成的研究结论和基于利益相关者视角提出的对策建议有的放矢。未来将深化高等学校分类制度话语转化为行动实践，推动行动实践的实施机制研究。

目录 contents

第一章 绪论 …………………………………………………… (1)
    第一节　研究背景 ………………………………………… (2)
    第二节　研究意义 ………………………………………… (15)
    第三节　核心概念 ………………………………………… (19)
    第四节　文献综述 ………………………………………… (28)
    第五节　研究设计 ………………………………………… (56)
    小结 ………………………………………………………… (64)

第二章 方法论和理论基础 ………………………………… (65)
    第一节　生成论方法论及其运用 ………………………… (66)
    第二节　制度变迁理论及其运用 ………………………… (70)
    第三节　三螺旋创新模式理论及其运用 ………………… (79)
    第四节　大学观多重隐喻及其运用 ……………………… (82)
    小结 ………………………………………………………… (88)

第三章 中国高等学校分类制度的生成基础 ……………… (89)
    第一节　高等学校分类制度生成的制度基础 …………… (89)
    第二节　高等学校分类制度的哲学基础 ………………… (102)
    小结 ………………………………………………………… (105)

第四章 中国高等学校分类制度的生成动因 (106)
- 第一节 高等学校分类制度生成的利益相关者 (106)
- 第二节 高等学校分类制度供需矛盾的生成分析 (113)
- 第三节 高等学校分类制度供需矛盾的问题表征 (130)
- 小结 (147)

第五章 中国高等学校分类制度的生成机理 (149)
- 第一节 高等学校分类制度生成机理的分析逻辑 (149)
- 第二节 高等学校分类制度变迁的制度环境 (156)
- 第三节 高等学校分类制度变迁的内在机制 (165)
- 小结 (176)

第六章 结论与建议 (178)
- 第一节 中国高等学校分类制度生成的基本特征 (178)
- 第二节 中国高等学校分类制度生成中的四对关系 (182)
- 第三节 深化中国高等学校分类制度生成的行动对策 (189)

结 语 (199)

参考文献 (202)

后 记 (214)

图　目　录

图 1-1　中国产业年增加值增长速度（2011—2023 年）……………（6）

图 1-2　中国产业年增加值占比（2011—2023 年）…………………（6）

图 1-3　中国高等学校分类制度的生成研究技术路线 ………………（62）

图 3-1　1949 年中华人民共和国成立以来中国高等学校数量
　　　　变化趋稳 ……………………………………………………（91）

图 3-2　中国高等教育规模和增速趋于稳定 …………………………（97）

图 3-3　2002—2015 年中国民办和公办性质的高职院校、本科
　　　　院校增幅趋稳 ………………………………………………（97）

图 3-4　2011—2018 年中国各教育阶段招生规模变化速度趋稳 ……（98）

图 4-1　高等教育利益相关者层面的中国高等学校分类制度生成
　　　　动力来源 ……………………………………………………（119）

图 4-2　中国部分高等学校科技经费—教育事业费二维散点图 ……（135）

图 4-3　2017 年中国普通本科高校各学科毕业生结构分布 ………（144）

图 4-4　2017 年中国普通专科高校各专业毕业生结构分布 ………（144）

图 5-1　中国高等学校分类制度生成机理的分析框架 ……………（151）

图 5-2　中国高等学校分类制度变迁的原制度环境 ………………（168）

图 5-3　中国高等学校分类制度变迁从非均衡状态走向均衡
　　　　状态 …………………………………………………………（173）

表 目 录

表 4-1　高等学校分类制度生成动因访谈对象分布情况 …………（114）

表 4-2　中国高等学校分类制度生成动因编码 ……………………（117）

表 4-3　"高等教育制度设计滞后于高校多样化办学实践"主轴编码子节点举例 ……………………………………（120）

表 4-4　"高等教育制度设计滞后于高校多样化办学实践"主轴编码子节点举例（续表 1） ……………………（122）

表 4-5　"高等教育制度设计滞后于高校多样化办学实践"主轴编码子节点举例（续表 2） ……………………（124）

表 4-6　中国高等学校分类制度生成动因编码（续表） ……………（126）

表 4-7　"高等教育利益相关者在高校特色办学中重塑平衡关系的需求"主轴编码子节点举例 ……………………（127）

表 4-8　"高等教育利益相关者在高校特色办学中重塑平衡关系的需求"主轴编码子节点举例（续表 1） ………（129）

表 4-9　"高等教育利益相关者在高校特色办学中重塑平衡关系的需求"主轴编码子节点举例（续表 2） ………（130）

表 4-10　2011—2019 年中国高等学校更名和升格受高等教育政策影响发生波动 ……………………………（133）

表 4-11　因子负荷旋转矩阵分析 ……………………………（134）

表 4-12　中国部分高等学校办学定位 ………………………（137）

表 4-13 中国部分高等学校汉语言文学、法学、数学与应用数学、
　　　　 计算机科学与技术专业人才培养目标词频分析 ………… (139)
表 4-14 2011—2017 年中国普通工学、管理学、文学本科毕业生
　　　　 规模稳居前三 ……………………………………………… (145)
表 4-15 2011—2015 年中国普通专科财经大类毕业生数高居
　　　　 榜首 ………………………………………………………… (145)
表 4-16 2016—2017 年中国普通专科财经商贸大类毕业生数
　　　　 高居榜首 …………………………………………………… (146)

第一章

绪　论

日益激烈的国际竞争归根结底是人才的竞争，中国正处于建设创新型国家的重要阶段，经济社会转型发展和高等教育强国战略的实施，对高等教育分类创新和高等学校分类人才培养提出多样化需求。由于中国高等学校分类相关法律政策滞后于高等教育系统外部环境变化和高等教育系统内部已经形成的办学探索，导致高等学校分类相关法律政策难以有效指导高等学校分类办学理念转变和实践深化，制约了高等教育多样化发展。外部社会环境对高等教育多样化发展的现实需求和高等教育系统内部制约高等教育多样化办学的理念和实践发展之间形成的制度供需矛盾，逐步推动高等学校分类制度生成。在此背景下，推动中国高等学校分类发展的制度设计应运而生。2017年，教育部发布《关于"十三五"时期高等学校设置工作的意见》，先后经历了组织研究团队对高等学校主体的大规模实证调研、对全国高等学校基础办学数据的全面分析、寻找高等学校分类发展决策方向的理论支撑，立足于高等学校分类决策所处的高等教育系统的内外部环境，成立专家组对修订稿反复进行咨询论证，首次明确提出建立研究型、应用型、职业技能型高校分类体系框架，并在此基础上探索高等学校分类设置制度的循证决策，对以高等学校分类体系为基础的高等学校分类设置的提出，是高等学校分类制度生成中的一个重要节点。笔者全程参与大规模实证调研和咨询会议，通过深度访谈高等教育利益相关者，在高等学校办学数据分析的基础上，提出中国高等学校分类制度生成这一研究主题。在第一手访谈资料的分析过程中，笔者深刻地感受到中国高等学校分

中国高等学校分类制度的生成研究

类制度受到经济社会发展和国家战略部署的双重驱动,高等学校和高等教育行政管理力量在推动高等学校分类制度设计中发挥着重要作用。因而本书通过分析在经济社会转型、国家战略部署、高等教育多样化发展需求的背景下,社会、高等教育行政管理力量和高等学校的协调互动,特别是高等教育内部产生的问题和需求等系列变化,推动高等学校分类制度生成的过程。

第一节 研究背景

高等学校分类制度的生成,受到经济社会发展、国家战略部署的影响,反映高等学校作为知识生产和人才培养的重要部门逐渐走进社会中心。当前,中国正踏上实现第二个百年奋斗目标的赶考之路,发展新质生产力对高等教育的知识创新和人才培养提出了新需求。国家创新驱动发展战略和人才强国战略要求建设高等教育强国,为创新型国家建设提供多样化人才和智力支持。建设高等教育强国的背景下,中国高等教育由规模扩张和空间拓展的外延式建设转向以质量提高和结构优化为核心的内涵式发展。高等学校分类制度引导不同类型高等学校特色办学,是优化高等教育结构、健全高等教育体系的重要方式。从法律上溯源,高等学校分类制度具有夯实的法律根基。《中华人民共和国高等教育法》规定,以不同类型高等学校实际推进高等教育体制和高等教育教学改革。但是长期以来,高等学校分类办学实践缺乏顶层设计的指导,高等学校分类发展的政策设计缺乏与之匹配的、系统化的制度安排和实践,中国高等学校建设计划偏向纵向选拔性分层的政策特点导致高等学校办学偏离应然定位等问题,以选拔性分层为特征的高等学校管理制度难以有效驱动高等学校自主科学定位和内涵式发展实现特色办学,制约了高等教育多样化发展和高等教育质量的全面提升。

聚焦高等学校分类制度引导高等学校特色办学已经成为中国全面深化

高等教育综合改革的重要部分。随着高等教育领域"放管服"改革和依法治教的不断深入，在中国高等教育政策法律框架中相继出台具有促进高等学校分类发展思想的系列政策。如2010年颁发《国家中长期教育改革和发展规划纲要（2010—2020年）》，2012年教育部发布《关于全面提高高等教育质量的若干意见》，2017年公布《国家教育事业发展"十三五"规划》和《关于深化教育体制机制改革的意见》，2019年出台《中国教育现代化2035》等政策都提出推动高等教育分类管理和高等学校分类发展的要求。高等学校分类体系与高等学校分类设置、高等学校分类管理和高等学校分类评价密切相关，高等学校分类设置是高等学校分类管理和高等学校分类评价的前提，因此高等教育行政部门和学术研究界紧密合作，以高等学校分类与高等学校设置之间的逻辑关系为基点，结合高等学校分类设置，有效优化高等教育结构、实现高等学校分类管理和高等学校分类评价的现实需求。在大范围实证调研和大规模数据分析的基础上，结合中国经济社会发展需求和地区高等教育发展差异化实际，分析中国高等学校类型的质量边界和质量底线，探索建立中国高等学校分类体系设计。教育行政管理部门高度认可高等学校分类体系学术研究成果对高等学校分类决策的建设性贡献，并将学术研究成果转化为指导高等学校分类设置的政策文本。2017年1月，教育部印发《关于"十三五"时期高等学校设置工作的意见》明确提出"探索构建高等教育分类体系。以人才培养定位为基础，我国高等教育总体上可分为研究型、应用型、职业技能型三大类型"，以此为基础引导"十三五"时期高等学校设置工作。

在中国高等教育管理实践中，从过去高等学校缺乏反映不同类型高等学校基本特征的分类、分类功能相对较弱、以选拔性分层分类为主的现象，转变为依法行政导向下，建立在高等学校分类体系基础上的高等学校分类制度实现从无或弱到生成。从高等学校设置、高等学校管理和高等学校评价制度中无分类导向，转变为以高等学校分类体系为基础的高等学校分类制度生成的过程，交织着纷繁复杂的影响因素和驱动机理。把握高等学校分类制度生成的来龙去脉，是高等教育利益相关者在制度持续改进和制度实施过程中的应然之举，能够推动中央与地方政府针对性地出台高等学校分类制度保障政策推动制度实施，更好地引导高等学校面向社会、自主探索特色办学路径。此外，高等学校分类制度的生成过程并非一蹴而就，高等学校分类制度包括正式制度和非正式制度及其实施，因此研究高等学校分类制度的生成，反思制度生成的演进、面临困境和未来挑战，从制度话语和行动实践两个层面提出制度持续改进方向。

在前期研究中，笔者就高等学校分类制度生成动因为主题，对高等教育行政管理者、高等学校管理者和高等学校分类研究者进行深度访谈，在长期参与高等教育行政部门的咨政研究过程中，笔者深刻地认识到推进中国高等学校分类作为一种制度设计生成的曲折和艰辛，也认为不能仅仅满足于高等学校分类制度取得的外部可见的政策进展而不加以反思，应该溯源高等学校分类制度生成过程，从高等学校分类制度生成的外部表现反观其生成基础、生成动因、生成机理等整体性和动态性过程，使得高等学校分类制度的设计意图能够在指导高等学校特色办学过程中得以实现。结合政策分析、质性研究和制度学理论研究视角，系统分析中国高等学校分类制度的生成，从制度话语和行动实践两个层面反思其生成进展与困境，并就正式和非正式制度的持续改进和引导高等教育利益相关者推动制度实施提出对策建议。高等学校分类制度的生成研究，对于理顺和推动中国高等学校分类制度设计的完善，更好地解决高等学校分类办学的指导和实践等现实问题，深化高等学校分类的制度学研究具有重要意义。基于此，本书从经济社会转型发展的社会背景，长期以来以高等教育分层为主、缺乏分类指导引发的办学困境，国家创新战略驱动下高等教育分类发展政策要求与当前相关政策法律滞后问题，以及在前期全过程参与高等学校分类制度设计的研究经验的基础上，提出高等学校分类制度的生成研究。

一　现实需求

在政府、高校、产业交互不断深化的背景下，高等学校分类制度是高等学校寻求特色办学的时代需求，是为了破解选拔性为主的高等学校分层管理制度下高等学校办学同质化的发展困境，是依法治教背景下建立促进高等教育多样化发展的法律政策体系的现实需求。

（一）政府—高校—产业互动深化推动高校寻求更加多样化的办学路径

高等学校分类制度的生成，是国家、产业、高校交互合作逐步深入的结果。高等学校作为知识生产和人才培养的重要场所，在国家战略部署和产业发展方面发挥着日益关键的作用。国家战略布局、产业发展推动高等学校自发寻求多样化的办学路径，以主动适应经济社会发展需求。

经济基础决定上层建筑。根据教育的外部关系规律，教育要受到社会的经济、政治、文化等制约，并对社会的经济、政治、文化等发展起作用。经济发展不同质的阶段性水平决定着不同质的高等教育发展水平，高等教育发展水平和质量反过来也影响经济发展水平和质量。经济发展的阶段性特征和发展趋势决定宏观高等教育政策和高等教育市场需求，高等教育政策及经费投入、市场对高等教育人才需求影响高等教育的规模、结构、质量和效益。高等教育通过培养具有高深学问或者技术技能的专门人才以及对知识文化的选择、传播、传承、创新推动经济社会发展。经济社会发展水平决定高等教育的结构与规模，如专业设置、学科结构、人才培养规格、科学研究类型等。反之，合理的高等教育发展结构和规模也会促进经济发展。

一方面，高等教育内涵式发展的重要表现之一，是学科专业的人才培养结构与产业结构调整相适应。近年来，中国产业结构发生了较为明显的变化。2020—2022年受新冠疫情影响较大，故不进行专门分析。如图1-1和图1-2所示。相比于其他产业，第一产业年增加值的增速趋缓。第二产业年增加值的增速持续下降。第三产业年增加值的增速处于波动状态并于2013年后始终处于最高水平。值得注意的是，第三产业年增加值持续增长，于2013年超过第二产业，增加值总量于2015年超过中国产业总值的50%。产业结构调整影响高等学校知识输出结构和人才培养结构。在工业化后期中段，我国高等学校学科专业结构布局应与产业结构调整优化相协调。调整方向主要集中于农业相关学科专业，该学科专业学生规模适当降低，对工业相关学科专业结构进行适当调整，扩大与工业创新、第二产业与第三产业交叉的新兴学科专业的学生规模。

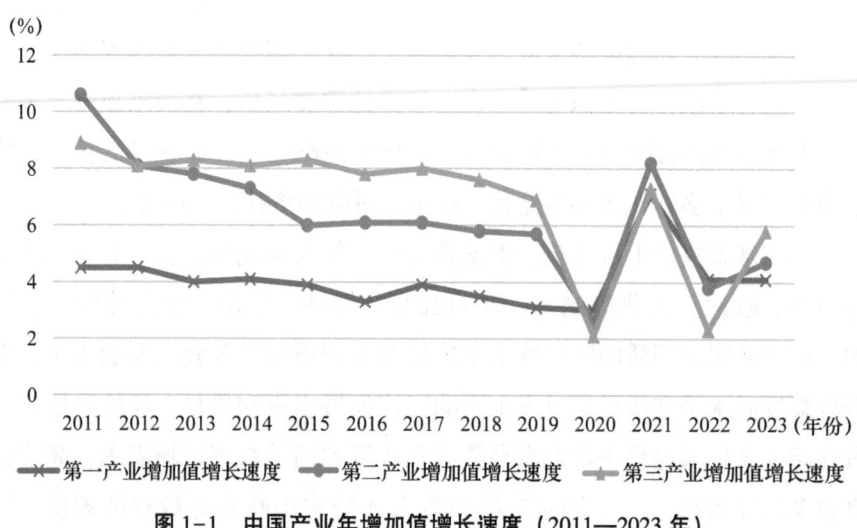

图1-1　中国产业年增加值增长速度（2011—2023年）

数据来源：中华人民共和国中央人民政府：中华人民共和国国民经济和社会发展统计公报（2011—2023年）。

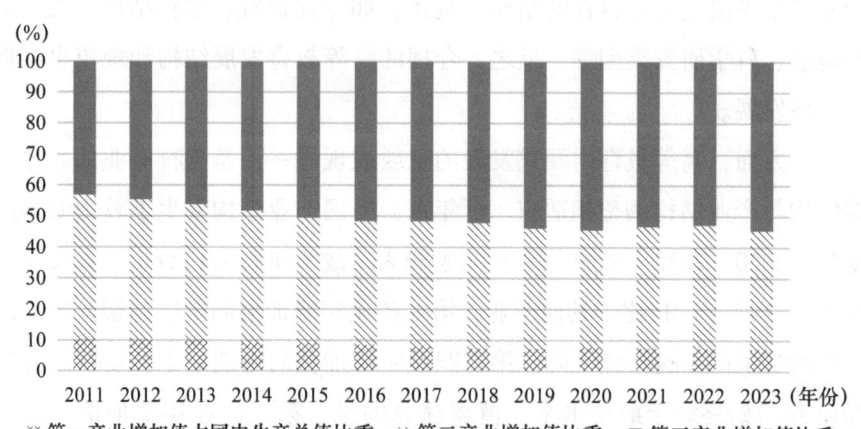

图1-2　中国产业年增加值占比（2011—2023年）

数据来源：中华人民共和国中央人民政府：中华人民共和国国民经济和社会发展统计公报（2011—2023年）。

另一方面,产业结构调整促进高等学校知识生产模式的多样化。产业结构调整表明中国正处于农业经济向工业经济、知识经济转型的重要时期,因而以学科主导的传统知识生产模式已经难以完全适应经济社会发展的需求。① 在前沿的研究领域和学术精英群体之中出现了知识生产的新趋势和新模式。传统知识生产模式(模式Ⅰ)主要是基于学科的认知语境中进行,集理念、方法、价值及规范于一体,其认知和社会规范决定了哪些问题是重要的、哪些人具备从事研究资格以及形成对研究价值的判断标准。新的知识生产模式(模式Ⅱ)打破传统模式这种特定学术共同体的同质性特征,更强调知识生产的异质性和多样性,包括公共关注的多领域研究问题、来自跨学科和跨领域背景的参与者、广泛社会主体构成的综合多维评价、体现主体意识的反思,形成一种在应用情境中的知识生产形式。② 两种知识模式并存,为工业经济发展和知识经济社会转型提供支撑。

产业结构调整和知识生产模式新变化对高等学校办学提出了新需求,因而推动高等学校分类制度设计引导高等学校分类办学以满足经济社会发展新形势,成为当前推动我国高等教育内涵式发展的重要议题。高等学校作为知识生产机构和人才培养的专门组织,在国家、高校、产业的合作中发挥日益重要的作用。此外,高等学校改革方向与国家战略布局和产业结构优化息息相关。与产业结构调整相适应,经济社会的需求反映在国家战略布局,对高等学校人才培养提出了新需求。《国家教育事业发展"十三五"规划》提出优化人才结构和培养各类紧缺人才。教育需求发生结构性变化,对高质量、多样化的教育需求日益增长,教育体系、结构和布局面临深刻挑战,把教育的结构性改革作为主线。《中国教育现代化2035》更加明确地提出,显著提升职业教育服务能力,提升一流人才培养与创新能力。职业教育服务能力提升和各类型人才培养,要求完善高等学校分类发

---

① 王建华:《高等教育的应用性》,《教育研究》2013年第4期。
② [英]迈克尔·吉本斯等:《知识生产的新模式:当代社会科学与研究的动力学》,陈洪捷、沈文钦等译,北京大学出版社2011年版,第1页。

展的政策体系和分类建设一流高等学校。可见，随着高等学校在政府—高校—产业交互日益深化的背景下，高等学校在经济社会发展和国家战略布局中发挥更加重要的作用，要求高等学校提高面向社会自主办学能力和促进高等教育多样化发展。

(二) 高等学校分类制度直面高等教育分层分类管理的现实问题

以产业结构转型升级为主要特征的经济社会转型对多样化知识生产和人才培养的需求与长期以来高等学校缺乏分类指导而趋向综合性和研究型的路径依赖相矛盾。长期以来，缺乏面向设置管理的高等学校分类制度无法反映高等学校基本特征，难以有效指导高等学校特色办学，阻碍了高等教育多样化发展路径。从我国高等学校分类制度的历史沿革和发展现状来看，自1986年《普通高等学校设置暂行条例》颁布以来，我国高等学校分类制度呈现政府主导、政策推动、横向与纵向分类并存、侧重选拔性分层分类的特点，并逐渐由过去《中华人民共和国高等教育法》规定高等学校分类但在高等教育管理实践中缺乏与之相适应的推进高等学校分类发展的保障措施，从而导致高等教育发展过程中高等学校无分类、分类引导特色办学的作用较弱、以选拔性分层代替平行分类特征突出。通过系统梳理我国高等学校选拔性分层分类为主的政策演进，以及缺乏分类指导法规政策导致高等学校同质化办学路径的发展困境，表明高等学校分类制度的生成研究具有一定的现实意义。

第一，我国选拔性为主且分类指导功能较弱的高等学校管理制度的沿革。为适应国民经济建设的需要，1952年我国高等学校院系设置进行了大规模调整，建立了一批专门学院，奠定了我国综合大学、工科院校、师范院校、农林院校、医药院校、政法院校、财经院校、艺术院校、语言院校、体育院校、民族院校的类型格局。1954年10月5日，中央《关于重点高等学校和专家工作范围的决议》指定6所学校为全国性重点大学。1959年5月17日中共中央发布《关于在高等学校中指定一批重点学校的决定》，指定16所高校为全国重点大学，试招研究生。至1978年，国务院发布《关于恢复和办好全国重点高等学校的报告》最终确定88所大学为全国重点大学。20 世纪 90 年代模式"211 工程""985 工程"以及 2012 年启动的"2011 协同创新中心",通过政策引导的形式推动我国高等学校分类分层发展。2015 年出台《统筹推进世界一流大学和一流学科建设总体方案》,提出"到 2020 年,若干所大学和一批学科进入世界一流行列,若干学科进入世界一流学科前列;到 2030 年,更多的大学和学科进入世界一流行列,若干所大学进入世界一流大学前列,一批学科进入世界一流学科前列,高等教育整体实力显著提升;到 21 世纪中叶,一流大学和一流学科的数量和实力进入世界前列,基本建成高等教育强国"。2017 年 9 月 21 日,教育部公布我国 42 所建设一流大学的高校和 95 所建设一流学科的高等学校名单。既以水平标准为优选原则,也兼顾区域高等教育公平和区域高等教育需求。以竞争优选、专家评选、政府比选、动态筛选方式遴选产生"双一流"建设高校和建设学科,打破建设一流高校和一流学科名单的终身制。

第二,选拔性为主的高等学校管理制度下,我国高等教育发展面临高等学校办学偏离办学定位、形成资源依赖发展路径等问题。我国高等教育资源配置往往受到行政指令的影响,导致高等学校办学过程中出现资源依赖现象,带来高等学校办学偏离办学定位、办学特色不明显等问题。由于我国趋向纵向选拔性的高等学校划分,导致高等学校为了寻求更为优质的高等教育资源分配,盲目追求规模扩张的发展路径,在发展过程中出现社会需求多样与高等学校人才培养单一化、优质高等教育资源有限与资源偏离要素禀赋的两大矛盾。由此发现,我国高等教育行政管理进程中,政策驱动形成了选拔性分层分类并出现一系列高等教育特色化和多样化不足等发展问题。

(三)高等学校分类制度揭示高校分类实践探索推进法规政策调整

经济社会转型和高等教育多样化办学需求对高等教育法律和政策提出了新要求。依法治教的背景下,高等教育行政管理依法行政推动高等学校分类制度的生成,逐步走向学术界与行政界共同合作探索并实施依法行政下的高等学校分类制度设计。

第一，高等学校设置相关法律偏离上位法《中华人民共和国高等教育法》对高等学校分类的制度要求，亟待建立和完善高等学校分类制度以指导高等教育分类管理实践。高等学校分类体系是高等学校设置的基础，是进行高等学校分类管理和实现高等学校分类评价的前提。随着经济社会发展对高等教育系统提出多样化需求和高等教育系统不断发展，国务院1986年颁布的《普通高等学校设置暂行条例》施行至今，条例的思想设计和设置标准与当前我国高等学校特色办学需求和高等学校办学条件不甚相符。《中华人民共和国高等教育法》已于2015年12月进行了修订，教育部的相关政策文件相继进行调整。在依法治教的背景下，《普通高等学校设置暂行条例》也理应做出相应跟进，才能有效指导高等学校分类办学，优化高等教育结构，健全高等教育体系，有效破解当前高等学校在发展过程中出现的路径依赖和办学定位偏差问题。

第二，从分类管理实践与法规政策相脱离走向依法行政下的高等学校分类制度设计，已经成为高等教育治理体系建设的重要转向。从分类功能有限的高等学校管理制度走向依法进行高等学校分类制度设计，一系列法律政策为高等学校分类制度研究提供合法性依据。建立和完善面向高等学校设置的高等学校分类制度，从高等教育入口关——设置环节把好高等教育质量，引导高等学校结合院校特点合理定位，建设优质且多样化的高等教育体系，是提高高等教育质量关键环节，已经成为国家创新驱动发展战略的重要支撑。高等教育法为高等学校分类制度提供法律基石，《中华人民共和国高等教育法》规定"国家按照社会主义现代化建设和发展社会主义市场经济的需要，根据不同类型、不同层次高等学校的实际，推进高等教育体制改革和高等教育教学改革，优化高等教育结构和资源配置，提高高等教育的质量和效益"。《国家中长期教育改革和发展规划纲要（2010—2020年）》第七章"高等教育"提出，"建立高校分类体系，实行分类管理……引导高校合理定位，克服同质化倾向，形成各自的办学理念和风格，在不同层次、不同领域办出特色，争创一流"。2017年1月，教育部印发《关于"十三五"时期高等学校设置工作的意见》提出"以人才培养定位为基础建立高等教育分类体系，研究探索分类设置制度，引导高等学校科学定位、各安其位、内涵发展、办出特色，全面提升高等教育人才培养、科学研究、社会服务和文化传承创新整体水平"。《教育部关于全面提高高等教育质量的若干意见》强调"探索建立高校分类体系，制定分类管理办法，克服同质化倾向"。中共中央办公厅、国务院办公厅2017年9月印发的《关于深化教育体制机制改革的意见》提出"研究制定高等学校分类设置标准，制定分类管理办法，促进高等学校科学定位、差异化发展，统筹推进世界一流大学和一流学科建设"。国家法律和系列高等教育政策都提出高等学校分类发展的要求，为建立和完善高等学校分类制度提供了有力的法律依据和政策支撑。

第三，我国地方高等学校分类发展探索进度不一，分类标准也存在一定差异，对高等学校分类办学未形成统一认识，与高等学校分类制度相关的法规政策相对滞后，难以有效指导地方探索高等学校分类方案和高等学校分类办学实践。地方高等学校分类方案出台时间既有在国家高等学校分类体系提出之前，也有省份以国家高等学校分类体系为基础制定地方高等学校分类发展方案，有些省份和直辖市在地方"十三五"教育事业规划中明确提出地方高等学校分类发展方案或计划纳入"十四五"规划。2015年12月，上海市教育委员会印发《上海高等教育布局结构与发展规划（2015—2030年）》提出按照人才培养主体功能和承担科学研究类型等差异性，将高等学校划分为"学术研究、应用研究、应用技术、应用技能"四种类型；按照主干学科门类（本科与研究生）或主干专业大类（专科）建设情况，将高等学校划分为"综合性、多科性、特色性"三个类别，确立不同类型高等学校的分类评价指标导向，形成高等学校分类管理体系。2016年8月，浙江省教育厅印发《浙江省普通本科高校分类评价管理改革办法（试行）》，将该省本科高等学校按二维结构，根据人才培养、学科建设、师资队伍等标准，分为研究为主型、教学研究型、教学为主型；根据学科门类、专业数量等分为多科性和综合性。每种类型高等学校根据排名分等，设立相应等级系数，并与财政绩效拨款挂钩，逐步把分类评价结果作为将来综合评价高等学校和高等教育资源分配的重要参考因素。2016年8月，《江苏省"十三五"教育发展规划》提出要出台《江苏高等教育分类发展、分类管理和分类评估指导意见》。2016年11月，北京市教育委员会、北京市发展和改革委员会发布《北京市"十三五"时期教育改革和发展规划（2016—2020年）》提出引导高等学校分类发展但未明确分类方案，提出了深化市属高等学校和中央高等学校合作，引导部分市属高等学校向应用型转变。2016年12月《湖北省教育事业发展"十三五"规划》在推进普通高等学校分类发展的内容中提及建设一批办学水平高、应用技术特色鲜明的省属普通本科高等学校、打造一批特色学院、建设高水平民办高等学校。2017年12月，《辽宁省教育事业发展"十三五"规划》出台，是国家高等学校分类正式方案提出后的地方政策文件，其推进高等学校分类特色发展的内容是在遵循中央"三分法"的基础上，根据地方高等学校办学特点进行的分类探索，提出按照研究型、研究应用型、应用型、技术技能型等院校类别。2020年3月，吉林省发布各高等学校在"十四五"规划周期内自主选择的研究型、应用研究型、应用型大学类型定位，作为地方政府对高等学校分类管理和分类评价的依据。

　　第四，高等学校分类设置管理相关政策文本的制度化反映了我国高等学校分类制度的生成进程。高等学校分类制度的生成过程伴随着依法行政的深入、学术权威的发声、组织建制的成熟、高质量发展的要求以及对社会需求的响应，已经成为深化高等教育综合改革的重要环节。20世纪70年代末期，政府引导高等学校形成分层发展。20世纪80年代初期，1980年《中华人民共和国学位条例》以法律形式建立高等学校内部教育标准分类。20世纪80年代中后期，国务院于1986年颁布《普通高等学校设置暂行条例》，以法律形式规定高等学校设置管理的质量底线。20世纪90年代初期，1992年《国家教委关于成立全国高等学校设置评议委员会及有关事宜的通知》、1993年《中国教育改革和发展纲要》形成高等学校设置管理的组织建制和权力关系。20世纪90年代中后期，1995年《中华人民共和国教育法》以法律形式明确设置高等学校的条件和程序，随即启动《"211

工程"总体建设规划》、1998年启动《面向21世纪教育振兴行动计划》推动高等学校分类分层设置管理。21世纪伊始，相继规定《高等职业学校设置标准（暂行）》《中华人民共和国民办教育促进法》《民办高等学校办学管理若干规定》《教育部关于印发〈普通高等学校基本办学条件指标（试行）〉的通知》《关于完善本科学校设置工作的指导性意见》等提出不同类型和层次高等学校设置管理的标准和要求，高等学校设置逐步实现由分层管理向分层分类管理转变。自2010年以来，中国更加注重高等学校分类设置管理提升创新能力的重要作用。2012年《高等学校创新能力提升计划》（"2011计划"）、2015年国务院印发《统筹推进世界一流大学和一流学科建设总体方案》均将促进创新发展作为高等学校办学的目标指向。2017年《教育部关于"十三五"时期高等学校设置工作的意见》明确提出研究型、应用型、职业技能型的高等学校分类体系，并以此作为高等学校分类设置的基础，以面向设置的高等学校分类体系的正式制度的建立，是高等学校分类制度生成的标志。

（四）高等学校分类的前期研究积累是本研究的重要基础

在学术研究领域，不少学者以高等学校分类为主题形成了丰硕的研究成果，国外也有众多关于高等学校分类政策和方案设计，为本书提供坚实的基础。此外，笔者全程参与了高等学校分类相关研究的实证调研，完成了以高等学校分类核心指标为主题的硕士学位论文，并就高等学校分类与设置为主题完成了数篇小论文。在前期研究过程中，积累了相对较多的政策文本分析经验，掌握了高等学校分类体系及设置标准调查数据的分析结果，并在大规模实证调研的基础上广泛征询了数十所不同类型高等学校管理者关于高等学校分类思想理念和实践探索，也形成了一些关于高等学校分类及设置的理论观点。政策分析、调查研究和学术理论探讨共同促成了高等学校分类制度生成研究的主题，并试图从制度话语和行动实践双重逻辑出发，从高等学校分类制度生成研究过程反思完善高等学校分类制度设计的研究设想。在前期的研究过程中，笔者认为从政策、实证和理论视角对高等学校分类制度生成进行全面而系统的梳理和论证，既有助于启发高

中国高等学校分类制度的生成研究

等学校分类制度学相关研究的开展，也在政策研究方面推进高等学校分类制度话语体系的完善，此外还有利于更好地为中央与地方政府推动高等学校分类管理和分类评价，为高等学校提高面向社会自主特色办学能力，为社会与高等学校办学活动深度融合提供行动建议。

二 问题提出

在研究背景的梳理过程中，可以发现我国高等学校分类制度的生成具有复杂性的特点。国家强制性手段指导高等学校分类办学的法律政策调整是高等学校分类制度生成的外在表现形式。透过其外部表现形式，高等教育内外部系统的要素及各要素之间如何通过相互作用促进高等学校分类制度的生成，需要从理论上对高等学校分类制度生成的内在机理进行分析，以更好地认识高等学校分类制度的功能定位和指导价值。

国家法律政策文件反映我国高等学校分类制度的生成阶段。从《中华人民共和国高等教育法》在法律层面指出不同类型高等学校实际情况具有差异性，《国家中长期教育改革和发展规划纲要（2010—2020年）》明确提出"建立高校分类体系，实行分类管理"的要求，直至2017年教育部发布《关于"十三五"时期高等学校设置工作的意见》，确立在人才培养定位的基础上形成研究型、应用型、职业技能型的高等学校分类体系，引导高等学校分类设置，标志着反映不同类型高等学校特征、具有分类功能的高等学校分类制度的生成。此外，从中国高等教育系统的发展历程可以发现，中国高等学校分类制度的外在表现为国家行政管理力量主导、以政策形式推动，地方政府在国家宏观指导下探索地方高等学校分类方案，高等学校办学者在与经济社会和国家主体的交互作用中分类办学意识萌芽并得以推进分类办学的实践探索，共同推动高等学校分类制度的生成。

然而，仅仅通过外在形式表现高等学校分类制度的生成是有限的，无法完全反映高等学校分类制度生成的整体面貌。只有了解高等教育内外部系统的各要素如何相互作用，共同推动高等学校分类制度生成的演进过程，才能更加全面而系统地认识高等学校分类制度，客观认识其制度建设的成效进展和存在的问题，展望高等学校分类制度的改进方向，更好地促进高等学校分类办学和高等教育多样化。为了系统地把握高等学校分类制度生成的整体性和动态发展性，需要澄清以下几个问题：首先，我国选拔性分层、分类功能较弱、地方探索高等学校分类走向面向高等学校设置构建高等学校分类体系并在此基础上形成国家指导、地方统筹等规制而逐渐形成高等学校分类制度，其生成基础是怎样的？其次，高等教育系统内外部的哪些因素及各因素之间如何发生相互作用？即高等学校分类制度的利益相关者在高等学校分类制度生成过程中所起的作用。再次，高等学校分类制度变迁的生成机理是怎样的？最后，从高等学校分类制度生成进程来看，高等学校分类制度的主要特征和功能定位是怎样的？在推进高等学校分类制度的制度建设方面还面临着哪些困境和挑战？此外，在行动实践方面，高等学校分类制度的利益相关者应该采取哪些行动策略以实现高等学校分类制度功能和推动制度持续改进？以上是高等学校分类制度生成研究拟解决的问题。

第二节 研究意义

高等学校分类制度的生成研究具有理论和实践双重意义。一方面，理论层面的研究意义在于，从制度学的理论视角丰富中国高等学校分类研究，并将制度变迁理论运用于解释高等学校分类制度生成机理，采用多学科的研究视角有助于深入分析高等学校分类制度的生成；另一方面，实践层面的研究意义在于，高等学校分类制度意在破解约束高等教育多样化发展的制度滞后困境，因此分析高等学校分类制度的功能定位、困境与挑战，为高等学校分类制度利益相关者采取行动策略提供建议。高等学校分类制度生成研究的实践意义，通过生成的内在机理分析形成指导高等教育分类管理和高等学校分类办学实践，也具有通过分类管理和分类办学实践反馈于制度改进，服务于政策发展的现实价值。

一 理论意义

中国高等学校分类制度的生成研究,将高等学校分类与制度学研究紧密结合,既丰富了制度学研究和高等学校分类研究,也为高等学校分类研究提供多学科视野和多研究范式的循证基础。

(一) 丰富高等学校分类和制度学研究

中国高等学校分类制度研究将高等学校分类与制度学研究相结合,一方面,本书从制度学的角度系统开展高等学校分类制度的演变路径、生成机理研究,更为深入而系统地从隐性制度根源探讨面向高等学校设置的高等学校分类制度从无到有、在原有制度上的创新等系列演变,有利于丰富高等学校分类理论的制度学研究;另一方面,将制度研究运用于高等学校分类研究领域。从正式和非正式制度及制度实施的过程分析高等学校分类制度,关注正式制度和非正式制度之间如何进行转化,隐性的非正式制度与显性的正式制度,以及显性的正式制度如何转化为隐性的正式制度,进而促进高等学校分类的制度化、合法化和社会化,从而推进高等学校分类制度的持续改进,为高等学校分类制度变迁提供更加多样的分析角度。

(二) 建立多学科和多范式的高等学校分类循证研究

中国高等学校分类制度生成是建立在多学科、多研究范式基础上的循证研究。本书为高等学校分类制度的生成和持续改进提供多学科视角和多研究范式的依据。一方面,高等学校分类制度是高等教育内外部系统相互作用共同推动的结果,因此选择从教育学、管理学等多学科视角出发,以制度学为理论基础研究高等学校分类制度的生成,运用跨学科和交叉学科研究高等学校分类制度问题,从而拓宽高等学校分类制度研究的多学科视野,综合多学科观点分析高等学校分类制度的生成和改进;另一方面,采用政策研究、质性研究为主的实证研究、制度学的理论研究等多研究范式,以政策研究范式溯源高等学校分类制度生成脉络,以质性研究范式从利益相关者角度挖掘各利益主体对高等学校分类制度的认知现状及其相互作用如何成为制度生成动力,以理论研究范式分析高等学校分类制度变迁

第一章 绪论

内在机理,并为高等学校分类制度研究提供制度话语和行动实践两个层面相结合的视角。

(三) 融通中外高等教育分类治理学术话语

中国高等学校分类制度生成研究,丰富中国高等学校分类治理话语,构建中国高等教育治理话语体系,融通中外高等教育治理学术话语。中国高等教育治理是全球高等教育治理的重要主题,中国高等学校分类制度是中国高等教育分类治理话语体系的重要构成。一方面,探索和构建符合本土语境和实践的高等学校分类制度,正确表达中国高等教育分类治理的实际经验;另一方面,在不平衡的高等教育学术知识体系中,为全球高等教育治理带来中国声音,融通中外高等教育治理研究学术话语。

二 实践意义

高等学校分类制度生成研究,意在破解当前中国高等学校同质化办学现象制约高等教育多样化发展的现实困境,密切结合理论与实践以促进高等学校分类制度循证决策,从利益相关者视角为推进高等学校分类制度完善指出方向。

(一) 关注高等学校分类制度缺失制约我国高等教育多样化发展的现实问题

本书的实践意义,在于提出高等学校分类制度是促进我国高等教育多样化发展,缓和当前我国高等学校同质化办学困境的有利方式。在经济社会转型发展和产业结构调整的背景下,高等学校分类制度的滞后性与高等学校分类办学意识和实践探索相互矛盾,缺乏面向设置的高等学校分类制度难以有效引导不同类型高等学校特色办学的探索,制约了我国高等教育多样化发展,难以满足经济社会发展对多元知识创新和多样化人才的新需求。本书立足于高等学校分类体系、高等学校设置、高等学校管理和高等学校评价之间关系不清晰带来的高等学校分类制度研究指向不明确,难以有效统一于一个研究体系并直接作用于高等教育分类管理实践等问题。高等学校分类体系是高等学校设置、管理和评价的前提,高等学校设置体现的是高等教育质量的底线标准和准入门槛，因此所提出的是面向和服务于高等学校设置的高等学校分类制度研究。面向设置的高等学校分类制度生成研究，能够为面向设置的高等教育分类管理和高等学校特色办学实践提供政策参考。

（二）为推动中国高等学校分类制度持续创新发展的循证决策提供依据

研究中国高等学校分类制度的生成基础、驱动因素、内在机理和功能定位，通过高等学校分类制度的生成演进过程反思其功能实现情况。从制度话语的完善和制度指导系统化的行动实践两个层面，提出制度持续创新发展的方向。从制度生成基础和动因把握高等学校分类制度所处的社会情境，推动理论与实践更好地结合以服务中国高等学校分类制度的循证决策，从而推动中国高等学校分类制度有效指导高等教育多样化发展和全面提高高等教育质量的初衷。

（三）探求中国高等教育利益相关者推动高等学校分类制度发展的行动对策

高等学校分类制度还处于新生探索阶段，不同利益相关者如何做出行动选择实现高等学校分类制度应有的功能定位，探索高等学校特色办学实践如何与高等学校分类制度进行有效衔接，是促进高等学校分类制度实施过程中将要面临的问题。从国家、地方、高校、社会等利益相关者视角，提出在高等学校分类制度框架下，中央政府宏观指导高等教育多样化发展，地方政府统筹高等教育分类发展，高等学校探索特色办学的策略选择，经济社会融合高等学校知识生产和人才培养过程。有利于推动高等学校分类制度的实施和发挥有效指导作用，并通过高等教育利益相关者的行动实践，为高等学校分类制度设计的政策实践和持续生成提供正向反馈。

（四）推动中国不同类型高等学校协同创新发展

为中国高等教育分类治理提供政策参考，促进不同类型高等学校协同创新发展。一方面，按照中国高等学校分类的发展逻辑，总结我国高等教育分类治理的经验特征，反思中国高等教育分类治理的实际问题和真实需要，引导和促进我国高等教育分类治理的政策优化和实践发展；另一方面，深化我国高等学校分类治理的改革进程，推动研究型、应用型、职业技能型高等学校分类定位、特色办学、协同创新。

第三节 核心概念

本书的两个核心概念分别是高等学校分类制度和制度生成。首先，界定高等学校分类制度的内涵和基本特征。其次，解释制度生成的内涵，进而提出本研究主题——高等学校分类制度生成的内涵。

一 高等学校分类制度的概念界定

高等学校分类制度是一个系统概念。分别对高等学校、分类、制度等相关概念进行溯源分析，在此基础上提出高等学校分类制度的具体内涵，并通过基本特征和主要功能的解释，进一步丰富高等学校分类制度的核心意蕴。

（一）高等学校分类制度的相关概念

高等学校分类制度的相关概念包括高等学校、分类、制度的释义，在相关概念解释的基础上，以诺思为代表的新制度主义关于制度的解释为依据，进一步凝练高等学校分类制度的定义。

1. 高等学校的概念解释

高等教育的实施机构为普通高等学校，即全日制大学、各种独立设置的学院、高等专科学校和高等职业学校。由政府、社会团体、个人等举办。[①] 联合国教科文组织《国际教育标准分类》对第三级教育的界定：用"学术"和"专业"分别代替"普通"和"职业"。高等教育是建立在中等教育之上，在专业化的教育学科提供学习活动。它以高度复杂和专业化的学习为目标。高等教育包括通常所理解的学术教育，还包括高级职业或

---

① 夏征农、陈至立主编：《大辞海》（教育卷），上海辞书出版社2014年版，第264、269页。

中国高等学校分类制度的生成研究

专业教育。包括短期高等教育、学士或等同水平、硕士或等同水平，和博士或等同水平。①

2. 分类的概念解释

首先，对类的概念进行分析。《说文解字》中"分"指的是别也，从八从刀，刀以分别物也。②《说文解字》中"类"，种类相似，从犬（因犬种类最相似）。本义是种类。传统逻辑研究的类仅限于自然类，即具有共同属性的事物所组成的类。现在逻辑研究的类既包括自然类，也包括人为的类。组成类的每个事物成为该类的分子或者元素。③

其次，界定分类的概念。分类来源于分类学（taxonomy），包括广义和狭义的观点。广义的分类学指的是分门别类的科学。狭义的分类学是指生物分类学。生物分类学之所以谓之"学"，是因为他们的分类是在不断追问以何为依据的过程中完成的。④凡"学"，必须生自某因，导致某果，或者说先有依据机理，再有呈现形式，是为正道。⑤

分类是划分的特殊形式，具有相对稳定性。划分指的是根据某一标准，揭示概念外延的逻辑方法。即：将属的概念分为多种概念。被划分的概念称为"划分的母项"，划分后的概念称为"划分的子项"，所选择的反映事物的属性称为"划分的标准"。划分子项的外延总和等于母项的外延。划分一般采取二分法，划分是根据一个标准的两个规则。⑥相比于划分的简单和临时性，分类更加复杂且具有相对稳定性。分类根据对象的本质属性或显著特征进行划分，由最高的类依次分为较低的多层次的类。⑦

从社会人类学的角度，分类指人们把事物、事件以及有关世界的事实

---

① 联合国教科文组织统计研究所：《国际教育标准分类法（ISCED 2011）》，2013年，http://www.uis.unesco.org，2018年6月7日。
② （清）桂馥：《说文解字义证》，中华书局2017年版，第110页。
③ 夏征农等主编：《大辞海》（哲学卷），上海辞书出版社2003年版，第590页。
④ 张亚平、施立明：《动物分类学及其存在的一些问题》，《自然杂志》1992年第1期。
⑤ 冯友梅、李艺：《布鲁姆教育目标分类学批判》，《华东师范大学学报》（教育科学版）2019年第2期。
⑥ 夏征农等主编：《大辞海》（哲学卷），上海辞书出版社2003年版，第567页。
⑦ 辞海编辑委员会：《辞海》（第六版缩印本），上海辞书出版社2010年版，第499页。

划分成类和种，使之各有归属，并确定它们的包含关系或排斥关系的过程。分类不仅仅是进行归类，而且还意味着依据特定的关系对这些类别加以安排。一种事物并不是纯粹的知识客体，而首先应该是一种特定的情感态度。涂尔干和莫斯关注具有道德或宗教性质的符号分类，这种分类与进行区别的实用图式不同，后者被他们称为技术分类。①

3. 制度的概念解释

"制"在《说文解字》中为裁，从刀从未。未，物成有滋味，可裁断。一曰止也。制的本义是裁。《说文解字》中的"度"指的是法制。②《辞海》把制度定义为，在一定历史条件下形成的政治、经济、文化等方面的体系，亦指要求大家共同遵守的办事规程或行动准则。也被解释为规格或格局。③《大辞海》从不同学科视角分别对制度进行定义。经济学视角中的制度，也称为"建制"。社会科学视角的制度，指以规则或运作模式规范个体行动的社会结构。一般也指在一定历史时期特定社会范围内统一的、规范社会关系的一系列习惯、道德、法律、规章等的总和，包括非成文的规范和成文的强制性规则。④ 我国学者也尝试从新制度经济学的角度对制定概念进行分析，提出制度既包括法律规定和政治意识形态、政治和行政运行的制度设置等强制性的正式组织框架和制度框架，还包括人们在日常交往中形成的秩序、文化传统及其认知模式，并且包括在这种认知模式上形成的行为规范、规则、准则、约束条件等非正式制度。⑤

新制度主义代表人物从不同理论学派的角度对制度作了定义。特别具有代表性的是理性选择的制度主义代表人物诺思，他把制度分为正式规则、非正式约束和实施方式。正式规则包括政治（和司法）规则、经济规则和契约等不同层次的规则，从宪法到成文法、普通法，再到具体的内部

---

① ［法］爱弥儿·涂尔干、马塞尔·莫斯：《原始分类》，汲喆译，商务印书馆 2012 年版，第 2、7、99、109 页。
② （清）桂馥：《说文解字义证》，中华书局 2017 年版，第 367、250 页。
③ 辞海编辑委员会：《辞海》（第六版缩印本），上海辞书出版社 2010 年版，第 2454 页。
④ 夏征农、陈至立主编：《大辞海》（经济卷），上海辞书出版社 2015 年版，第 343 页。
⑤ 孙宽平主编：《转轨、规制与制度选择》，社会科学文献出版社 2004 年版，第 3 页。

章程、个人契约。非正式约束包括常规（routines）、习俗（customs）、传统（traditions）或惯例（conventions）。非正式约束来自社会传递的信息，并且是文化传承的一部分。诺思引用博伊德（Boyd）和里彻森（Richerson）的文化概念，即"文化是由教育与模仿而代代相传，并能影响行为的知识、价值和其他因素"。在制度定义的基础上，他进一步解释正式规则和非正式约束之间的关系，认为社会日益复杂化导致正式规则的产生，正式规则和非正式约束是程度上的差异。正式规则通过降低信息、监督以及实施的成本，补充和强化非正式约束的有效性，使得非正式约束成为解决复杂交换问题的可能方式。此外，正式制度也可能修改、修正或替代非正式约束。他提出，虽然正式规则是非正式约束的基础，但在日常互动中，行事准则（codes of conduct）、行为规范（norms of behavior）以及惯例（conventions）界定绝大部分支配结构。非正式约束则是长期社会变迁的连续性的重要来源，正式规则是约束人们行为的重要组成部分，相比非正式约束的范围较为有限。[①] 组织分析的制度主义代表人物 W. 理查德·斯科特（Scott）对不同制度主义流派观点进行综合分析后，认为制度包括规制性要素、规范性要素、文化—认知性要素。规制性要素指的是宪法、法律等规则，规范性要素指的是规定行为目标以及追求这些目标的适当方式的原则，文化—认知性要素指的是关于实在与理解这些实在的框架的假设，这些假设由文化塑造而成。历史的制度主义代表人物卡伦·奥伦（Karen Orren）与斯蒂芬·斯可罗尼克（Stephen Skowronek）也认可制度由相互冲突的正式和非正式制度维度构成。[②]

（二）高等学校分类制度的界定

本书结合新制度主义代表人物对制度的定义，认为制度是规范行为的正式规则和非正式约束及其实施方式。高等学校分类制度包括法律法规、政府行政规制的高等学校分类的正式规定，社会和高等学校存在的约定俗

[①] ［美］道格拉斯·C. 诺思：《制度、制度变迁与经济绩效》，杭行译，格致出版社、上海三联书店、上海人民出版社 2008 年版，第 43—44、55—56 页。

[②] ［美］约翰·L. 坎贝尔：《制度变迁与全球化》，姚伟译，上海人民出版社 2010 年版，第 36 页。

成的影响高等学校分类发展的社会传统观念、惯性思维等，以及以高等学校分类体系为基础的高等学校分类设置、分类管理、分类办学、分类评价等具体实施方式。

高等学校分类制度是在经济社会转型发展和高等教育发展新形势下，依法治教的理念和实践不断深化的新阶段，中央与地方政府、社会、高校等高等教育利益相关者重新协调高等教育权力关系和资源配置，优化政府管理职能，加强中央政府宏观管理能力，通过构建高等学校分类体系和与之相配套的分类设置、分类管理、分类评价方法，激发高等学校办学自主性和积极性，提高高等学校面向社会自主办学能力，依法引导不同类型高等学校特色办学的系列规范的统称。我国高等学校分类制度的基本特征表现为高等学校分类体系与高等学校分类设置、分类管理、分类评价的相互联系，中央政府、地方政府、社会力量、高等学校等高等教育利益相关者的权力关系协调和资源配置重组，同时兼顾高等学校横向类型边界的划分和不同类型纵向发展通道。

中国高等学校分类制度的内涵意蕴表现在制度特征和制度功能两个层面。制度内涵揭示内在本质，高等学校分类制度的基本特征建立在高等学校分类制度内涵的澄清。制度功能反映外在价值，通过分析高等学校分类制度的主要功能突出制度效用。通过高等学校分类制度的生成基础、生成动因、生成机理的系统分析回溯高等学校分类制度生成整体过程，更加深刻地阐明高等学校分类制度的基本特征和主要功能。

1. 中国高等学校分类制度的基本特征

第一，高等学校分类体系是高等学校分类设置、分类管理、分类评价的基石。高等学校分类制度是建立在高等学校分类体系基础上，对高等学校进行分类设置、分类管理、分类评价，促进不同类型高等学校特色办学，维护高等教育多样化的系列正式和非正式制度的统称。高等学校分类体系引导高等学校分类设置、高等学校分类管理和分类评价。基于研究型、应用型、职业技能型高等学校分类体系，制定高等学校分类设置制度，规范不同类型高等学校设置的最低质量标准和设置程序。当前教育部已经组织一批研究团队参与高等学校分类设置标准方案研讨,由于高等学校分类设置是对存量和增量高等学校的统筹优化,其复杂性和难度不言而喻。以高等学校分类设置制度标准为基准,探索不同类型高等学校评价制度,实行结果导向的多类型质量评价制度,并进行相应的资源配置以发挥高等学校分类评价对高等学校特色办学的推动作用。2018年,国家出台人才评价改革方案,率先提出了应用型人才和研究型人才应有差异化的评价标准,改变了统一标准"一刀切"的传统评价方法,在高等学校分类制度发展进程中迈出分类评价的关键一步。

第二,协调中央与地方政府高等教育行政权力关系,保障高等学校办学自主权力。高等学校分类制度是国家高等教育治理现代化的重要内容,通过政府简政放权,提升高等学校面向地方和社会需求的办学能力。一方面,国家层面出台的高等学校分类体系是一个指导性框架,允许地方在国家高等学校分类体系指导下统筹形成地方高等学校分类体系和相关制度要求,已经有不少地方在这一框架下制定了符合地方特点的省域高等学校分类体系;另一方面,高等学校分类体系根据一定标准将高等学校划分为不同类型,属于高等学校总体层面的办学目标定位,给予高等学校学科和专业人才培养定位的自主权和灵活度。高等学校分类体系是高等学校主要人才培养类型导向的高等学校定位,反映的是高等学校总体办学定位,高等学校内部学科专业根据基础和需求制定更加多元的人才培养目标。一种类型高等学校可以培养多种类型人才,同理,一种类型人才也可以在不同类型高等学校进行培养。

第三,高等学校分类制度理顺类型和层次的关系,是类型和层次并存的立体化设计,层次是建立在多样类型基础上的上升通道。高等学校分类制度意在破解缺乏分类基础的高等学校层级观对高等学校办学积极性和主动性的抑制。根据高等学校分类制度的内涵定义,高等学校层次应建立在类型划分的基础上。高等学校分类制度中高等学校分类体系的类型划分以对高等学校特色办学具有实质性的指导作用,鼓励不同类型高等学校在各自的办学路径上追求卓越。职业型本科的试点和逐步扩大推进,是对职业教育类型在实施教育层次提升的同时坚持职业教育特色办学的有益探索。

2. 中国高等学校分类制度的主要功能

澄清了高等学校分类制度的内涵和基本特征，根据高等学校分类制度设计的目标指向，总结出我国高等学校分类制度具有规范功能、导向功能、文化重塑的多重功能。从高等学校分类制度的正式规则和非正式约束定义，说明高等学校分类制度的规范不同类型高等学校办学的功能。从高等学校分类制度是建立在高等学校分类体系基础上的高等学校分类管理设计的特征，表明高等学校分类制度具有指引不同类型高等学校特色办学的导向功能。从高等学校分类制度对类型和层次的认识，表明高等学校分类制度对高等学校选拔性的层级文化具有重塑功能。

高等学校分类制度的规范功能表现在政府、社会、高校等不同层面的正式规则和非正式约束，规范高等学校办学理念和办学行为。首先，高等教育发展新形势下，高等学校分类制度规范高等教育利益相关者之间的权力关系，更注重发挥市场机制在高等学校办学定位中的重要作用，协调高等学校与政府、社会的关系。其次，高等学校分类制度意在通过高等学校分类体系指导高等学校分类设置、分类管理、分类评价，通过健全质量标准和程序规范不同类型高等学校办学实践。

高等学校分类制度的导向功能表现于通过基本质量标准和发展性质量标准共同保障办学质量，引导不同类型高等学校自主探索特色办学路径和质量提升道路。首先，通过高等学校分类体系设计表明高等学校多类型办学路径导向，既为正在探索应用型高等学校办学路径的高等学校正名，也为盲从于指标式办学的高等学校指明办学路径，并逐步完善不同类型高等学校追求卓越的纵向通道。例如职业型本科的试点是对职业教育办学层次提升的有益探索。其次，作为高等学校分类制度的实施机制，以基准性的设置标准保障基本办学质量，并通过不断健全的发展性评价标准，推动不同类型高等学校办学质量提升。

高等学校分类制度的文化重塑功能是对当前仍普遍存在的高等学校层级文化的正式规则和非正式约束的解构和再造。高等学校分类制度试图扭转高等学校层级文化下高等学校办学误区，并不否认层级的客观存在，而是提出类型作为层级的基础，为不同类型高等学校提供追求卓越的标准和程序，改变了统一评价标准导向下的传统层级观，通过自上而下的强制性变迁推动高等学校分类制度的社会化进程，重塑高等学校多样类型发展观念。

二 制度生成的概念界定

在梳理系统科学生成论对生成概念的解释和新制度主义主要流派对"制度"的主要观点的基础上，综合采用新制度主义主要流派观点，选择以诺思为代表的制度相关观点解释本书的制度生成概念。

（一）生成

按照系统科学生成论的观点，生成是相对于构成的概念提出的。生成论在批判继承构成论的基础上发展而成，认为构成论忽视构成整体的部分之间的相互作用，提出在认识系统整体的基本结构之外，应关注系统结构的内在作用与外在作用对历史事件和世界生成的解释。生成理论的两大基本特征是动态性和整体性相结合，潜在性与显现性相结合。生成是推动事物整体从隐性到显性发展的演化过程，包括推动事物发展演化的潜在动力和显现的外在表现。

本书使用生成的概念，以生成的两大特征为依据，强调高等学校分类制度的整体性，即在高等教育内外部系统交互中生成。研究的重点在于，从高等教育内外部系统的内隐交互状态推动高等学校分类制度走向外显生成的动态性和整体性。

（二）制度生成

20世纪70年代末80年代初，受制度经济学的影响，新制度主义（New Institutionalization）取代了社会学方法，成为政治学研究的主要方法。社会学方法重视行动者的价值，但是忽视了行动者行为选择的重要性。[1]从政治学的角度来看，制度发生学试图为制度产生提供理论说明，也体现

---

[1] N. J. Smelser, P. B. Baltes, *International Encyclopedia of the Social & Behavioral Sciences*, Elmsford: Pergamon, 2001, pp. 7558-7561.

了构成论和生成论这两种不同哲学立场。从制度发生学的角度来说，关于制度如何形成存在两种相对不同的观点，一种观点认为理论建构生成制度，另一种观点认为自发演化生成制度。制度演化是制度生成的重要方式。① 制度生成机制，可以从自我保护机制、强制性机制、合法性机制与联盟机制层面进行分析。② 从制度发生学的角度来看，中国高等学校分类制度不是自发演化的产物，而是一种制度建构，是利益相关者基于一定的目的进行的制度设计。

新制度主义研究制度生成的外部机理和内部机理。新制度主义三个分支——理性选择的制度主义、组织分析的制度主义和历史的制度主义，分别从不同的角度阐释制度生成的外部动因。理性选择的制度主义从制度的功能角度来解释制度产生的动因，通过现存制度的功能推论出制度的起源。组织分析的制度主义从新制度构建是如何从既有制度世界借用制度模板，解释强制、模仿、规范等合法性机制对制度的作用。历史的制度主义整合理性选择的制度主义和组织分析的制度主义的观点，既强调现存制度对于制度创设和制度变迁的模板作用，也融入了制度的功能角度的解释，此外该理论还注重现存制度下的权力关系在新制度创设时如何给予某些行动者或利益相关者比其他行动者更多的权力。③ 英国经济人类学家玛丽·道格拉斯的社会制度理论从制度内部研究制度生成的内在机理。④

本书选择理性选择的新制度主义代表人物——诺思的制度变迁理论来解释制度内涵，因此遵循该流派的理念，试图从高等教育利益相关者的视角，分析高等学校分类制度的目的和希望解决的现实问题出发，探求中国高等学校分类制度生成的动因和内在机理。

高等学校分类制度的生成研究，在高等学校分类制度生成的环境基础

---

① 马雪松、刘乃源：《当代西方制度演化理论的研究视阈》，《广西社会科学》2012年第2期。
② 胡仁东：《大学组织治理制度生成机制探析》，《江苏高教》2011年第5期。
③ 教军章、张卓：《玛丽·道格拉斯的制度生成理论及其超越意义》，《理论探讨》2015年第5期。
④ ［英］玛丽·道格拉斯：《制度如何思考》，张晨曲译，经济管理出版社2013年版，第1页。

上，从利益相关者的角度建构我国高等学校分类制度的生成动因，分析高等教育内外部系统要素的内隐相互作用推动形成高等学校分类体系为基础的高等学校分类制度的变迁机理。不仅关注高等学校分类制度中原制度环境走向当前制度安排的生成脉络，还强调中央与地方政府、高校、社会等利益相关者在以高等学校分类体系为基础的高等学校分类制度生成中的交互作用，推动制度生成的内在机理。

第四节 文献综述

国外关于高等学校分类的相关研究主要围绕加州高等教育总体规划、卡内基高等教育机构分类、欧洲大学地图等具有代表性的高等学校分类方法为主，也不乏国家层面的以职能差异化定位的高等学校分类发展战略研究。我国高等学校分类的相关理论和政策研究早在 21 世纪初就开始出现，并逐渐形成相对稳定的研究方向和代表人物，如 2003 年开始，潘懋元、陈厚丰、吴玫、张慧洁、李铁君、曹赛先、沈红、李进才、史秋衡、冯典、戚业国、杜瑛、朱中华、刘少雪、刘念才、张建新等学者相继从理论视角开始关注高等学校分类领域的研究。本书对国内外高等学校分类制度和高等教育制度变迁的文献进行述评，提出我国高等学校分类制度和高等教育制度变迁研究取得的研究成果和值得进一步研究的方向。在前人积累的扎实研究基础上，选择高等学校分类的制度学研究，试图呈现高等学校分类从理论研究走向制度设计的系统生成过程。

一 高等学校分类制度研究现状

笔者以 classification、diversity、高等学校分类、高等教育分类、高等学校分类制度为关键词搜索相关学术文献，发现当前国内外高等学校分类研究主要表现为高等学校分类体系研究与高等学校分类动力研究。高等学校分类体系研究一般依据一定的高等学校分类标准和分类指标构建高等学校分类体系，从应然层面探讨不同类型层次高等学校之间的分类定位和分类发展路径，或主要基于统计学意义的角度对高等学校办学情况进行分门别类测算。高等学校分类动力研究则更为关注实然层面推动高等学校分类体系构建，即影响不同类型层次高等学校之间自发进行分类定位和分类发展路径的高等教育内外部环境要素。

（一）高等学校分类体系研究现状

以 classification 和 diversity 为关键词进行文献查找相关国外高等学校分类制度的研究资料，并梳理国外高等学校分类制度研究现状。选择具有代表性的美国、欧洲国家、日本、中国等高等学校分类体系研究，分析国内外高等学校分类体系的研究现状。

1. 关注高等学校分类体系的研究

根据国际上通行的两种高等学校分类体系的设计理念，以统计方式呈现不同类型高等学校特征和以规定性引导不同类型高等学校特色发展等两种不同形式，分析中国高等学校分类体系研究状况。

第一，将高等学校分类体系作为一种描述高等学校活动过程的工具进行研究，其目的在于归纳和概括高等学校分类特征和发展面貌。描述性的高等学校分类体系，一般采用统计分析方法整体呈现高等教育机构的多样化。运用描述性分析方法进行高等学校分类制度的实证研究，采用归纳推理的思维路径，分析学科设置情况低位趋同的现状，采取规模和质量相结合的分类方式，即以学科覆盖（高等学校设置学科或专业覆盖学科门类的情况）和学科层次（高等学校博士点学科开设科目覆盖学科门类情况）为分类指标，对教育部直属高等学校与地方共建的 94 所高等学校进行分类，提出中国学科分布存在的问题。[①] 将高等学校职能中的人才培养和科学研究作为高等学校分类标准，具体分析北京市 58 所普通高等学校在招生阶段的博士学位授予数量、硕士学位授予数、本科生招生数和国家基金课题

[①] 刘向东、吕艳：《高等学校分类的实证研究——基于 75 所教育部直属高校和 19 所地方共建高校的分析》，《清华大学教育研究》2010 年第 4 期。

数、国家重点学科数、硕士招生学科覆盖面、学校规模等基础数据。①

20世纪70年代，美国卡内基教学促进委员会为了便于研究和政策分析，发布了美国大学和学院的分类。利用高等学校的基本数据，发布了1973年版本的卡内基分类，随后分别于1976年、1987年、1994年、2000年、2005年和2010年根据高等学校发展变化对分类进行了更新。这项分类框架被广泛地运用于高等教育研究。2010年分类更新版本保留2005年采用的六个平行的分类结构，包括学位层次、结构及比例，研究和发展经费，研究人员数量等基本分类框架，本科和研究生教学计划分类研究，注册人数和本科档案分类，规模和设置分类。② 欧洲大学地图（U-MAP）项目研究，也强调统计方法在构建高等学校分类体系中的运用。欧洲大学地图项目自2004年11月开始逐步走向商业化。参加欧洲大学地图项目的高等学校既包括欧盟国家也有来自非欧盟及世界其他国家的高等学校。其包括教学、学生概况、知识转化、国际化导向、科研、地区参与6个维度，6个一级维度下还设有29个指标，包括授予学位类型、学科领域涵盖范围、学科专业、终身教育、科学研究、创新与转化、国际化教学和教师、国际化科研、规模、知识转化、公/私立特征、法律地位、对文化传播的贡献、对所在地区的贡献。2005年和2008年发布的第一阶段报告《机构概况：开展欧洲高校分类》和第二阶段报告《描述多样性：欧洲高校分类》均提及分类是"基于相似性对个体进行分组的过程"，是在复杂的群体中对不同的个体特征和个性化指标进行区分，从而传递出高等院校的复杂性和多样性的过程。③

从方法论的角度提出高等教育分类的逻辑和原则。他们认为，高等教育分类应该遵循高等教育类型分类—高等教育层次分类—高等学校类型分

---

① 宋中英、雷庆：《我国高等学校分类的实证研究——以北京市普通高校为例》，《高教探索》2010年第6期。

② The Carnegie Classification of Institutions of Higher Education, About the Carnegie Classification, http://carnegieclassifications.iu.edu/.

③ The European Classification of Higher Education Institutions, Glossary of terms used in the U-Map Questionnaire, http://www.u-map.eu/Glossary.pdf, September, 2012.

类—高等教育层次分类的发展规律，横向分类是科学合理的高等教育分类的前提。逻辑分类应该建立在对高等教育分化和重组的描述与归纳的基础上，高等教育的操作分类应该以逻辑分类为前提，在逻辑分类框架的基础上设计具体可行的分类标准和分类指标体系，采用定性分析的研究方式。操作分类以演绎推理作为思维路径，采用一定数量的高等教育和高等教育机构进行分类指标及分类标准的定量分析。[①] 从方法论的角度进行高等教育分类的思考。完整的分类体系应该是相互联系又各自独立的高等教育分类标准，不同的高等学校分类应该形成互补关系。从分类路径上说，高等学校的分类标准建立在多样化的高等学校这一事实和现状的基础上，因此高等学校分类是归纳的结果，但也不能忽视演绎方法在高等学校分类中发挥的引导作用。[②] 从方法论的角度提出通过反思、批判、建构、再反思，搭建理想的高等学校类型，进而采用个案研究的方法对中国高等学校现实类型进行量化研究。[③]

从高等学校分类范式、主体和方法的角度，较为全面搭建高等学校分类的框架结构。在高等教育内涵式发展的社会背景下，为避免高等学校强化同质化倾向的问题，应以分类学为逻辑起点，对高等学校进行归类和分组以客观描述不同院校的特征。[④]

从高等学校分类元研究的角度，提出中国高等学校分类标准和指标过于偏向学术取向、理论引进中对中国国情联系不够紧密、缺乏可靠数据支持等问题，进而展望中国高等学校分类应满足多样化的社会需求，采用聚类分析、因子分析、相关分析等定量方法，多维度进行高等学校分类。[⑤]

从高等学校社会职能的角度进行高等学校分类制度研究。有学者提出

[①] 潘懋元、陈厚丰：《高等教育分类的方法论问题》，《高等教育研究》2006年第3期。
[②] 陆正林、顾永安：《高等教育分类的方法论思考》，《教育发展研究》2011年第11期。
[③] 雷家彬：《中国高等学校分类方法的反思与建构》，博士学位论文，华中科技大学，2011年。
[④] 王楠：《我国高等学校分类体系重构：范式、主体与方法》，《教育研究》2016年第12期。
[⑤] 宋中英、雷庆：《我国高等学校分类及其走向》，《教育发展研究》2008年第Z3期。

每所大学都应该力争体现高等学校三大社会职能但应各有所侧重的分类理念。① 研究欧盟 CEIHE 项目（Classifying European Institute of Higher Education）的核心内容——"大学地图"（U-Map）。在研究中提及欧洲区域高等教育一体化进程催生了通用性、规范性、权威性的高等分类标准的需求。围绕欧洲大学地图的有效性（与大学的基本活动相关）、合法性（利益相关者认为指标与高等教育活动相关）、可行性原则（数据信息可收集）、多元利益相关者参与分类（除了政府主导之外）的基本原则，以大学基本活动为框架进行高等学校分类的指标筛选，制定教学、科研和知识转换以及大学参与国际化和地方服务的程度（具体分类时增加了学生状况）等高等教育三种基本功能形成的社会影响力等横向视角，从投入、生产、产出过程要素以及投入与产出结果的比较（即执行绩效）等纵横相结合的理论基础，分类囊括学校所属国家、性质（公办或民办）、历史、办学特色等背景信息。② 将人才培养和科学研究作为分类的标准，按照不同层次学生招生数量、最高层次学生与本科生的招生比例、主要科研成果产出、政府资助的科研经费分类指标，将我国高等学校分为研究型大学、博士型大学、硕士型大学、本科型大学/学院、专科/职业型院校五种类型。其中，主要科研成果产出和政府资助科研经费是研究型大学的分类依据。③ 将高等教育职能分化理论作为高等学校分类的理论基础，以人才培养、科学研究、政府的目标定位、办学条件四个维度作为高等学校分类的标准进行类型划分。④

基于规避输入和输出两个层面指标带来高等学校分类与高等学校排名相联系的问题，采用输入（投入）方面的指标设计高等学校分类体系的分类标准。在教育内外部关系规律、高等教育结构理论、经济结构多样化与

---

① 刘献君：《建设教学服务型大学——兼论高等学校分类》，《教育研究》2007年第7期。
② 茹宁：《U-Map：欧洲版本的高等教育分类体系》，《中国高教研究》2012年第3期。
③ 刘少雪、刘念才：《我国普通高校的分类标准和分类管理》，《高等教育研究》2005年第7期。
④ 戚业国、杜瑛：《试探我国高等学校分类思路及方法》，《教育发展研究》2005年第23期。

社会分工理论、高等教育大众化理论等理论基础上，提出高等教育分类应建立在科学技术与学科分化理论、社会分工理论、人的个性差异理论、人才分类理论、学位分类理论、高等学校职能理论上，总结高等教育分类的社会分工、产业结构差异、科学技术的发展外部动力机制和高等教育系统的分化与重组（高等教育系统自组织机制）、学科分化、高等学校之间的竞争等内部动力机制，进而提出以学科专业、人才培养、科学研究、社会服务、学生成分、教师资源、地理（经济）区域、宏观管理等八个维度作为切入点，构建我国普通高等学校分类标准及相应的指标体系。[1]

从高等学校不同主体的角度研究高等学校分类体系。从学生的角度，按照人才培养目标（具有学士学位授予权的学科门类）将高等学校分为学术类、专业类和职业类。从教师的角度，根据师资结构（专任教师与学生之比）为高等学校定"型"，将我国高等学校分为教学型、研究型、服务型。从人才培养的规格（所授予学位规格）将高等学校分为学术类、专业类、职业类三类。[2] 通过对高等学校管理者的调查分析，以实施本科层次教育的高等学校为视角，归纳出研究型、应用型高等学校分类的核心标准。[3]

从高等学校学科门类布局的角度研究高等学校分类体系。在教育部颁布的学科门类划分的基础上，将"类"和"型"作为高等学校分类的标准。按照我国学科门类及学科比例情况，将中国高等学校分为综合类、文理类、理科类、文科类、理学类、工学类、农学类、医学类、法学类、文学类、管理类、体育类、艺术类十三类。按照科研规模的总分进行降序排列，利用三个黄金分割点61.8%，将中国高等学校分为研究型、研究教学型、教学研究型、教学型四种类型。[4] 此外，也有从高等学校办学运行的角度梳理中国高等学校分类制度，总结了中国重点建设

---

[1] 陈厚丰：《高等教育分类的理论逻辑与制度框架研究》，广东高等教育出版社2011年版，第35、253—275、314页。
[2] 邹晓平：《高等学校的定位问题与分类框架》，《高教探索》2004年第3期。
[3] 康敏：《我国高校分类核心指标的实证研究》，硕士学位论文，厦门大学，2016年。
[4] 武书连：《再探大学分类》，《科学学与科学技术管理》2002年第10期。

情况、办学形式、办学体制等不同分类导向下的高等学校分类体系现状。①

第二，将高等学校分类体系作为一种高等学校活动结果的规定性评价进行研究，其目的在于通过分类管理引导高等学校分类办学。加州高等教育总体规划是州构建的高等学校分类体系，旨在解决高等教育同质化办学的问题。1960年美国加利福尼亚州高等教育规划提出公立高等学校分类系统，《加利福尼亚思想与美国高等教育》全面介绍了经济社会发展需求、提高高等教育质量以及高等教育大众化背景下，加利福尼亚州三级公立高等教育体系形成是应对学生接受高等教育需求的方式变革，并且有力地协调了高等教育系统内部的关系。该书是加利福尼亚州高等教育体系的结构和功能演进的系统研究，成为美国高等学校分类体系研究的代表。② 日本也出于高等学校分类管理的目的，推进高等学校分类体系研究。日本学者在梳理日本大学分类研究的基础上，提出将研究功能和学科组成作为日本大学分类核心指标，采用有无设立大学院研究科和大学院的在学人数或大学院在学人数与学部在学人数之比作为研究功能的两个分类核心指标，选择大学设置学部的数量作为学科组成的分类核心指标。③ 日本政府于2005年提出高等院校的七种功能分化，有学者在这一基础上，提出功能是高等学校分类核心指标构建的依据。日本政府提出的七种高等学校功能分别为国际化水平的研究和教育中心，培养高度专业化的人才，培养拥有广泛职业知识和技能的人才，进行通识教育，进行专门教育，提供终身教育，通过地方服务、学术界合作和国际交流直接服务社会等。一所大学至少选择其中一种职能，但不限于一种职能。要求大学用2年时间重审今后发展，并于第三年向日本文部科学省提出大学选择某一种或某几种职能所依存的

---

① 曹赛先、沈红：《浅论我国的高校分类》，《科学学与科学技术管理》2004年第2期。
② [美] 约翰·奥伯利·道格拉斯：《加利福尼亚思想与美国高等教育：1850—1960年的总体规划》，周作宇等译，教育科学出版社2008年版，第3页。
③ [日] 天野郁夫：《试论日本的大学分类》，陈武元译，《复旦教育论坛》2004年第5期。

现有条件、理由、实施方式等。① 2016 年日本《国立大学改革计划》的第三期目标，提出强化各大学功能的三个方向性目标：第一，世界最高水平的教育和科研中心，产出尖端的实用研究成果和创新创造；第二，全国的教育和研究中心，面向世界、亚洲接轨，培养技术者；第三，振兴地域的核心据点，按照地方需求、解决地方问题的社会智囊团。②

大部分研究者以高等学校分类标准和分类指标为依据，研究高等学校分类制度。有学者认为美国卡内基高等学校分类按照学位高低进行层次分类，而武书连课题组的分类亦趋向学术性研究型大学目标，不利于高等学校各安其位、特色发展，进而提出按照高等学校培养人才的职能，以学术性研究人才、专业性科技人才、实用性职业技术人才为依据进行高等学校分类。③ 以联合国教科文组织《国际教育标准分类法》为依据，结合中国高等教育的发展，即现代化建设和创新型国家建设对高素质的多样化人才结构的需求：学术型的科学人才、应用型的技术人才、从事生产、管理和服务的实用型职业技能人才，以多元的人才培养目标类型为主要标准，对中国高等学校进行类型划分。④ 以经济与社会现代化建设和发展的人才结构为依据，对全日制高等学校进行合理的高等学校分类，纠正高等学校自我定位过于盲目，甚至无序发展的必要性，根据联合国教科文组织《国际教育标准分类法》对第三级教育理论按照理论型和实用型的分类，理论型高等学校分为按照学科设置专业以培养研究人员和按照行业设置专业以培养科技人才两类。⑤ 基于劳动力市场分割理论和学校能级理论，按照层次和类型框架构建高等学校分类体系。⑥ 提出不同的分类目的决定不同的分

---

① Futao Huang, Challenges for higher education and research: a perspective from Japan, *Studies in Higher Education*, Vol. 39, No. 8, 2014, pp. 1428-1438.
② 日本科学文部省, 国立大学改革プラン, http://www.mext.go.jp/component/a_menu/education/detail/__icsFiles/afieldfile/2013/12/18/1341974_01.pdf.
③ 潘懋元、吴玫:《高等学校分类与定位问题》,《复旦教育论坛》2003 年第 3 期。
④ 潘懋元、董立平:《关于高等学校分类、定位、特色发展的探讨》,《教育研究》2009 年第 2 期。
⑤ 潘懋元:《合理分类　正确定位　科学发展　办出特色》,《西安欧亚学院学报》2012 年第 3 期。
⑥ 马陆亭:《我国高等学校分类的结构设计》,《北京大学教育评论》2005 年第 2 期。

类标准，从高等学校职能的角度出发，认为高等学校分类管理目的在于明确不同类型高等学校分工和办学定位，通过政府科学规划和分类指导，最终建立不同类型高等学校分工发展、同类型高等学校之间竞争协调的体系。① 从政府统筹管理高等教育的基础职能出发，建立分类标准体系、推进实施分类评价，并提出应同步建立和完善适应高等学校分类发展的财政拨款和分类管理体制。②

值得注意的是，不少研究者已经开始从关注高等学校分类标准和分类结果本身转向关注在依法行政的高等教育管理背景下对高等学校分类制度或体系研究。他们认为，建立高等学校分类体系才能进行高水平分类设置管理，高等学校分类的目的在于分类管理。通过实证调查发现，高等学校已经充分认识到要根据未来新型人才分类的需要来进行特色定位和分类办学，提出建立中央指导性与地方规定性相结合的国家三大类、分区域多路径发展的高等学校分类体系的构想。③ 有学者将高等学校设置作为一个制度进行系统研究，提出高等学校设置制度规范高等学校办学质量标准，从高等教育管理的角度出发，认为应建立分层分类的高等学校设置标准，提高高等学校设置标准的针对性。④ 从高等学校设置角度分析金砖国家高等学校结构体系。⑤ 此外，中国研究者也关注到了其他发展中国家的高等学校分类制度，从不同类型高等学校结构和相互关系进行金砖国家高等学校分类体系研究。⑥

（二）从高等学校分类动力的角度开展研究

国外学者一般从高等学校多样性或高等学校之间差异的角度研究高等学校分类动力。高等学校多样性的内容侧重从高等学校外部的多样化角度

---

① 赵庆年、祁晓：《高等学校分类管理：内涵与具体内容》，《教育研究》2013年第8期。
② 张珏：《创新分类评价管理体系 促进高等学校差异化发展》，《中国高等教育》2018年第1期。
③ 史秋衡、康敏：《探索我国高等学校分类体系设计》，《中国高等教育》2017年第2期。
④ 矫怡程：《高等学校设置制度研究》，博士学位论文，厦门大学，2016年。
⑤ 柯安琪：《金砖国家高等学校设置标准研究》，硕士学位论文，厦门大学，2018年。
⑥ 陈恒敏：《Institutionalized Institutions: Classification of Higher Education Institution in BRICS Countries》，硕士学位论文，厦门大学，2017年。

进行研究，主要研究高等学校之间的差异。多样化类型研究关注外部多样化，即高等教育机构之间的差异，对高等教育机构内部多样性的关注较少。表现为院校类型规模和资助主体的体系多样化、历史和合法资助来源的院校内部差异、学位层次和领域以及学院全面使命和专业服务方面、院校在教学和研究以及服务社会职能差异、院校的地位和声望差异、学生服务等制度的院校差异、社会环境和文化背景中的价值和风气差异。[①] 对国外高等学校分类制度的相关研究进行梳理，笔者发现国外高等学校分类制度的内涵及生成研究较为缺乏，更多表现为以多样性为导向的高等学校分类动力研究。

　　从高等学校多样化的理论视角研究高等学校分类动力。其一，汉南（Hanna）和弗里曼（Freeman）在达尔文进化论的基础上，从人口生态学的理论视角分析多样性的来源和组织同质性形式，关注人口动态特别是有限资源下多样院校的竞争。[②] 其二，普菲弗（Pfeffer）和萨拉尼克（Salancik）从资源依赖的理论视角研究揭示了组织和环境的相互作用如何影响高等学校多样性。[③] 其三，迪马吉奥（DiMaggio）和鲍威尔（Powell）根据制度同质化理论探讨组织为了生存必须适应来自其他组织的压力，而这种适应致使院校同质化。[④] 其四，从社会科学的开放系统方法的角度解释多样性高等教育体系的原因，认为高等学校接受投入并为环境带来产出，高等学校和环境之间相互影响，具体表现为高等教育所处环境的统一性提高则高等学校的多样性将随之降低，高等学校的学术规范和价值影响越大，高等教育系统的多样性越低。[⑤]

[①] Birnbaum, R., *Maintaining Diversity in Higher Education*, San Francisco: Jossey-Bass, 1983.

[②] Hannan, M. T. and Freeman, J., *Organizational Ecology*, Cambridge: Harvard University Press, 1989.

[③] Pfeffer, J. and Salancik, G. R., *The External Control of Organizations, A Resource Dependence Perspective*, New York: Harper and Row, 1978.

[④] DiMaggio, P. J. and Powell, W. W., The iron cage revisited: institutional isomorphism and collective rationality in organizational fields. American Sociological Review, Vol. 48, 1983, p. 147.

[⑤] Frans van Vught, "Diversity and Differentiation in Higher Education Systems", paper delivered to CHET anniversary conference, Cape Town, November 16, 2007.

第一，从社会外部因素对高等学校分类制度的需求指向的角度进行研究。从高等教育功能的角度凸显高等学校分类的重要性。高等学校是以知识活动为中心的组织，以知识生产、传播和应用作为高等学校分类的理论基础，构建教育、研究、职业三维度的分类模型，教育维度是人才培养的教育计划（学科）的基本分类问题，研究维度反映高等学校教师知识生产，按照学科属性分为文理类和专业类。职业维度表明人才培养目标定位的重要依据是相应的专门职业，必须考虑毕业生的就业去向，中国高等学校人才培养分为专门职业型（理论型、实践型）、中间型、技术技能型。该课题组将中国高等学校分为研究生院大学、普通本科院校、高等职业院校，① 提出高等学校分类目的在于提高管理效能，外在环境的变化影响高等学校分化，传统大学走出象牙塔，开始关注国家利益和社会需要，如公私立大学、工科大学的出现、研究型大学的出现等。此外，知识经济、信息技术、国家体制等社会外部因素也推动了大学分化，如虚拟大学、创业大学、网络大学、巨型大学等多样的高等学校形态。② 立足于中国新型工业化战略的社会背景，分析中国工程教育与工业界联系不够紧密和不同类型的学校办学目标趋同等问题，提出根据社会服务产出类型建立中国工科大学分类体系。③ 总结高等学校设置四十年来的政策演进，从国家创新驱动发展战略要求高等教育发挥支撑和引领作用的社会需求出发，提出高等学校分类是高等学校设置的基础，将高等学校分类与高等学校设置紧密联系起来。④ 史秋衡等在《高等学校分类体系及其设置标准研究》一书中提出，高等学校分类体系及设置标准的探索研究建立在法律根基之上，始于

---

① 浙江大学课题组编著：《中国高等学校的分类问题》，高等教育出版社2009年版，第18页。
② 孙伦轩、陈·巴特尔：《高等学校的分化、分类与分层：概念辨析与边界厘定》，《国家教育行政学院学报》2016年第10期。
③ 张民：《基于社会服务产出类型的工科大学分类法研究》，《高等工程教育研究》2011年第6期。
④ 史秋衡、康敏：《我国高校分类设置管理的逻辑进程与制度建构》，《厦门大学学报》（哲学社会科学版）2017年第6期。

依法治国的逻辑，是集一线调查、学术研究、数据基础于一体的政策设计。①

第二，从高等教育内部因素对高等学校分类制度的需求指向的角度进行研究。从高等学校社会声望的角度指出中国高等学校分类定位现象。该观点认为中国高等学校分类定位呈现"圈层结构"特点。"圈层结构"以政府认定和高等学校传统形成的社会声望为基础，与政府财政投入和人才培养层次密切相关。② 从高等教育内部的角度提出大学分类的必要性，认为大学分化的本质是高等教育利益相关者的增加，大学组织形态分化多样、复杂，大学分类跟不上大学分化的速度。③ 从高等教育发展史的角度提出知识是高等教育发展的直接动力，知识经济对处于知识中心的高等学校分类制度形成影响，知识是高等学校职能作用发挥的共同要素，知识管理模式的运行建基于以知识为逻辑起点的分类上。通过追溯高等教育历史上学者行会追求真知和生产知识，近代科学的发展、社会分工、专门职业领域的出现，以及知识分化催生传授相对高深的专业知识或进行专业教育培养高级专门人才。④ 高等教育规模扩张的需求推动政府在高等教育领域的分层和分类管理，从办学的行政隶属关系、举办者、重点建设政策等不同角度，给予高等学校不同的结构性定位。⑤ 有学者通过大量调查发现，高等学校管理者已经开始从自发分类定位走向自觉分类定位探索特色办学模式，高等学校管理者自主特色办学的自觉意识是高等学校分类发展的重要动力。⑥ 有学者认为，高等学校综合改革是实现高等教育服务创新发展的内在动力，依法治教理念是推动高等学校分类设置管理的现代性标志，行政管理是依法进行高等学校分类设置的体现，专家评议和科学研究成果

---

① 史秋衡等：《高等学校分类体系及其设置标准研究》，经济科学出版社2019年版，第2页。
② 陈武元、洪真裁：《关于中国高校分类与定位问题的思考》，《现代大学教育》2007年第2期。
③ 邬大光：《大学分化的复杂性及其价值》，《教育研究》2010年第12期。
④ 潘黎：《高校分类的新视角——基于知识的视角》，《教育科学》2010年第1期。
⑤ 陈伟：《高等学校的差序格局及其变革》，《高等教育研究》2015年第6期。
⑥ 史秋衡：《国家高校分类体系及其设置标准实证研究》，科学出版社2016年版。

相结合是高等学校分类设置管理专业化和科学性的标志。① 也有从高等学校内部办学运行机制层面出发，认为要逐步推动高等学校办学质量分类管理，注重从高等学校内部治理结构的角度提升高等学校自主办学水平，形成质量品牌化。②

此外，也有研究者综合高等教育内外部因素进行高等学校分类动力研究。从高等学校职能、资源配置、知识分化和社会需求等角度分析高等学校分类制度的理论问题，将学科覆盖、学校职能、学位授予、服务面向、办学规模、资源获取作为高等学校分类的标准。③

二 高等教育制度变迁研究现状

通过梳理中国高等教育制度变迁研究文献，指出当前高等教育制度研究中存在的不足和成果，本书试图在此基础上建立高等学校分类制度变迁的理论框架。

对当前高等教育制度变迁研究进行分析，已有研究主要集中于从高等教育内外部治理分析制度变迁模式和制度变迁机制。高等教育内部治理的制度变迁分析，如院系设置与管理、教研室发展、大学组织变革、学术委员会制度、围绕学术权力和行政权力的大学机制和大学组织分析、大学章程实施、教师发展制度、招生考试制度、高等学校选拔入学制度、教师聘任和高层次人才引进人事制度、校长选拔制度；高等教育外部治理的制度变迁分析，如高等教育质量保障、产学合作人才培养制度、课程制度、学科建设、合理化专业设置路径、研究生教育制度、教学管理制度、学位授权制度、大学城校际资源共享、区域高等教育融合发展、就业制度、创业教育模式、科研评估、大学科研合作制度、高等学校年报制度、学科评估制度、基于本科教学评估的高等学校问责制度、专业认证制度治理模式、

---

① 史秋衡、康敏：《我国高校分类设置管理的逻辑进程与制度建构》，《厦门大学学报》（哲学社会科学版）2017年第6期。

② 杨院：《我国高校办学质量分类管理的推进与选择》，《厦门大学学报》（哲学社会科学版）2017年第6期。

③ 曹赛先：《高等学校分类的理论与实践》，博士学位论文，华中科技大学，2005年。

高等教育评估制度、高等教育投资制度、高等学校学费问题、创新高等学校筹资制度、助学贷款制度。也有不少研究专门从高等教育结构的角度研究制度变迁,如高等教育分流制度、高等职业教育学位制度、公办教育与民办教育、民办高职院校发展、独立学院法人治理结构和运行、师范教育制度、地方师范院校综合化发展、高等教育资源配置、高等教育办学体制、高等学校设置变迁、中外合作办学等。

(一) 关于制度变迁类型和模式的研究

从高等教育利益相关者及其对资源配置的角度分析我国高等教育结构变迁的类型。以吉登斯将资源分为配置性资源和权威性资源的理论为基础,从经济系统来看,高等教育结构变迁机制表现为配置性资源在高等教育机构、社会、政府三方之间的配置方式,根据主导因素的差异,可分为市场经济和政府计划制度的两极类型。从政治系统来看,高等教育结构化机制表现为权威性资源在高等教育机构、社会、政府三方之间的控制模式,根据主导因素的差异,可分为公共选择和政府指令的两极类型。现实中很少有国家属于两极模式。[①] 也有以强制性制度变迁和诱致性制度变迁理论为理论基础,提出在校际资源总量一定的前提下,需要创新制度,提高资源利用率,促进大学城校际资源共享。分析大学城校际资源共享中的"经济人"特性、交易费用、委托代理制度、资源配置制度、评价制度、协调管理制度等制度安排方面的问题,大学城、高等学校外部、高等学校内部这三个组织在结构上是直线形式,难以整合资源提供组织保障。[②] 还有研究分析强制性变迁主导下制度变迁的路径,高等师范院校通过强迫机制和模仿机制形成制度的合法性,但也带有改"大"、升格、综合性发展等同质化办学问题。诱致性制度变迁是个体或群体自下而上寻求利益而自发进行的渐进性制度变革策略,制度创新的过程是制度变迁的表现形式之一。诱致性制度变迁的渐进性,即外在利益内在化时间漫长,产生制度创

---

① 韩梦洁:《美国高等教育结构变迁机制研究》,博士学位论文,大连理工大学,2013年。
② 庄三舵:《大学城校际资源共享的问题与对策研究》,博士学位论文,中国科学技术大学,2017年。

新的制度陷阱，阻碍了师范院校多元发展。该观点提出制度的本质是制度安排，是利益博弈和具有合法性的结果。制度安排受到所处外部环境影响，社会环境的变化对制度提出了新需求，推动新的制度供给，带来了制度变迁。认同制度变迁的本质是制度的替代、转换和交易过程，是效率更高的制度改进、替代原有或现有制度或者创新制度的过程。[①] 从高等教育多向分流制度、高等教育的职普融通制度、高等教育上下衔接制度、高等教育内外融合制度、高等教育前后循环制度等不同角度剖析高等教育分流制度。从新制度的预期利益与原有制度的利益对比、多元利益相关者之间的利益协调机制、强制性制度变迁和诱致性制度相结合等制度变迁方式，从创新制度安排的同时也优化制度环境两方面理解制度变迁等方面论述创新高等教育分流制度。[②]

从供给和需求的角度分析我国制度变迁的类型。计划经济向市场经济转变过程中，中国制度变迁方式从改革之初的供给主导型逐步向中间扩散型方式转变，并最终过渡到与市场经济内在要求相一致的需求诱致型。[③]

有别于传统制度变迁模式的其他模式。有研究者提出在强制性和诱致性制度变迁模式之外，还有一种制度变通的制度变迁模式。刘世定、孙立平等学者于1997年提出，变通是一种制度运作方式，也是一种制度变迁方式的研究基础上，他们认为在教育改革中除诱致性制度变迁和强制性制度变迁两种制度变迁模式之外，还有一种制度变通的制度变迁模式。制度变通指的是制度执行者未获得制度决定者正式准许和未按照改变制度的正式程序，自发做出保持原有制度形式上的一致但进行部分调整。如重新解释政策概念的边界、改变制度安排的组合结构、从政策上寻找微弱依据而实际却脱离原政策目标的制度安排等。[④] 已有研究作为一种制度变迁的方式

---

① 张勇军：《地方高等师范院校综合化发展研究——以A省为例》，博士学位论文，华东师范大学，2012年。
② 李东航：《高等教育分流制度研究》，博士学位论文，华中师范大学，2015年。
③ 杨瑞龙：《我国制度变迁方式转换的三阶段论——兼论地方政府的制度创新行为》，《经济研究》1998年第1期。
④ 马健生：《试论教育改革中的制度变迁》，《教育科学》2003年第3期。

的制度变通，是自下而上的制度创新过程，是新的非正式的制度安排，通过实际绩效取得合法性，最后变成新的正式制度。已有研究关注的是合法化机制如何促进制度实施，不仅在组织上建立正式的制度安排，还促进制度的真正实施，实现"形式绩效"和"实质绩效"的统一。[①] 提出"建构性变通"，即在新制度被落实，即再制度化过程中，变通的目标指向新制度的新目标。仍具有合法性的原有制度的目标发生变化，原制度执行者所做出的变通行为称为"解构性变通"。[②]

（二）关于制度变迁的路径依赖和锁定现象的研究

从制度的外部环境分析制度变迁的路径依赖现象。历史的制度主义借鉴理性选择的制度主义的"行动者"和组织分析的制度主义的"深层结构"，形成中观视角下的行动者与制度互动的理论体系，搭建了一个宏观结构—中观制度—微观行动者的理论分析框架。从影响制度的宏观因素分析制度所处的深层社会环境结构；路径依赖的锁定（Lock-in）现象，即制度回报递增使得原有制度的自我强化，有时陷入无效率；制度变迁动力，即外部社会环境重大变化使得出现变迁否决点继而出现新的制度变迁。从政策发展阶段、正反馈机制、复制机制、自我强化过程的断裂分析教育扶贫政策从酝酿、启动、渐进性变迁、断裂性的变迁，全面展现其历史进程、阻力和动力，并展望未来转型方向。教育扶贫政策的环境变迁中，国家主导特征、政策主体与政策服务对象的认知观念和国家能力等动力机制导致政策出现路径依赖，行动者和历史的关键"否决点"带来制度供给等共同推动新的制度出现。[③] 也有研究将制度变迁的路径依赖和路径创造理论相结合作为理论基础，分析大学章程实施面临外部社会环境带来的强历史惯性和内部环境的多重锁定，从路径创造

[①] 刘玉照、田青：《新制度是如何落实的——作为制度变迁新机制的"通变"》，《社会学研究》2009年第4期。

[②] 黄毅：《建构性变通：制度变迁社会学的一个分析框架——以S大学教师职务聘任制变革为例》，《学术研究》2013年第10期。

[③] 姚松、曹远航：《70年来中国教育扶贫政策的历史变迁和未来展望——基于历史制度主义的分析视角》，《教育与经济》2019年第4期。

核心观点提出在固有组织文化和价值理念的基础上"有意识地偏离"（Mindful Deviation）不合时宜的制度安排，形成利益或价值再分配的共识，利用核心变革性事件的关键机会推动路径创造，健全支撑性的制度体系以促进制度完善。① 中国大学院系设置与管理制度的规则与规范较少，强制性变迁方式推动渐进性变迁过程，形成行政权力大于学术权力、学习西方办学模式的路径依赖特征。从制度环境的角度，总结我国大学院系设置与管理的制度变迁受到政治、经济转型、国际发展、大学内在发展等因素影响。②

采用政策文本分析方法研究中华人民共和国成立以来高等教育重点建设政策的演变过程和变迁机制，寻求更有效的促进政策变革的路径。从制度变迁主体、制度变迁动力、制度变迁路径、制度变迁模式和路径依赖层面搭建理论分析框架，进而得出我国高等教育重点建设政策出现身份、利益和观念固化的路径依赖现象，初始制度选择、内在制度约束和配套制度缺失带来的制度障碍导致路径依赖现象。③

（三）关于制度变迁实施机制的研究

有研究者采用合法性机制理论分析制度变迁的实施方式。在"合法性"机制的强意义角度，从"双一流"建设高校政策对人才和创新团队的要求、"双一流"建设高校分层分类对高等学校发展的限制性影响、赋予和维护高等学校较高水平办学的观念等因素分析高等学校受制度环境影响出现"挖人"现象。"合法性"机制的弱意义角度，指从制度的强迫性驱使高等学校"挖人"以获得财政支持、模仿其他高等学校的"挖人"行为以减少高等学校寻求政策支持的风险、传统高等学校层级评价导向下的社会规范使得高等学校通过"挖人"保持或提升社会地位等方面，分析高等

---

① 张丽：《大学章程实施的路径依赖与路径创生》，《高等教育研究》2019年第6期。
② 刘静：《我国大学院系设置与管理制度的变迁研究》，硕士学位论文，华中科技大学，2016年。
③ 常乔丽：《新中国成立以来高等教育重点建设政策的演变机制研究——基于制度变迁理论的分析》，硕士学位论文，兰州大学，2018年。

学校出现"挖人"现象是自主性的利益选择的结果。①

也有学者从组织与外部环境互动机制的角度解释制度变迁过程。他们采用组织分析的方法，以大学内部组织制度与其所处的外部环境变革的互动机制作为研究的视角，分析了大学组织的制度化进程，大学由学者自治机构走向专业化管理并表现出科层体制的典型特点，从而得出制度环境影响大学内部组织制度和运作机制。该观点认为在行政管理下，大学应进行制度改革，实现自主制度创新。大学发展的基础在于大学制度创新，需要打破原有制度安排，建立一种可以容纳不断变迁的问题和要求的制度结构。制度安排是制度的具体化和形式化，从组织的角度而言，制度安排是具体的组织制度，组织结构是组织制度的外部表现和重要构成。大学是探究高深知识的场所，基于这一观点，围绕知识发展、学科发展和经济社会发展对大学提出需求的内外部因素，分析现代大学组织制度的变迁和制度创新。② 从组织分析的新制度主义理论，分析大学组织行为受外部制度环境影响的合法性机制，从建构性制度主义分析观念和话语对制度变迁的影响。大学组织具有从外向内的制度化能力和自内而外的制度塑造力两个方面，基于此，探讨大学组织与制度环境互动和相互建构的机制。大学组织不只是被动地受制度环境影响，也通过话语和观念表达影响制度环境。组织分析的新制度主义认为合法性机制导致大学趋同发展。理想或理论上，大学制度环境和高等教育组织自身差异带来大学组织的差异化发展。通过合法性机制，大学组织寻求政府、专业协会、社会媒体的认同。③ 高等教育制度变迁是内生因素和外生因素相互博弈的过程，政府、大学与社会之间的关系及其博弈和相互影响，并优化制度的外部环境；在制度资源稀缺

---

① 闫丽雯、周海涛：《"双一流"建设下高校"挖人"的制度性动因》，《江苏高教》2017年第8期。
② 马廷奇：《大学组织的变革与制度创新》，博士学位论文，华中科技大学，2004年。
③ 张熙：《大学组织与制度环境的互构机制分析——新制度主义视域下建设"双一流"的制度过程》，《高教探索》2016年第7期。

的背景下，提高高等教育制度变迁路径的有效性。① 制度环境变迁和高等教育内在的制度安排共同推动中国高等教育结构变迁。自上而下的强制性制度变迁方式为主的过程中也存在诱致性制度变迁方式，受中国国情和高等教育发展逻辑的制约，表现出渐进式改革的制度变迁方式。制度同形理论提出，高等教育结构趋同现象受强制性机制、模仿性机制和社会规范机制等因素影响。②

从工具主义的角度分析中国制度变迁的形成。从制度起源的角度分析，中国高等学校设置制度是"政治论"导向下移植外生和精英设计的结果；从制度变迁过程的角度分析，中国高等学校设置制度的形成是相关利益主体协调的过程；中国高等学校设置的制度变迁具有工具主义色彩，表现为一定程度上的激进性，是理性设计和理想主义相结合，带有借鉴模仿的特征。③

还有学者在多重制度逻辑及其相互作用的社会背景下，解释制度变迁的渊源。多重制度逻辑分别为国家的逻辑、科层制的逻辑、乡村的逻辑。主流的社会科学研究关注制度变迁中的单一机制并将其孤立分化，具有一定局限性，应该从多重机制及其之间的关系理解制度变迁。关注影响制度变迁路径和方向的多重逻辑及其相互作用，从制度变迁的内生性过程，解释制度变迁的内在过程，理清因果机制。多重制度逻辑相比于单一机制具有如下优势：一是关注多重逻辑相互作用，二是关注制度逻辑的微观基础，建立宏观制度逻辑和微观群体行为之间的联系，三是关注制度变迁的内生性过程，多重逻辑和群体间的相互作用影响发展路径。④

三 高等学校分类治理研究现状

高等学校分类研究是高等教育分类研究的构成部分。中国高等教育分

---

① 李晓倩：《新制度主义视角下我国高等教育制度变迁》，硕士学位论文，大连理工大学，2008年。
② 朱艳：《制度视角下中国高等教育结构研究》，博士学位论文，大连理工大学，2012年。
③ 黄启兵：《我国高校设置变迁的制度分析》，博士学位论文，南京师范大学，2006年。
④ 周雪光、艾云：《多重逻辑下的制度变迁：一个分析框架》，《中国社会科学》2010年第4期。

类研究源于 20 世纪 90 年代高等教育结构和布局调整，对中国式现代化进程中高等教育治理的话语研究肇始于 21 世纪初期。当前我国高等学校分类制度治理开始注重治理效能研究。

中国高等学校分类治理研究从治理目标转向治理效能，主要从治理效果和治理能力两方面关注高等学校分类制度的有效落实。效能指追求事物的合目的性，是国家通过制度设计所确定的教育发展目标并根据制度的运行实现该目标的程度。[①] 制度供给和制度实施决定治理效能，因而可以从供给和实施两方面分析高等学校分类制度效能。以制度实施效能观测高等学校分类制度设计转化为高等教育的治理效能，即通过制度实施，在实现高等学校分类制度设计的价值目标过程中，反映高等教育治理能力及其取得高等教育绩效效果。治理效能既要关注外在绩效，也要关注内部协商共治的治理能力，是实质效能和形式效能、治理结果和治理能力的统一。[②] 一方面，基于哈耶克的建构理性主义知识论观点，制度是人的理性建构，治理重心在于通过组织和协调实现效率的目的；另一方面，根据其进化理性主义知识论，制度是在传统中不断积累形成的，治理重心在于参与者的相互理解和互动。因此，治理效能关注效率、效力的目标达成，其中效率目标达成指完善治理结构，实现机构设置、管理程序的科学性，是建立在治理能力基础上的高质量、高效率决策。效力目标达成指治理效果，既包括治理预期与实际结果的匹配度，也包括参与者认可以及合作的合法性。[③]

（一）高等学校分类治理的话语研究

高等学校分类治理话语的结构研究，具有政策话语先于理论、实践话语研究的特点。[④] 在话语的结构关系研究方面，由于政策命题先于研究领域，因而一开始呈现重政策话语研究轻理论话语、实践话语研究现象。在

[①] 褚宏启主编：《教育政策学》，北京师范大学出版社 2011 年版，第 73 页。
[②] 宋志燕：《高校二级学院治理效能内在逻辑与实践进路》，《西北师大学报》（社会科学版）2022 年第 5 期。
[③] 王占军：《大学有效治理的路径：知识论基础与实践准则》，《中国高教研究》2018 年第 9 期。
[④] 周洪宇、余江涛：《2023 中国教育治理研究热点与未来前瞻》，《现代教育技术》2024 年第 3 期。

政策话语的基础上，从民间质量立场的高等教育供求关系，提出类型教育话语属于"对外"，也要做好"对内"按类型教育培养技术技能型人才。[①] 超越"类型"定位的前提，运用系统思维，上升为"理念"。[②]

高等学校分类治理话语的内容研究，关注兼具一般性与特殊性的阐释。一方面，对西方引入的一般性学术概念和理论话语进行中国化的再阐释；另一方面，针对一般性术语和理论缺乏中国特色的实践根基，无法对中国高等学校分类治理实践进行合理性解释和规律性的价值判断等问题，尝试从概念理解与逻辑关系、社会功能、政策进路等方面彰显本土化特殊性概念。如对"协调"内涵进行教育结构的协调、经费结构的协调、各地之间的协调的本土化阐释。针对横向的"通而不融"，纵向的"贯而不畅"等问题，[③] 通过现代化治理，融入数智时代和数字化建设的新内涵，开展制度建设、政策体系、教学体系、理念方面改革，在教育资源共享、人才协同培养方面，建立课程互设、学校互融、学制互通的政策和实践框架探索。[④]

高等学校分类治理的话语研究，出现方法论和研究视角转向。一方面，在理论话语研究方面，提出应基于我国地域发展差异和依法治教的时代内涵，依法落实各级政府"统筹推进"的主体责任，实现内生型的转变；另一方面，高等学校分类治理的政策和实践研究，从理性主义、建构主义转向二者并重的方法论。理性主义政策效能研究测量既定目标实现程度，建构主义关注利益相关者多元参与和协商建构共识。受此影响，研究视角从政策层面转向治理实践，关注政策目标及其实施，但更注重多元主体参与和治理能力研究。

（二）高等学校分类治理的效能研究

协调政府、高校、社会多元主体以加强高等教育资源的整合能力，逐

---

① 张应强：《高等教育质量民间立场与我国高等教育普及化》，《大学教育科学》2022年第6期。
② 朱德全、王志远：《新时代职普融通的教育强国战略与评价改革赋能路径》，《新疆师范大学学报》（哲学社会科学版）2024年第2期。
③ 曾天山：《关于推进职普融通、完善评价体系的政策建议》，《中国考试》2024年第1期。
④ 徐国庆、余韵：《职普融通的当代涵义与实践框架——基于技术及职业关系演变的分析》，《教育研究》2024年第2期。

渐构成高等学校分类管理提升高等教育治理效能研究的重要部分。探索高等学校分类体系能够推进高等学校分类管理顶层设计实施，高等学校分类办学的质量管理需要联动政府、高校、社会。① 中国高等学校分类研究虽加强对多元主体的关注，但以管理主义为导向，在探索政府、高校、社会的交互关系中偏向政府主体，特别是中央政府，忽视对不同类型高等学校、各级各类地方政府、社会的关切。一方面，国家主导推进与地方统筹之间的关系有待进一步协调。② 长期以来，人们对地方统筹高等教育治理的价值认识不清，将各级各类政府笼统地视为高位概念"政府"，将各类高等学校当作广义的"高等学校"。③ 另一方面，需进一步深化高等学校与社会的互动关系。高等学校分类管理需要加快建立办学绩效的公共教育资源配置导向，根据高等学校分类评价结果转向"绩效型"高等学校财政拨款。④ 以绩效为驱动的高等学校分类管理本质上打破政府、高校、社会之间关系的传统模式，根据不同类型高等学校的分类特征确定与之相对应的绩效指标，反映同类竞争、不同类型高等学校之间公平、分工合作，重构高等教育运行秩序。⑤ 但当前高等学校绩效评价强调政府对高等学校的监督和问责，不同类型的绩效评价结果与社会对高等学校排名的一元化认知相矛盾，加剧高等学校与社会关系的失调。⑥ 美国高等学校分类管理是在学生学习结果导向的共同目标驱动下，关注高等教育资源投入和资源整合的有效性。加利福尼亚州政府以管控的方式实施高等学校分类管理，虽然州政府在进行财政资助的同时引入了问责和绩效评价，但缺乏绩效评价的

---

① 杨院：《我国高校办学质量分类管理的推进与选择》，《厦门大学学报》（哲学社会科学版）2017年第6版。

② 史秋衡：《〈中华人民共和国高等教育法〉20年发展报告——基于高校分类人才培养提质增效视角》，《国家教育行政学院学报》2020年第2期。

③ 宋争辉、郭书剑：《地方统筹：高等教育治理的新思维》，《高等教育研究》2018年第1期。

④ 张珏：《创新分类评价管理体系 促进高等学校差异化发展》，《中国高等教育》2018年第1期。

⑤ 杜瑛：《基于绩效的高校分类管理机制探析》，《国家教育行政学院学报》2017年第12期。

⑥ 于畅、高向辉、李明、徐琪：《高校绩效评价的理论逻辑、现实依据及实践探索》，《现代教育管理》2022年第5期。

正负反馈机制,导致加州高等教育系统无法及时应对来自市场不断产生的新需求。① 2013年,加州重新提出增加高等教育机会和促进学生成功的共同使命和目标,关注学生学习成果和资源投入的有效性,以分类报告监测共同使命的目标达成情况。②

结构主义、制度主义的治理理论认为高等教育治理效能取决于多元共治的治理结构、均衡协调的权力结构、制度供给和实践,侧重治理体系。行动主义的治理理论注重治理能力,强调主体能动性,通过在治理实践中提高治理能力从而推动治理体系的完善。③ 受第四代评估理念的影响,高等学校治理能力在推动高等学校分类制度实施的政策研究中日益受到重视。理性主义的绩效评价研究以评价标准、评价方法和评价主体为关键要素,对既定目标实现程度进行客观测量。针对理性主义绩效评价中参与者缺位的问题,古贝(Guba)和林肯(Lincoln)于20世纪80年代末提出"回应—协商—共识"的建构主义方法论,关注多元价值,主张评价对象及其他利益相关者"全面参与"评价过程,通过不断协商建构一种共同认识。④ 结合理性主义和建构主义对政策评价研究的基本共识,政策效能评价研究关注测量目标实现度和多元主体的协商共识。⑤ 在此背景下,中国侧重从目标及其实施方面制定高等学校分类制度,推动高等学校分类制度设计的实践。⑥ 此外,高等学校分类政策也开始注重治理实践中多元参与,

---

① 刘冬青:《美国州高等教育财政政策的变革》,浙江教育出版社2015年版,第170—177页。

② California Legislative, State Goals for California's Postsecondary Education System, https://leginfo. legislature. ca. gov/faces/codes_ displayText. xhtml? lawCode = EDC&division = 5. &title = 3. &part = 40. &chapter = 2. &article = 2. 5.

③ 张衡:《大学治理方法论取向:结构主义、制度主义与行动主义》,《清华大学教育研究》2021年第2期。

④ [美]埃贡·G·古贝、伊冯娜·S·林肯:《第四代评估》,秦霖、蒋燕玲等译,中国人民大学出版社2008年版,第9页。

⑤ 鄞益奋:《公共政策评估:理性主义和建构主义的耦合》,《中国行政管理》2019年第11期。

⑥ 周益斌:《遵循与超越:基于〈柏林原则〉的高校分类评价透视——以上海为例》,《教育发展研究》2020年第19期。

关注高等学校内部治理能力。① 例如，有研究采用不同类型高等学校发展定位与政策目标一致性的角度分析高等学校分类政策有效性，分析高等学校分类政策实施后不同类型高等学校发展定位战略选择的行为逻辑与政府的政策目标是否一致。②

高等学校分类制度优势转化为高等教育治理效能，需要把握高等教育发展阶段，符合高等教育规律的价值理念，③遵循两种不同的原则：一是通过高等学校相互竞争的市场机制获得有助于提高声望的条件；二是政府通过政策和措施分配权利和资源。④ 当前行政机制和市场机制呈现相互融合的趋势。在治理实践中，把价值理念与治理效果相结合，良好的制度供给和强有力的治理能力相结合，才能把制度优势转化为治理效能。其中，价值理念包括合法性、合理正当性、合目的性、合规律性。⑤ 效能的实现必须以制度的合法性为必要条件，合法性的本质是制度价值选择的合目的性，既符合人们的需要，又被认可和遵守。

四 研究述评

结合高等学校分类制度、高等教育制度变迁、高等学校分类治理研究进展和存在的不足，从研究目的、研究视角、研究内容等方面提出值得进一步研究的问题，即本书在前人研究基础上试图解决的问题和取得的新进展。

（一）已有研究取得的进展和存在的不足

一方面，相关研究取得了一定的进展，高等学校分类制度研究在高等

---

① 贺武华：《高校如何在"宫格"中实现行政主导下的自主发展——兼析沪浙高校分类发展模式与经验》，《教育发展研究》2022年第1期。
② 张应强、周钦：《"双一流"建设背景下的高校分类分层建设和特色发展》，《大学教育科学》2020年第1期。
③ ［美］马丁·特罗：《地位的分析》，载［美］伯顿·克拉克主编《高等教育新论：多学科的研究》，王承绪、徐辉、郑继伟、张维平、张民选译，浙江教育出版社2001年版，第169页。
④ 周光礼：《论高校分类的逻辑》，《中国高教研究》2022年第11期。
⑤ 李立国：《大学治理的制度逻辑：融通"大学之制"与"大学之治"》，《华东师范大学学报》（教育科学版）2021年第3期。

学校分类体系和制度动力两个方面为本书奠定了坚实的研究基础，高等教育制度变迁研究在变迁类型和模式、影响路径选择的路径依赖和锁定现象、制度变迁的具体实施等方面为本研究提供了分析内容的启示。高等学校分类治理的效能研究为本书带来基于高等学校分类制度的利益相关者这一分析视角的启示。另一方面，当前高等学校分类制度的系统性和动态性研究稍显不足，高等教育制度变迁研究中对高等学校分类制度变迁的分析也有待深入探讨，高等学校分类治理效能研究对不同利益相关者如何通过相互作用影响制度生成也值得进一步研究。

1. 高等学校分类制度研究取得的进展和存在的不足

从研究的目的来看，已有高等学校分类制度研究与高等学校管理和评价联系较多，也有部分高等学校设置研究涉及高等学校分类制度研究。但总体而言，高等学校分类的制度学研究稍显薄弱，对于分类体系与高等学校设置、高等学校管理和评价的关系梳理不够深入，高等学校分类制度研究多见于高等学校分类管理和评价的目的，缺乏从设置、管理和评价多角度开展系统的高等学校分类制度研究。当前高等学校分类制度研究的标准和结果呈现多样化的特点，之所以存在纷繁复杂的高等学校分类标准和分类结果，笔者认为应该归因于对分类、高等学校设置、高等学校管理、高等学校评价之间的相互关系未进行较好梳理，对于其相互之间的关系认识和重要性顺序认识不清，致使高等学校分类制度研究的目的指向不明。研究目的和研究指向不够明确，形成高等学校分类制度研究的多元分类标准和由此产生的多样分类研究结果，高等学校分类实践的多元标准和多样结果难以置于一个系统中进行分析，高等学校分类研究结果服务高等学校分类实践的作用较为有限和更为间接。

从研究的视角来看，已有研究主要是分类体系和分类动力研究，对于分类体系与分类设置、分类管理、分类发展关系，高等学校分类制度供给和高等学校分类制度需求及高等教育利益相关者博弈过程如何推进制度生成的均衡状态梳理得不够深入，缺乏制度学视角的研究。高等学校分类体系是高等学校设置、管理和评价的基础，分类设置是分类管理和分类评价的前提，分类设置、分类管理和分类评价应该立足于高等学校分类制度的构建和运行。当前我国高等学校分类研究未触及推进高等学校分类设置方面的法律根基，只有在理顺高等学校分类制度涉及的管理关系的前提下，高等学校分类制度研究才具有明确的目的指向，高等学校分类制度研究的标准才能有效统一于一个整体。

从研究的内容来看，高等学校分类制度的相关研究主要从高等学校分类的必要性和紧迫性、高等学校分类的标准、高等学校分类的指标等高等学校分类体系和高等学校分类动力进行探讨，对于高等学校分类的生成也多出于思辨研究或者政策分析，虽然有些高等学校分类研究涉及高等学校分类的影响因素，但也主要是一些比较分散的社会经济要素的直接归纳，缺乏高等学校分类制度变迁的系统动态研究，特别是制度的内在机理研究。

2. 高等教育制度变迁研究取得的进展和存在的不足

从高等教育制度变迁研究的制度内涵来看，当前高等教育制度变迁研究较多从正式、外显的制度安排分析高等教育制度变迁，较少从习俗、惯例、传统等约定俗成的非正式、内隐的制度安排分析高等教育制度变迁。此外，对于正式和非正式制度之间的相互转化对制度变迁产生的影响，正式制度和非正式制度相互转化过程中存在哪些问题制约制度变迁等方面的分析稍显不足。

从高等教育制度变迁的研究视角来看，现有的研究主要从理论层面或政策层面分析高等教育制度变迁的动因，缺少基于实证研究和高等学校办学数据依据。高等教育制度变迁研究的理论分析和政策分析，往往过于关注直接推动制度变迁的影响因素，容易忽视间接推动制度变迁的影响因素以及利益相关者之间的交互作用在制度变迁中的作用，难以表现高等教育制度变迁的整体性和动态性。

从高等教育制度变迁的研究内容来看，现有的研究成果主要从历史演变的角度，以标志性的历史事件为线索分析我国不同时期高等教育制度的制度环境和制度内容，系统化和动态性分析理念的运用有待深入。当前研究大多集中在对路径变迁过程的讨论与分析,较少研究动力因素如何推动制度路径选择的内在机理,对高等教育利益相关者如何推动制度变迁这一核心问题的研究较少,也未能把制度变迁理论及影响制度变迁的路径依赖、锁定现象贯穿于不同时期高等教育制度变迁的分析之中。此外,当前高等教育制度变迁研究中也缺少对高等学校分类制度生成开展系统性和动态性研究。

3. 高等学校分类治理效能研究取得的进展和存在的不足

当前学术界普遍认同以评价为管理工具能够有效引导高等学校分类发展,运用制度实施效能评价能够反映高等学校分类制度设计的有效性程度,但是对于"政策反映谁的价值目标""效能评价的内容"等问题莫衷一是。一方面,现有研究主要从管理主义对高等学校分类制度实施进行绩效评价,以政策目标衡量高等学校办学水平的效能研究为主,但是忽视价值的多元性,基于多元高等教育利益相关者视角的价值目标研究高等学校分类制度实施相对不足;另一方面,从政策文本层面开展高等学校分类制度实施的研究较为丰富,但如何通过优化高等学校分类制度设计,从治理能力和治理效果两方面提升高等教育治理效能的研究较少。此外,"分类治理"是中国式高等教育治理的特色实践,但重政策话语研究而理论和实践话语研究不足,缺乏具有鲜明中国特色的"内生自发"话语的阐释和指引。当前"分类治理"的政策和实践框架研究以偏重优化高等教育结构布局的思辨研究为主,但对实现教育管理体制的"治理"研究较少,特别是我国省域省情差异较大,因此需要运用文本分析法、访谈法等多种研究方法,剖析政策过程,全面加强高等学校分类治理效能研究。

因此,优化高等学校分类制度设计从而提升高等教育治理效能,应在高等学校分类治理实践中,从高等学校制度设计的利益相关者视角出发,以制度实施为关键,完善高等学校分类制度供给有效转化为高等教育治理效能的专门研究。基于以上分析,本书从中央与地方政府、高校、社会多元利益相关者的视角,探索高等学校分类制度设计的生成。

(二) 值得进一步研究的问题

首先，从研究的目的来看，需要明确高等学校分类制度的内涵和功能，既要从正式制度、非正式制度及其实施三个方面解释高等学校分类制度，也要理顺高等学校分类制度中的高等学校分类体系、高等学校分类设置、高等学校分类管理、高等学校分类评价之间的关系。其中，正式和非正式制度是高等学校分类制度的内容构成，也是其合法性地位的来源。高等学校分类制度的实施主要通过高等教育利益相关者采取的策略和行动实践实现。高等学校分类体系是指导高等学校分类设置、分类管理、分类评价、分类办学的基础。澄清高等学校分类制度的内涵和功能，是构建高等学校分类制度生成框架的前提，才能统领高等学校分类制度生成的研究。

其次，从政策分析、制度变迁理论分析、实证研究系统分析我国高等学校分类制度生成。通过分析政策如何推动高等学校分类制度的生成，直观地表现高等学校分类制度生成的特征。加强高等学校分类制度的实证研究基础，特别是高等教育利益相关者之间协商推动高等学校分类制度变迁的分析。总结高等学校分类制度生成的特征和要处理好的关系，保障制度持续生成。以制度变迁理论为分析框架，对高等学校分类的正式和非正式制度及其实施的研究，更系统地呈现高等学校分类制度的生成，丰富高等学校分类制度生成研究的理论分析。将制度变迁研究运用于高等学校分类制度研究，扩大制度变迁在高等教育研究中的运用范围。以制度变迁如何形成这一核心问题为出发点和落脚点，以高等教育历史事件、相关法律法规和政策为依据，系统化地梳理，层层推进制度在历史逻辑中的演变路径、正式或非正式制度的演进过程中的影响因素、制度变迁的内在机理等。

再次，从研究的内容来看，高等教育内外部系统相互作用下，推动高等学校分类制度系统生成的多重正式和非正式制度的影响因素及其各要素之间的相互作用。因此，重点分析高等学校分类制度生成中的制度变迁方式，以及影响制度变迁路径的锁入效应、反馈过程、路径依赖、制度扩散等现象，探讨高等学校分类制度的合法性机制，以此更加深入地论证高等学校分类制度变迁中各利益相关者如何协商一致达成制度供给和需求的相对一致，从而推动高等学校分类制度均衡状态的生成。

最后，从中央与地方政府、高校、社会多元利益相关者的视角，探究高等学校分类制度生成的动力因素。国家、地方、高校、社会等利益相关者在高等学校分类制度生成发挥不同作用，应针对性地采取措施推进高等学校分类制度生成。通过高等教育利益相关者的视角，研究制度变迁中的动力来源，更加直观地反映高等学校分类制度生成的演进。

第五节 研究设计

从研究目标、研究内容、技术路线、研究方法和调查对象等方面形成高等学校分类制度生成的研究设计。中国高等学校分类制度的生成研究，以制度变迁理论和三螺旋创新理论为基础，通过分析当前中国高等教育制度环境中，从高等教育利益相关者视角构建高等学校分类制度生成动因，利益相关者交互作用推动制度生成的内在机理。总结我国高等学校分类制度生成的特征和需要处理好的关系，以此为线索，提出利益相关者在促进高等学校分类制度生成中应该采取的对策建议。

一 研究目标

以生成论为方法论，论证中国高等学校分类制度动态的整体性生成过程，透过显现的外部制度变迁路径溯源分析内隐的生成基础、动力来源和内在机理，全面系统地呈现中国高等学校分类制度的生成。通过反思中国高等学校分类制度生成的整体动态过程，从深化制度建设的目的出发，进一步总结高等学校分类制度生成的基本特征和需要处理好的关系，突出我国高等学校分类制度生成的必然性而生成过程面临的挑战。此外，中国高等学校分类制度是制度话语和行动实践的双重结合，论证我国高等学校分类制度生成的基础、动力、机理，从而能够有的放矢推动高等学校分类制度的具体实施，提出高等教育利益相关者推动高等学校分类制度生成的行动对策，通过建立中央与地方政府、高校、社会不同层面的多重机制，以更好地推进高等学校分类发展的行动实践。通过高等学校分类办学实践的不断深化，对高等学校分类制度的持续创新提供正向反馈作用。

一方面，从法律政策文本和历史文献梳理的角度，分析中国高等学校分类制度外显的变迁路径；另一方面，结合大学观多重隐喻，论证中国高等学校分类制度生成的多元价值基础、中国高等教育系统的特征和国际主流经验，表明高等教育多样化发展和高等学校分类特色办学的历史必然性；运用制度变迁理论分析中国不同类型高等学校特征的高等学校分类制度的生成机理，从原有制度未能有效指导当前高等学校办学实践，以高等学校分类体系为基础的高等学校分类制度的制度环境生成，提出制约中国高等教育多样化发展的制度供求矛盾，高等教育利益相关者如何推动制度供给与需求均衡状态的实现，使得高等学校分类制度相比于原制度环境的预期效用更强。

二 研究内容

我国高等学校分类制度的生成研究，聚焦于高等学校分类制度生成基础、生成动因、生成机理的理论分析，探求高等学校分类制度生成的系统动态过程。从高等教育多元价值的哲学基础、中国高等教育系统的结构体系和管理体制等制度基础、世界两种代表性的维护高等教育多样性的高等学校分类制度的经验启示入手，分析中国高等学校分类制度的生成基础。结合半结构式访谈法，对高等教育管理者、高等学校管理者和高等教育研究者进行访谈，分析政府、高校、社会等利益相关者的交互作用下，高等学校分类制度的生成动因。通过政策梳理和制度变迁理论框架，分析我国高等学校分类制度变迁的内在机理，在此基础上反思中国高等学校分类制度的功能定位、发展困境及未来挑战，进而提出国家、地方、高校、社会等利益相关者推动高等学校分类制度生成应该采取的行动对策。

(一) 研究问题

在生成论的方法论和制度变迁理论、三螺旋创新模型理论、大学观多重隐喻构成的理论分析框架下，提出以下研究问题。

第一，中国高等学校分类制度的生成基础。首先，从高等教育哲学的多元价值分析中国高等学校使命的多样性和差异性，从而论证中国高等学校分类制度生成的必然性。其次，从中国高等教育结构体系和高等教育管理体制两个方面，分析中国高等学校分类制度生成的组织基础。最后，从国际通行的两种主要维护高等教育多样性的高等学校分类制度的模式特征和制度生成演进，为中国高等学校分类制度生成提供经验启示。

第二，中国高等学校分类制度的生成动因。从高等教育利益相关者视角出发，分析在高等教育内外部系统中，影响中国高等学校分类制度生成的动力来源，包括动力要素和动力要素之间的相互作用。国家战略和经济社会发展推动制度新需求的形成；依法治教理念推动中国高等教育依法治理改革，要求健全引导高等学校分类发展的相关法律和政策；在高等学校分类发展的理念和实践探索以及地方政府自主开展的高等学校分类方案探索相继出现的情况下，高等教育内外部系统形成的引导高等学校分类发展的制度需求难以在原有制度中得到实现，进而制度供给和需求矛盾得以形成。

第三，中国高等学校分类制度的生成机理。以制度变迁理论为分析框架，探讨高等学校分类制度变迁路径和生成机理。高等学校分类制度变迁路径，包括高等学校分类制度变迁方式以及决定高等学校分类制度变迁路径的影响机制。高等学校分类制度的生成机理，是高等学校分类制度从打破原制度环境均衡状态走向制度供需矛盾的非均衡状态，各利益主体协商一致推动高等学校分类制度作为一种新制度环境的生成的影响因素、作用机制和外化的路径选择。高等学校分类制度实现一种均衡状态，提供正反馈效用。

第四，中国高等学校分类制度生成的基本特征，以及在此基础上，为推动制度生成需要相应地处理好的关系。基于制度的基本特征，从制度自身建设反思推动制度生成的矛盾关系。通过分析高等教育内外部系统变化引发的高等学校分类制度供需矛盾，利益相关者推动高等学校分类制度生成的内在机理，总结高等学校分类制度生成的基本特征，并分析基本特征所反映的矛盾关系，包括制度生成的动态演进规律、制度的结构、制度目标追求、制度环境，进而从制度本身建设的角度提出处理好矛盾关系，深化制度生成。

第五，高等教育利益相关者推动中国高等学校分类制度生成的对策建议。制度包括正式制度、非正式制度及其实施，因而制度话语和行动实践是高等学校分类制度不可或缺的两大组成部分。我国高等学校分类制度的合法性地位的获得，既需要建立制度话语，也需要通过行动实践的实施予以保障。高等学校分类制度生成是一个持续创新的状态，离不开高等学校分类制度的行动实践，即高等教育利益相关者在高等学校分类制度指导下，开展符合其功能定位的行动实践，维持高等学校分类制度的正反馈效用，深化高等学校分类制度。

(二) 研究重点与难点

1. 研究重点

制度生成是系统、动态的演进过程，因此对制度变迁的内在机制进行研究，能够更加深刻地揭示推动制度生成的影响因素和内在机理。本书的研究重点是中国高等学校分类生成的内在机理，即以制度变迁作为理论基础论证中国高等学校分类制度变迁。这一研究重点的内容包括高等学校分类制度变迁路径、制度变迁方式、决定制度变迁路径的多种机制。从高等教育利益相关者视角，对中国高等学校分类制度变迁的重点分析，有利于提取中国高等学校分类制度生成的基本特征和推动高等学校分类制度生成需要处理好的矛盾关系，也有利于分析高等学校分类制度的效用实现程度，以及面临的挑战。通过对中国高等学校分类制度的特征和矛盾关系的梳理，有利于从制度建设和利益相关者的角度，提出推动高等学校分类制度生成的对策。

2. 研究难点

制度包括正式制度和非正式制度及其实施，非正式制度是不成文的、具有潜移默化特征的传统观念、惯习，对制度生成的影响具有潜在性，难以通过外部观察直接获得和直接分析，其表现相对间接。因而高等学校分类制度生成研究中的非正式制度，是本书的难点内容。具体来说，高等学校分类制度中的非正式制度的内涵，非正式制度的演进过程，如何促进正式制度和非正式制度之间相互转化，从而推动高等学校分类制度生成，是高等学校分类制度生成研究中的难点。

三 技术路线

本书的研究问题为高等学校分类制度的生成。以系统科学的生成论作为方法论指导，以制度变迁理论、三螺旋创新模式理论、大学观多重隐喻为理论基础，将之运用于分析中国高等学校分类制度的生成。生成论是本书的方法论基础，依托生成论，分析高等教育系统的外部环境和高等教育系统的内部因素如何相互作用，共同推动高等学校分类制度的生成。生成论强调高等学校分类制度各要素之间的相互作用如何推动制度的系统演进，从生成动因层面剖析制度整体发展。与生成论具有一致性的是，制度变迁理论也关注高等学校分类制度作为一种新制度环境的生成。此外，制度变迁理论更加注重高等学校分类制度的各利益主体如何协商一致推动制度演进的内在机理和影响机理。三螺旋创新模式理论，表明政府—高校—产业的多重交互合作推动高等学校多样化办学新需求和促进高等学校自发适应经济社会的多样化需求的产生，政府、高校、产业利益相关者在促进创新中的作用，与本书意图从高等教育利益相关者视角分析推动中国高等学校分类制度生成的制度创新，具有内在一致性。三螺旋创新模式突出高等学校在经济社会发展过程中的地位和作用不断深化，与之相同，大学观的多重隐喻表明随着高等教育与社会互动不断深入，大学内涵和职能更趋多样化和差异化，即高等学校分类办学和高等学校分类发展具有必然性，使得论述高等学校分类制度的生成这一研究主题具有溯源的基础和时代意义。

在制度变迁理论、三螺旋创新模式理论、大学观多重隐喻的理论基础上，从生成基础、生成动因和生成机理论述中国高等学校分类制度生成的环境、动力来源和演进机理。首先，高等学校分类制度并非凭空产生，是在一定的环境条件下的制度产物。实然的高等教育系统的制度环境、应然的多元价值的高等教育哲学追求、国际上通行的两种代表性的高等学校分类制度生成的经验启示，为中国高等学校分类制度的生成奠定了基础。采用多元价值的高等教育哲学理论分析与国际上通行的两种高等学校分类制度案例分析相结合的方式，从中国高等教育系统的结构体系和管理体制营造的多元结构和推动高等学校面向社会自主办学的制度环境，高等教育多样化发展的内在价值追求和国际上通行的两种推动高等教育多样化发展的高等学校分类制度范例，论述中国高等学校分类制度的生成基础。其次，以三螺旋创新模式理论为基础，半结构式访谈法，从高等教育管理者、高等学校办学者等高等教育利益相关者的分类办学意识和分类办学实践出发，分析高等学校分类制度供给和需求矛盾。从高等教育系统与国家战略需求、外部经济社会发展的交互关系、高等教育系统内部自发形成分类理念和实践及问题，以及指导高等学校分类办学相关制度的效用和局限，进一步探求中国高等学校分类制度的生成动因。来自高等教育系统内外部因素的共同作用，倒逼着国家运用行政力量推进高等学校分类制度设计。最后，采用制度变迁理论和政策分析论证高等学校分类制度的制度话语和行动实践的生成逻辑，政策变迁、制度新需求产生和供给矛盾、高等教育利益相关者的协商一致促成高等学校分类制度变迁过程，高等学校分类制度变迁影响机制等内在机理。

通过制度变迁理论、三螺旋创新模式理论、大学观多重隐喻形成本研究的理论基础，从整体上论证我国高等学校分类制度的生成基础、生成动因、生成机理，从而得出我国高等学校分类制度生成的特征和需要处理好的关系，并在此基础上分析国家、地方、高校、社会等利益相关者推动高等学校分类制度生成应采取的行动对策。本书的技术路线如图1-3所示。

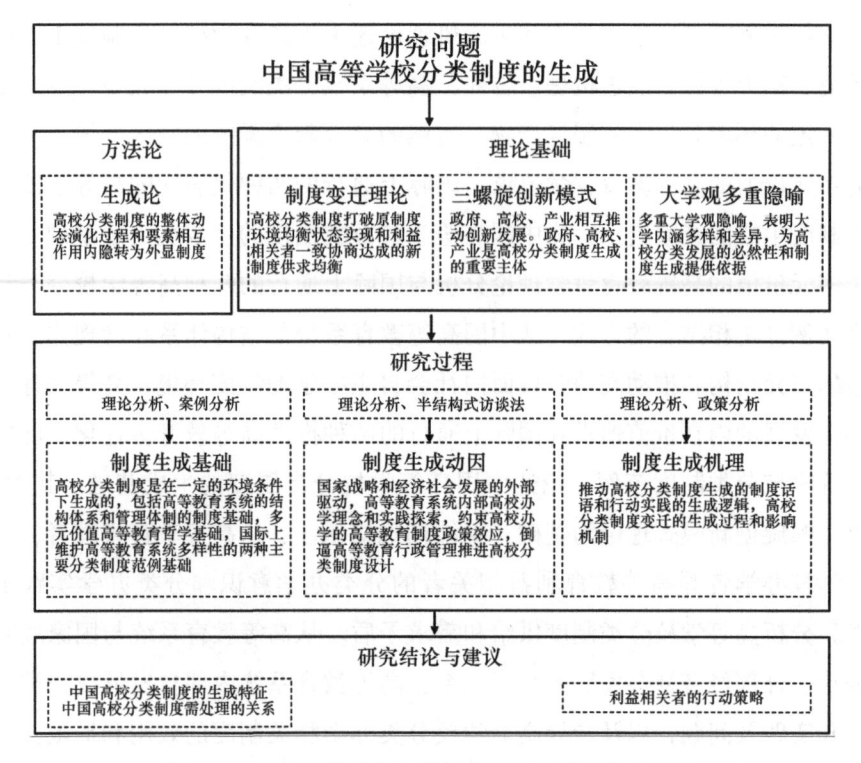

```
                    研究问题
             中国高等学校分类制度的生成

  方法论                    理论基础
  ┌─────────┐   ┌─────────┬─────────┬─────────┐
  │ 生成论  │   │制度变迁 │三螺旋创 │大学观多 │
  │高校分类 │   │理论     │新模式   │重隐喻   │
  │制度的整 │   │高校分类 │政府、高 │多重大学 │
  │体动态演 │   │制度打破 │校、产业 │观隐喻， │
  │化过程和 │   │原າ的环境│相互推动 │表明其内 │
  │要素相互 │   │均衡状态 │创新发展。│涵多样和 │
  │作用内隐 │   │实现和利 │政府、高 │差异，为 │
  │转为外显 │   │益相关者 │校、产业 │高校分类 │
  │制度     │   │一致协商 │是高校分 │发展的必 │
  │         │   │达成的新 │类制度生 │然性和制 │
  │         │   │制度供求 │成的重要 │度生成提 │
  │         │   │均衡     │主体     │供依据   │
  └─────────┘   └─────────┴─────────┴─────────┘

                     研究过程
  ┌理论分析、案例分析┬理论分析、半结构式访谈法┬理论分析、政策分析┐
  │ 制度生成基础     │    制度生成动因        │ 制度生成机理     │
  │高校分类制度是在一│国家战略和经济社会发展的│推动高校分类制度生│
  │定的环境条件下生成│外部驱动，高等教育系统内│成的制度话语和行动│
  │的，包括高等教育系│部办学理念和实践探索，约│实践的生成逻辑，高│
  │统的结构体系和管理│束高校办学的高等教育制度│校分类制度变迁的生│
  │体制的制度基础，多│政策效应，倒逼高等行政管│成过程和影响机制  │
  │元价值高等教育哲学│理推进高校分类制度设计  │                  │
  │基础，国际上维护高│                        │                  │
  │等教育系统多样性的│                        │                  │
  │两种主要分类制度范│                        │                  │
  │例基础            │                        │                  │
  └──────────────────┴────────────────────────┴──────────────────┘

                  研究结论与建议
  ┌中国高校分类制度的生成特征┐   ┌利益相关者的行动策略┐
  │中国高校分类制度需处理的关系│   │                    │
  └──────────────────────────┘   └────────────────────┘
```

图 1-3 中国高等学校分类制度的生成研究技术路线

四 研究方法

当前中国高等教育管理体制决定了高等学校分类制度的生成表现为外部教育行政力量推动，因而本书主要采用文献法对高等学校分类制度变迁的相关法律政策文本进行分析。此外，结合访谈法就高等学校分类制度生成的动因，对中央和地方教育行政管理机构的高等教育管理者，办学历史较长、新建本科以及新设特殊类型的本科和高职院校管理者，高等教育研究者以及高等学校设置评议委员等利益相关者进行半结构式访谈，从各利益相关者视角分析高等学校分类制度生成的动因和机理。

（一）文献法

采用文献法分析推动中国高等学校分类制度生成进程的相关法律政策文本。梳理高等学校分类制度相关的学术文献和政策文本，分析从 1949 年至今的高等教育结构体系和高等教育管理机制的政策文本和标志性事件，找出中国高等学校分类制度生成的关键节点和演进方向。研究中国高等学校分类制度设计中各利益相关者之间的关系、高等学校分类制度设计所涉及的相关制度之间的关系以及制度设计的发展方向。

运用文献法分析高等学校分类制度相关法律政策文本，一方面，分析在文件中明确提出高等学校分类发展要求的相关法律政策文本，即1986年《普通高等学校设置暂行条例》出台至今的高等学校设置和高等学校分类相关政策进行文本分析；另一方面，分析1949年以来推动塑造中国高等教育系统的两级管理体制和指导高等学校办学的系列法律政策文本，包括高等教育权力关系的规范、高等教育重点建设计划、高等教育投入机制等相关政策要求。

(二) 访谈法

采用半结构式访谈法，了解中国高等学校分类制度的利益相关者对高等学校分类制度生成动因的认识及评价。编制《中国高等学校分类制度的生成动因》访谈提纲，对高等教育利益相关者进行半结构式访谈。采用方便抽样方法选择半结构式访谈的访谈对象，访谈对象为具有高等学校分类管理经历的中央和地方行政管理者，统筹本科高等学校战略规划的高等学校管理者，统筹高职院校战略规划的高等学校管理者，有高等学校分类研究经验的专家（包含有高等学校设置评议经验的高等学校设置评议委员）。

访谈主题主要包括高等学校分类理念形成的推动力量，高等学校管理者自主进行的高等学校分类办学的实践探索，以及高等教育管理、实践和研究视角下制约高等学校分类发展的影响因素等。访谈提纲包括以下内容："您认为高等学校分类的逻辑起点是什么？""您认为高等学校分类的目的是什么？""您认为不同类型高等学校的利益诉求有何差异？""您认为高等学校分类如何获得政府、社会、高等学校认可？""您如何看待当前中国高等学校分类情况？"等问题以获取利益相关者对高等学校分类发展的认识和期待。此外，在对高等学校管理者进行深度访谈中还增加了"对您所在高等学校类型进行简要描述""学校发展在哪些重要方面进展顺利，哪些重要方面遇到了重大障碍？在这些重大障碍中，哪些可以由学校自身改革解决，哪些必须由外部来解决？"等问题，以了解当前不同类型高等学校办学实际情况。

小　结

本章绪论从现实背景和已有研究出发，提出高等学校分类制度生成这一研究问题，并进行研究设计。当前中国高等教育系统内外部环境变化对高等教育多样化发展提出了新需求，然而高等教育系统缺乏有效指导高等学校特色办学的制度环境的现实困境及形成制度供需矛盾，倒逼着中国高等教育行政力量自上而下推动高等学校分类制度设计生成。本书以高等学校分类制度生成为研究问题，提出该研究主题具有丰富高等学校分类研究、制度学研究以及多学科理论意义，从高等教育利益相关者视角分析高等学校分类制度生成动因和内在机理，进而提出利益相关者在推动高等学校分类制度生成的实践意义。在澄清高等学校分类制度和制度生成的核心概念之后，以高等学校分类制度和高等教育制度变迁研究为关键词，基于当前文献述评，提出以制度生成为核心，进行高等学校分类制度生成研究。从高等教育制度基础、高等教育哲学理论演进和国际代表性的高等学校分类制度经验溯源高等学校分类制度的生成基础，运用质性研究方法，从高等教育利益相关者视角分析高等学校分类制度生成动因并进行高等学校基础办学数据验证，基于制度变迁理论建立高等学校分类制度生成机制的理论分析框架。通过高等学校分类制度生成的系统阐释，分析高等学校分类制度生成的特征和需要处理好的关系，继而从利益相关者视角提出推动中国高等学校分类制度生成应采取的行动对策。

第二章

方法论和理论基础

本书主题为高等学校分类制度的生成，研究重点为中国高等学校分类制度变迁的内在机理。因此选择生成论作为本书的方法论指导，以制度变迁理论作为分析高等学校分类制度系统动态生成机理的主要理论基础，以三螺旋创新理论和大学观多重隐喻作为高等学校分类制度生成基础和生成动因的理论基础。

首先，生成论是高等学校分类制度研究的范式，也是在研究中注重分析高等学校分类制度形成的动态性和整体性，以及高等教育内外部各要素的相互作用推动高等学校分类制度这一外显制度的生成。生成论的方法论指导作用，主要表现为从高等教育权力格局、高等教育哲学多元追求、高等学校分类国际经验等高等教育系统整体视角论述高等学校分类制度的生成基础；从经济社会主体、高等教育行政管理主体、高等学校主体等多元高等教育利益相关者视角，论述多元主体共同推动高等学校分类制度的动力来源；从制度生成演进的动态性和多重利益主体共同作用的内隐特征论述高等学校分类制度的生成机理。

其次，从新制度主义理论视角，基于制度变迁理论，分析高等学校分类制度在原有制度上的创新发展，在分层特征突出和缺乏面向设置难以反映当前不同高等学校本质特征的高等教育制度逐步走向以高等学校分类体系为基础的高等学校分类制度安排。主要从高等学校分类演进的历史脉络梳理高等学校分类制度变迁的影响因素、演变路径、内在机理。

再次，三螺旋创新理论强调高等学校在高校—政府—产业互动关系中的作用日益加强，随着高等学校与政府和产业的互动逐步深入，高等学校获得政府和产业的支持，通过科研合作推动高等学校自身科学研究的发展。三螺旋创新理论表明高等学校面向社会自主办学能力的提升，既是政府和产业在与高等学校互动中形成的需求，也是高等学校自身发展需要。

最后，大学观多重隐喻，与三螺旋创新理论一致，表现为随着高等学校与政府和产业的直接多重交互逐步加深，高等学校作为知识生产机构在社会中发挥的作用日益突出。大学观多重隐喻反映了高等学校内涵的多样性和差异性，是高等学校分类制度生成的历史溯源，表明高等学校分类制度生成的时代必然性。

第一节　生成论方法论及其运用

生成论是本书的方法论基础。在对生成论整体性和动态性、外显性和内隐性的两大基本特征进行分析之后，将生成论运用于指导高等分类制度生成研究的整体性框架和分析路径。

一　生成论的观点

系统科学是研究复杂动态系统作为一个整体的生成和演化的规律，关注过程和相互关系。生成论是系统科学的一种思潮，20世纪初开始出现，于20世纪70年代快速发展。系统科学发展之初不是生成整体性，而是逐渐从构成整体论发展形成生成整体论。构成论以分析还原的思维方式，通过最基本的实体自下而上认识事物的本质，将部分从整体中孤立，忽视部分与部分之间的相互作用，未能解释多要素系统的整体相互作用的非线性行为。构成论以机械运动的观点认识事物。首先，构成论的世界观和方法论认为事物是非历史性的，即不存在反馈过程而是认为当下的相互作用决定事物，难以解释历史积累和具有众多反馈过程的复杂性系统；其次，用基本结构和外在相互作用解释世界，无法分析世界的基本生成方式和组织方式，即生成和发展。

生成论在批判构成论的基础上发展而来。生成论的本质特征是动态演化的动态性和整体性。"生"指动力，即生成论是揭示事物在时间中诞生、成长、兴盛、衰落、死亡的演化过程。此外，潜在性和显现性相结合是生成论的另一个特征，具体表现为"潜在性、显现性、全域相关性、随机性、自我同一性"。潜在性是生成的动力和来源，潜在性包含推动事物产生、发展的动力和生命信息。显现性是生成的方式，显现的过程是"生"的演化过程，是潜在性所包含的信息的现实表达。整体性反映在"生"的过程之中。潜在性和显现性也即是"生"。事物从潜在到显现的过程，经历了从含有事物生成的信息但是隐而不显，到偶然性和不确定性事物诞生发展的多样性创造，再到事物已经形成的显现状态。[①]

生成元是生成论的逻辑起点，包含事物生长的基本法则和动力的全部信息。生成元的本质是事物之间最基本的内在联系过程，是事物复杂性产生的根源。复杂性事物是由"生成元"在各个层级上反复迭代而生成的。复杂系统既包括基本结构，也包括结构之间的内在相互作用和相互生成。[②]

生成论和构成论相辅相成，用于解释复杂的世界系统。生成论揭示深层世界生成过程，作为构成论分析表层世界所需的理论基础。构成论揭示的是生成过程带来的结果，因此要建立在生成论的基础之上对世界形成理解。生成论为构成论提供修正和补充，但是无法取代构成论。[③]

生成论作为一种哲学范式，在教育研究领域，特别是教学研究方面已经形成一定的研究基础。有研究者从教育人学的理论高度反思"本体论—本质主义"对人的物性化，提出动态生成的"实践—生成论"的人学范式，将人视为具体的、现实的、在实践中的生成性的存在，而不是"本体

---

① 周理乾：《空间的时间化——从系统科学到生成论》，《系统科学学报》2014年第2期。
② 李曙华：《当代科学的规范转换——从还原论到生成整体论》，《哲学研究》2006年第11期。
③ 鲁品越：《从构成论到生成论——系统思想的历史转变》，《中国人民大学学报》2015年第5期。

论—本质主义"范式下的抽象、预成性的存在。① 在当前教育研究中,生成论较多应用于分析教学改革,形成以"生成性"和"关系性"为核心的生成论教学哲学。② 生成论教学哲学认为人和教学的存在与发展都是处于不断发生、生长、演化的过程。在教学论的研究视域中,将生成论哲学运用于教学理论中指导教学理念的澄清、推动教学改革进程。从生成论教学哲学的理论出发,提出学习的本质是学习的具体发生机制和整体的现实形态,转变学习方式则分析学习的意义是否真实生成。对转变学习方式的本质进行澄清的基础上,重新辨正自主、合作、探究三种学习方式特征的相互关系。③ 或将生成论教学哲学的生成性思维应用于分析翻转课堂中教师"生成"、学生"生成"、教与学的互动"生成"的反转。④

在高等教育研究领域,对生成论与构成论进行理论范式对比,提出生成论为理论基础的高等教育建设转向。将系统科学的生成论应用于分析世界一流大学如何在构成论世界一流大学理念的基础上生成。⑤ 从生成论的视角,将学科专业作为一定历史时期形成的规范化和专门化的知识体系,提出高等学校一流学科建设应该坚守以知识生产为基础的学术自由。⑥

二 生成论在本书的运用

采用生成论的方法论指导,对高等学校分类制度的生成进行系统动态分析。生成论的两个基本特征,其一是动态性和整体性的结合;其二

---

① 祝爱武、冯建军:《实践—生成论的教育人学范式》,《教育研究与实验》2016 年第 2 期。

② 张晓洁、张广君:《教学认识论的当代转向:从知识论到生成论——生成论教学哲学的认识论镜像》,《教育研究》2017 年第 7 期。

③ 张广君、李敏:《关于"转变学习方式"的认识误区及其超越——基于生成论教学哲学的理论立场》,《教育发展研究》2017 年第 4 期。

④ 张晓洁:《"反转"还是"生成":"翻转课堂"的教学哲学考察》,《课程·教材·教法》2017 年第 6 期。

⑤ 林杰:《世界一流大学:构成的还是生成的?——基于系统科学的分析》,《复旦教育论坛》2016 年第 2 期。

⑥ 田贤鹏:《一流学科建设中的知识生产创新路径优化——基于知识生成论视角》,《学位与研究生教育》2018 年第 6 期。

是潜在性和显现性的结合。高等学校分类制度的生成研究，是对以高等学校分类体系为基础的高等学校分类制度从无到有的动态演进过程进行的整体性分析，重点论证高等教育内外部系统中的各要素及其之间潜在性的相互作用，如何推动高等学校分类制度外在显现为变迁路径的过程。因而在生成论的方法论的指导下，提出按照高等学校分类制度生成基础、生成动因、生成机理、生成反思、行动策略的研究逻辑，从外部显现的制度反观内部潜在机理，逐步推导出中国高等学校分类制度的生成演进过程，并从生成演进过程的内在机理反思制约高等学校分类制度持续创新的关键要素和核心环节，进而提出作为高等学校分类制度利益相关者的中央与地方政府、高校、产业的行动策略以反馈作用于高等学校分类制度持续创新发展。

首先，阿什比提出大学是遗传和环境共同作用下的产物，根据这一观点，分析高等教育系统的先天基因影响其形态生成。高等教育哲学反映高等教育系统的价值选择和价值基础，决定高等教育系统的发展方向。因而高等教育哲学指导下的高等教育系统的行为，也带有高等教育哲学的基因。基于该思路，从高等教育哲学的多元价值追求说明高等教育多样性发展和高等学校分类办学的必然性出发，提出中国高等学校分类制度的生成基础。其次，以高等学校分类制度的利益相关者为视角，从高等教育系统外部环境的需求和内部环境供给的现实差距，反思中国高等教育制度难以与高等学校分类管理和分类办学理念与实践相适应的制度困境，这成为高等学校分类制度生成的动力来源。高等教育系统内外部环境的要素和要素之间的相互作用，是高等学校分类制度的生成动因。最后，通过分析高等学校分类制度的生成机理，反映高等学校分类制度生成的整体性和动态性演进过程。特别是高等学校分类制度的利益相关者协商推动实现以高等学校分类体系为基础的高等学校分类制度供给和需求较为一致的状态，促进高等学校分类制度变迁的过程。

第二节 制度变迁理论及其运用

制度变迁理论是本书的主要理论基础,首先分析以诺思为代表的制度变迁理论的相关观点,进而分析制度变迁理论如何运用于高等分类制度生成机理研究之中。

一 制度变迁理论的观点

以制度变迁理论为核心理论基础,分析高等学校分类制度的生成。制度变迁(Institutional Change)是西方新制度经济学的概念,指制度替代原有制度、转换为更高效率的制度、获取更多利益的交易过程。新制度经济学家戴维斯(Lance E. Davis)和诺思(Douglass C. North)的《制度变迁与美国经济增长》提出制度变迁,发表《制度变迁的理论:概念与原因》。诺思在后续研究中逐渐建立制度变迁理论,1990年出版《制度、制度变迁与经济绩效》,该书运用制度变迁理论解释经济增长,被认为是诺思对制度变迁理论的系统总结。关注制度与组织之间的互动,从经济与制度相互关系的角度,提出制度下的潜在获利机会、生产技术发展以及市场规模扩大等经济要素引致的制度需求,推动制度变迁。

本书以诺思关于制度变迁理论为主要观点作为主要理论基础。从制度的作用、制度变迁的语境、制度变迁的来源和路径分析、制度变迁形式、制度变迁的路径依赖等方面分析以诺思为代表的制度变迁理论观点。

(一) 制度和制度变迁的内涵

诺思认为,制度在社会中的主要作用,是通过建立一个人们互动的稳定结构来减少不确定性,即使这个结构不一定是有效的。制度的稳定性不影响制度处于变迁过程之中。从惯例、行为准则、行为规范到成文法、普通法,以及个人之间的契约,制度总是以正式或非正式形式处于演进变化之中，因而也不断改变着我们面临的可能选择。①

诺思提出，制度变迁产生于一个"均衡"的语境之中。制度均衡，指在谈判各方力量以及系列构成整个契约性谈判一定的情况下，任何一方都不可能通过投入资源重新建立新合约而获益。在这种制度均衡的状态下，打破均衡状态的任何一方都需要付出比处于均衡状态更多的相对成本，因此这种均衡状态得以维持。

制度变迁，指的是一方或双方认识到改变契约将使得一方甚至双方的境况获得改善，因此出现了根据契约再次协商的意向。再次协商需要投入资源重新建立一套更高层面的规则或者违反一些行为规范。制度变迁在边际上可能是一系列规则、非正式约束、实施的形式与有效性变迁的结果。

社会中的非正式约束的嵌入（embeddedness），使得多数情况下的制度变迁是渐进而连续的。正式规则可能由于政治或司法决定迅速改变，但是政策可能很难改变嵌入在习俗、传统和行为准则中的非正式约束。制度变迁的最重要来源是相对价格的根本性变化，如土地—劳动比率、劳动—资本比率或资本—土地比率等要素价格比率的变化、信息成本的改变、技术的变化等。受文化持续性特征的影响，非正式约束的变迁与正式规则的变迁不同时进行。非正式约束可以修改、补充和扩展正式规则，因此正式规则或其实施的变迁会带来非均衡状态。一般情况下，非正式约束作为正式规则的补充演化而成，在稳定时期持续存在，而在变化时期则会被新的正式规则改变。制度变迁的方向受制度与组织交互作用的影响。锁入（Lock-in）效应和反馈过程（feedback process）决定了制度变迁的路径。锁入指的是一旦达成一种解决方案，就很难再发生改变。锁入效应的产生源于制度，以及从制度的激励结构中演化出来的组织之间的共生关系（symbiotic）。锁入效应的产生，是由于制度矩阵具有报酬递增的特征，报酬递增产生于对组织的制度框架以及衍生于制度的网络外部性（network

---

① ［美］道格拉斯·C. 诺思：《制度、制度变迁与经济绩效》，杭行译，格致出版社、上海三联书店、上海人民出版社2014年版，第6页。

externalities) 的依赖。反馈过程是由人类对机会集合变化的感知和反应组成。①

(二) 制度变迁的形式

诺思认为有效组织的制度变迁对技术变迁有促进作用。拉坦从技术的角度对诱致性制度变迁理论 (induced institutional change) 进行深入探讨。一般人们习惯将组织与制度区分开来,拉坦提出的制度创新或制度发展的含义却包含了组织的概念。他认为,制度创新或制度发展是一种特定组织的行为变化,是组织与环境之间的相互关系的变化,是在组织的环境中支配行为与相互关系的规则的变化。自然资源价格相对于劳动力价格的提高或者劳动力相对于自然资源价格的提高等相对价格变化,诱致了生产技术变迁和制度变迁,生产技术变迁带来新的收入流和制度效率收益,带来对产品的相对需求的新变化,并且增加了创新产品的机会。这一过程使得消费模式更加多样化,技术变迁或制度变迁形成的新的收入流进一步促进了用于修正新的收入流在要素所有者之间进行分割和改变个人与集团之间收入分配的进一步的制度变迁。社会科学中的新知识降低了制度创新成本,社会科学知识应用于社会科学研究能力、制度设计和管理能力并使得许多国家有效实现了制度化。②

林毅夫从制度所能带来的安全功能和经济功能的层面提出制度作为一种需求的不可或缺性。他认为,制度一般指的是制度安排,制度安排包括正式和非正式两种形式。正式的制度安排如拥有组织个人行为的规则的家庭、企业、医院、大学、工会、政府、货币、期货市场等,非正式制度如价值、意识形态、习惯等。制度结构是社会中正式和不正式的制度安排的总和。制度结构由多种制度安排构成,某个制度安排的不均衡会引起整个制度结构的不均衡。明确了制度安排和制度结构的概念之后,他分析了诱

---

① [美] 道格拉斯·C. 诺思:《制度、制度变迁与经济绩效》,杭行译,格致出版社、上海三联书店、上海人民出版社 2014 年版,第 7、8、102—104 页。

② [美] 弗农·W. 拉坦:《诱致性制度变迁理论》,载 [美] 罗纳德·H. 科斯等《财产权利与制度变迁:产权学派与新制度学派译文集》,刘守英等译,格致出版社、上海三联书店、上海人民出版社 2014 年版,第 229—231、237、247 页。

致性变迁和强制性变迁两种制度变迁类型。诱致性制度变迁是一群（个）人在变更或替代现行制度安排，抑或在创造新的制度安排过程中，响应获利机会时自发倡导、组织和实行，诱致性制度变迁的前提是原有制度安排下无法得到获利机会。强制性制度变迁与诱致性制度变迁相反，由政府命令和法律引入和实行。与诱致性制度变迁的必要前提条件不同，强制性制度变迁可以仅因为在不同主体之间对现有收入进行再分配而发生。制度不均衡的获利机会带来诱致性制度变迁，引起制度不均衡的原因包括以下四点：其一，制度选择集合改变；其二，技术改变；其三，要素和产品相对价格的长期变动带来制度服务的需求改变；其四，其他制度安排改变。诱致性制度变迁实现自发、正式的制度安排变迁的前提条件是规则的变动或修改的行为受到这一制度安排管束的一群（个）人的准许，即无异议或一致性意见。在正式的诱致性制度变迁过程中会出现"外部性"和"搭便车"问题，而非正式制度变迁过程中出现的问题主要来自社会压力，因为非正式制度安排创新过程的实施依靠社会的相互作用。因此，非正式制度安排表现为比正式制度安排更难以创新和发生变迁。流动性越大，非正式制度安排的创新也越容易实现。在诱致性制度变迁过程无法规避的问题导致制度安排的供给低于社会最优情况下，国家干预以缓解持续的制度供给不足。要实现强制性变迁对制度创新的有效供给，需要克服统治者的偏好和有限理性、意识形态过于刚性、官僚机构内部问题、集团利益之间的冲突、社会科学知识的局限性等导致政策无法维持无效率的制度安排和导致国家无法采取行动消除制度不均衡等。[①]

我国学者汪洪涛分析发展中国家建设过程中面临的发展困境，认为非制度化的活动无法有效推动经济社会进步，经济的可持续发展应建立制度体系保障。在诺思对制度变迁的定义基础上，他概括制度变迁过程的五个步骤：其一，建立对促进制度变迁起主要作用的第一行动集团；其二，第一行动集

[①] 林毅夫：《关于制度变迁的经济学理论：诱致性变迁与强制性变迁》，载［美］罗纳德·H. 科斯等《财产权利与制度变迁：产权学派与新制度学派译文集》，刘守英等译，格致出版社、上海三联书店、上海人民出版社2014年版，第260—283页。

团提出具体的制度变迁方案；其三，第一行动集团根据制度变迁的原则评估制度变迁方案并作出选择、推动实施；其四，建立在促进制度变迁过程中起次要作用的第二行动集团；其五，第一和第二利益集团推动制度变迁并对创新收益进行分配。从制度变迁的主体和诱因的角度，总结"供给主导式"和"需求诱导式"两种制度变迁方式。供给主导式的制度变迁是正式的制度变迁，一般是政府主导下强制性的、先从宪法秩序的创新开始，其发生是整体性、突变式的，也可以是局部性质的。需求诱导式的制度变迁是非正式的制度变迁，属于诱致性、渐进性变迁过程，是在已有制度外围开展的，且不改变原有经济成分的基础上进行，属于体制外、增量型、局部性质，主要是制度安排层面上的创新，既可以由政府发起，也可以由社会经济运行过程中的内生因素引起，其特征表明变迁所需的时间较长。[1]

(三) 制度变迁的路径依赖

制度变迁中的路径依赖特征。由于制度创新与变迁的成本较高，并且一旦建立制度，会形成一种正反馈，根据制度的报酬递增性，各方能从这些制度中获得不断增加的经济回报和收益。在这样的正反馈之下，支持者即使认为这些制度对于其他可能的制度选择是无效的，有时候只对原有制度进行边缘性的调整，也不愿意从根本上修正原有制度。因此，制度一旦建立，一般形成路径依赖，演化缓慢。[2] 诺思认为，由于每个人所拥有的有关他人的信息都是不完全的，因而每个人在社会选择中处理、组织以及利用信息时均存在一定的心智能力上的局限，与辨识环境时的不确定性结合在一起，便演化出了旨在简化处理过程的规则和程序，由此形成的制度框架则通过结构化人们的互动，限制了行为人的选择集合。结果，形成了各种不同制度，并产生了人类社会变迁中的"路径依赖"（path dependence）和"锁入"效应等。人们的行事准则、行为规范以及惯例等在制度的渐进演化方面起着重要作用，成为路径依赖的根源。路径依赖是指一些微小事件的结果以及机会环境

---

[1] 汪洪涛：《制度经济学：制度及制度变迁性质解释》（第二版），复旦大学出版社 2009 年版，第 64 页。

[2] [美] 约翰·L. 坎贝尔：《制度变迁与全球化》，姚伟译，上海人民出版社 2010 年版，第 7 页。

能决定结局,并且结局一旦出现,便会产生一条特定的路径。① 一些微小的历史事件可能导致某些制度产生并沿着某种路径长期延存下去。决定社会与经济演化的关键的技术变迁与制度变迁都常出现"路径依赖"特征。制度预期会影响最终制度选择和制度安排,新制度预期的效用部分必然来源于原有制度的基础、规模与强度。主导者的决心、力量和理念;原有传统的锁入功能使得制度变迁具有路径依赖特征。②

新制度经济学认为,在一次制度创新之后,就会出现暂时的制度均衡局面,这种制度的均衡实际上是孕育在对创新需求的量的积累之中的,它总会要被新的制度创新打破,趋于新的平衡。③

当制度处于均衡状态时,许多外在因素会打破制度均衡状态,这些因素在一定程度上改变原有制度安排下对各利益主体形成的效用,因而原有的博弈结构发生变化,使得原有制度均衡变为制度非均衡。当制度处于非均衡时,产生了潜在的制度需求和制度供给,但是不一定导致新的制度安排的产生。新的制度供给取决于新制度的需求者和旧制度的需求者之间、新制度需求者之间、新制度需求者与新制度供给者之间、新制度供给者之间的博弈。当各方之间的利益比较一致,制度变迁较为容易形成;当各方之间的利益相互冲突,制度变迁比较难以形成。④

二 制度变迁理论在本书的运用

基于上文对诺思为代表的理性选择的制度主义的观点分析,将之运用于高等学校分类制度生成的理论分析之中。

---

① [美]道格拉斯·C.诺思:《制度、制度变迁与经济绩效》,杭行译,格致出版社、上海三联书店、上海人民出版社2014年版,第111页。
② 汪洪涛:《制度经济学:制度及制度变迁性质解释》(第二版),复旦大学出版社2009年版,第68页。
③ 辞海编辑委员会:《辞海》(第六版缩印本),上海辞书出版社2010年版,第2454—2455页。
④ 谭庆刚主编:《新制度经济学导论——分析框架与中国实践》,清华大学出版社2011年版,第181—182页。

(一) 高等学校分类制度打破高等教育制度均衡再促成新的制度均衡

制度变迁处于均衡的语境之中。制度均衡状态的实现和维持，需要各方通过协商建立能够维持稳定结构的契约，制度的报酬递增性，即获益使得这种状态得以维持。虽然制度变迁是动态发展的，但是制度均衡状态是一个稳定的状态。虽然在这个均衡的稳定状态中，各方并不一定都对维持均衡稳定状态的契约感到满意，但是出于对打破这一均衡状态需要投入比维持均衡状态更多的相对成本的考虑，制度均衡状态得以维持。一个制度的生成和发展，是处于打破均衡，再实现均衡稳定状态的循环往复之中。

高等学校分类制度是一种高等教育制度。当前中国高等教育已经形成基本格局，根据高等教育内在发展规律和高等教育与经济社会发展相互作用，已然形成一定的高等教育结构体系。高等教育制度在不同的历史阶段，面临着不同的发展需求，经历了不同程度的调整和改革。在高等学校分类制度生成之前，高等教育多方利益主体通过基于各方利益的考虑，通过明确高等教育发展目标、厘清高等教育管理权责、制定高等教育法规政策，引导高等学校设置、办学、管理和评价，形成高等学校稳定发展的均衡状态。高等学校分类制度的生成，是当前中国高等教育与所处社会环境相互作用下的内部结构调整，是基于制度新需求的供给需要，打破原有高等教育稳定状态，并在原有制度基础上的制度构建。当高等学校分类制度生成之后，高等教育利益主体意向较为一致地形成了新的契约，又出现了新的稳定的制度均衡状态。

(二) 高等学校分类制度对于高等教育发展的效用促成制度变迁

制度变迁是为改善当前境况而进行的重新协商。制度变迁的重要来源是相对价格的根本性变化。也就是说，当进行制度创新的预期收益大于克服原有制度所需的成本时，才会生成新的制度。技术改变带来新的效用，社会科学中的新知识用于社会科学研究、制度设计、管理并促进国家制度化，从而降低了制度创新的成本。正式规则和实施的变迁需要投入较多资源，非正式规则无须高等教育利益主体开展具有目的性的活动就产生变迁。非正式规则可以修改、补充和拓展正式规则，在制度均衡的稳定时期持续存在，在制度变迁时期新的正式规则会改变非正式规则。

高等学校分类制度的生成，表明原有高等教育结构体系未能很好地反映高等学校分类发展的特征，对于新时代高等教育内涵发展所形成的效用较低，或者高等学校分类制度的缺失限制了高等教育全面质量的提高。因此，出于原有高等教育制度缺乏分类特征，维持原有高等教育制度对新时期高等教育战略目标的效用远远低于建立高等学校分类制度对于新时期高等教育战略目标的预期效用，进而投入比维持原有高等教育制度更多的相对成本，打破原有高等教育制度的均衡状态，生成高等学校分类制度。当高等学校分类制度的生成对于新时期高等教育战略目标的实现具有效用递增作用，又进入新的制度均衡的稳定状态。

高等学校分类制度包括正式规则、非正式约束及其实施方式，习惯、文化、社会评价、知识范式、学术观念等非正式约束一般会随着时间变迁而发生改变，不需要主观带有目的性的行为对其进行改变。如在前沿的研究领域和学术精英群体之中出现了知识生产的新趋势和新模式，与基于学科建设逻辑的传统知识生产模式共存。在这样的知识理念下，倡导高等教育多元发展的高等学校分类制度便逐渐孕育而成。与非正式规则不同，高等学校分类制度的正式规则需要通过外部显现的符号进行调整，如需要重新组织利益相关主体并多次协商制定法律规范和政策文本满足新的制度需求，带有很强的目的性和主观能动性。

(三) 高等学校分类制度变迁路径的影响因素

根据新制度主义三大主要流派的理论，制度变迁的路径形成会受到以下四个因素影响：锁入效应、反馈过程、路径依赖、制度扩散。制度变迁的锁入效应，即制度具有报酬递增性，因此在制度的利益相关主体达成契约处于均衡稳定状态之后，很难再发生改变。制度变迁的反馈过程，是制度的利益相关主体感知到机会集合的变化并做出反应。制度变迁过程中的路径依赖现象，一是由于制度形成之后所具有的稳定作用，二是制度本身的报酬递增性带来原有制度的锁入，三是制度创新的预期收益比维持制度所需投入的资源低，因而制度创新和变迁的成本较高，四是利益相关者的行事准则、行为、规范、惯例等从根源上导致制度的路径依赖现象。路径依赖的制度演化较为缓慢，主要对制度进行边缘性调整。制度变迁过程中，强制性的推动、模仿学习、制度规范等形式都会形成制度扩散现象。要摆脱制度变迁过程中的路径依赖，需要在具体历史情境中分析制度起源、演变路径、内在机理。

高等学校分类制度的变迁路径，既要考虑如何改变适应原有高等教育发展的高等教育结构体系的锁入效应和路径依赖现象，也要思考生成高等学校分类制度之后，如何保持制度的稳定作用，在不陷入路径依赖的情况下破解原制度的制度扩散带来的组织同构并利用制度扩散机制促进高等学校分类制度的实施，主动适应并引领高等教育改革促进高等教育质量提升。

（四）高等学校分类制度的变迁形式

制度变迁形式主要分为自下而上的诱致性变迁和自上而下的强制性变迁。诱致性变迁实现的前提是一致性，即规则的变动或修改受到制度安排主体的认可。正式制度的诱致性变迁可能出现外部性、搭便车问题，非正式制度的诱致性变迁过程主要靠社会的相互作用，因而其可能面临来自社会的压力。非正式制度的诱致性变迁的变迁创新难于正式制度的变迁。在非正式制度中，流动性越大，越容易进行创新。当诱致性变迁出现外部性、搭便车、社会压力等问题难以解决时，影响了制度安排的创新，导致制度安排供给不足，需要通过国家干预来缓解，也就是强制性变迁，强制性变迁是制度变迁的另一种主要形式。强制性变迁的发生由法律或行政命令推动。

高等学校分类制度的生成，是高等学校分类制度创新或在原有制度上的制度变迁。高等学校分类制度诱致性变迁过程中，来自社会的目标要求无法获得利益主体的积极回应，社会压力未能约束利益主体的行动。一方利益主体的行为和决策影响到另一方利益主体，可能是积极的，也可能是消极的，也就是正外部性和负外部性。高等教育作为准公共产品，具有一定非排他性和非竞争性，集体行动容易产生制度群体中的一些人不付出或付出很少就能获得收益的搭便车行为。在这样的情况下，高等学校分类制度强制性变迁的实现有赖于国家法律法规和政策构建高等教育管理体制和高等教育结构体系，并使得高等学校分类在高等教育既成框架中创新制度。要维持新制度环境的均衡状态，保障制度供给和需求的相对一致，离不开诱致性制度变迁方式。高等教育利益各主体，尤其是高等学校自发组织和推动制度的实施，共同达到一致的目标，创设新的制度环境，并使之处于各利益主体达成契约的均衡状态。

第三节　三螺旋创新模式理论及其运用

三螺旋创新模式理论反映了高等学校依托其知识生成功能，在高校—政府—产业互动中的地位日益突出，在服务经济社会发展方面发挥更加重要的作用。三螺旋创新模式理论用于解释高等学校分类制度的生成基础和生成动因。

一　三螺旋创新模式理论

美国亨利·埃茨科维茨（Henry Etzkowitz）和罗伊特·雷德斯多夫（Loet Leydesdorff）在建立知识为基础的社会创新体制需求形成的背景下，将高等学校作为知识生产组织引入并促进产业与政府之间的联系，提出三螺旋创新模式（The Triple Helix Of Innovation）。三螺旋相对于传统双螺旋模式提出，传统双螺旋分为国家干预主义和自由主义模式。三螺旋重塑了大学—产业—政府的关系，高等学校改变过去的作为次要的社会支持组织，与政府和产业都被视为社会的主要机构。该理论提出高校、产业和政府三主体之间相对平等，其相互直接作用共同推动创新。[①]

创新模式 I，即国家干预主义模式。创新模式 I 强调政府的协调作用，强调政府在三主体中处于主导位置，产业和高等学校相对处于政府的下

[①] Henry Etzkowitz, Loet Leydesdorff, "The dynamics of innovation: from National Systems and 'Mode 2' to a Triple Helix of university-industry-government relations", *Research Policy*, No. 29, 2000, pp. 109–123.

位，政府推动高等学校和产业创新发展。高等学校与产业的距离相对较远，难以深入合作，这种状态下的创新受到抑制，不利于鼓励来自高等学校和产业开展自下而上的创新。创新模式 I 在需要政府集中资源协调的背景下能够发挥较大作用。国家干预主义模式中，高等学校与产业的互动表现为政府部门通过政策和资源的干预和协调，如项目资助高等学校基础研究推动政府主导的高新产业形成和发展。但是这种模式可能带来官僚主义，约束了自下而上的创新，该模式下的创新活动被局限于有限范围，也就是政府部门指定的有限范围。

创新模式 II，又称为自由主义模式。创新模式 II 关注产业作为经济社会发展的原始动力，政府、高校、产业之间相互独立，表现为自由放任的松散状态。这个理论被用于缓和创新模式 I 中政府的作用。在创新模式 II 中，产业、高校、政府之间仅跨过边界的相互作用较为有限。[1] 高等学校进行人才培养和发展科学研究，高等学校人才培养和科学研究成果为产业提供知识，产业仅从高等学校获得有利于自身发展的知识。政府、高校、产业相对处于内部自我发展的状态，通过中介而非直接相互联系，保持有限的相互作用。[2] 自由主义模式中，高等学校与产业的互动表现为高等学校以知识产物的形式和人才培养形式输送至产业，产业对于高等学校的要求也仅仅停留于有用的知识，产业发展的动力更多来自产业内部的组织之间的竞争和运行，产业内部的组织——公司也以竞争代替了合作，被要求或从事独立研发和生产，高等学校与产业的互动合作较为有限。在这种模式中，政府的作用在于当市场失灵或产业难以从事某种活动时进行协调。高校—产业—政府的跨范围作用，需要通过第三方中介实现，高等学校与产业不直接联系，应当保持各自的独特性和边界。在这种模式中，当个体具有双重作用时候，会产生利益冲突。

三螺旋创新模式中，高等学校是新知识和新技术的主要来源，产业通过

---

[1] [美] 亨利·埃茨科威兹：《三螺旋——大学·产业·政府三元一体的创新战略》，周春彦译，东方出版社 2005 年版，第 12—20 页。
[2] [美] 亨利·埃茨科威兹：《三螺旋——大学·产业·政府三元一体的创新战略》，周春彦译，东方出版社 2005 年版，第 9 页。

生产为社会提供产品和服务，政府通过契约关系维护高等学校与产业之间稳定持续的相互作用。三螺旋创新模式是高校—产业—政府三方螺旋交叉重叠的状态，从创新模式Ⅰ和创新模式Ⅱ的两两互动转变为三方之间交互作用。在三螺旋创新模式中，每一方都可以替代其他主体成为主驱动力。当高等学校成为创新主要驱动来源时，产业和政府为其提供支撑。随着知识和技术在创新活动中的地位不断提升，高等学校在社会中发挥更加重要的作用，高等学校作为知识生产的机构，可以取代产业成为核心主体，通过获得产业和政府的支持，以及与产业和政府开展研究，从而也促进了高等学校自身科学研究的发展。同理，产业和政府也都能够在成为创新的主要驱动的同时，获得其他两个主体的支撑。相比于前两种模式，在强化双边关系的同时，也没有忽视每个主体的核心地位，是在各主体已有作用的基础上，通过不断强化三者的交互作用而推动创新发展。① 当前，大多数国家和地区都尝试实行三螺旋创新模式Ⅲ，高校—产业—政府三螺旋互动已经成为一种趋势。

二 三螺旋创新模式理论在本书的运用

三螺旋创新模式反映了高等学校作为知识生产和人才培养重要主体，从政府、高校、产业双向互动中的有限作用，发展成为在政府—高校—产业交互中发挥更加重要的作用，可以成为政府—高校—产业交互的核心主体。三螺旋创新模式所描绘的高校与政府、产业的合作逐步深入现象，除了传统的高校与政府的直接互动之外，特别是高等学校在政府—高校—产业的交互中的地位日益突出，表明高等学校日益走进社会的中心。随着产业、政府以及高等学校的合作日益深入，合作形式更加多样，推动高等学校提高自主办学能力，不断面向经济社会发展需求，主动探索多样化的办学路径，共同推动多类型高等教育体系的生成。政府—高校—产业交互合作的不断深化是推动高等学校分类制度生成的主要动因，这也是高等学校分类制度生成的动力来源。

---

① ［美］亨利·埃茨科威兹：《三螺旋——大学·产业·政府三元一体的创新战略》，周春彦译，东方出版社2005年版，第16、19页。

研究中将三螺旋创新模式理论运用于高等学校分类制度生成动因的分析之中。受国家战略要求、经济社会发展的外部驱动，高等学校在政府—高校—产业的交互合作中自发开展面向社会自主办学的理念和实践探索，多样化办学已经成为高等教育系统的发展趋势。当前高等教育制度难以有效引导高等学校面向社会开展多样化办学的需求，成为约束高等学校多样化办学的制度障碍。因而倒逼高等教育行政力量自上而下推动高等学校分类制度设计。

第四节　大学观多重隐喻及其运用

三螺旋创新模式理论反映了高等学校多样化办学的动力来源，表明高等学校与政府、产业互动合作逐步深入，这与高等教育视域下的大学观多重隐喻突出高等学校走进社会中心因而具有多样职能追求的意义异曲同工。大学观多重隐喻观是本研究促进高等教育多样化发展的高等学校分类制度生成的另一个理论基础。以传授知识的普遍场所、研究组织、社会的动力站和智力城三种代表性大学观的隐喻，表明中国高等学校的多重内涵，多重内涵下的高等学校使命具有多样性和差异性。高等学校定位的多样性和差异性，是高等学校分类制度生成和发展的组织基础。

一　大学观多重隐喻的观点

纽曼、弗莱克斯纳和克尔的大学观分别代表着一个时代的大学理念，折射出不同社会发展需求，充斥着理性主义与实用主义、人文主义与科学主义的抗衡，也预示着大学逐渐从封闭走向开放，从单一走向多元，从社会边缘走向社会中心。[1] 在不同大学观之间的冲突、融合和共生中，是大学探寻生存和发展的重要途径。

---

[1] 赵婷婷、邬大光:《大学批判精神探析》，《高等教育研究》2000年第2期。

(一) 大学观隐喻

克拉克·克尔在《大学的功用》一书中,将纽曼的"大学观"喻为居住僧侣的村庄,将弗莱克斯纳的"现代大学观"喻为一座由知识分子垄断的工业城镇,提出如一座充满无穷变化的城市的"多元化巨型大学观"。纽曼、弗莱克斯纳、克尔的大学观分别代表了19世纪中期、20世纪初期、20世纪中后期英国和美国的大学观,带有鲜明的时代烙印和学者的个人风范,每一种大学观的提出,都深刻地影响了该国高等教育乃至产生世界性的影响。

隐喻之一,大学是传授普遍知识的场所。纽曼作为古典人文主义的捍卫者,维护牛津大学式的传统英国大学观。纽曼将大学定义为"传授普遍知识的场所",大学存在及发展的目的就是知识本身。纽曼认为,"知识"既不是专业知识,亦非研究知识,而是纯粹地为了人的智力发展而准备的整全的知识。纽曼基于"大学是传授普遍知识的场所"的隐喻,认为大学以提供自由教育和从事智力训练为己任。通过大学提供自由教育,创设理性的学习环境,培养有智慧、有教养的绅士,训练良好的社会成员,最终提升社会的思想格调。纽曼的大学观是象牙塔式的,在这一观念中大学居于社会的边缘。大学不是社会发展的工具,大学不因社会发展需要而培养人才,但是作为纽曼传统古典大学观念下培养出的人才,"他将处于一种智力状态,能够马上从事任何一门学科的研究或从事任何一种职业"。[①]

隐喻之二,大学是一种研究组织。弗莱克斯纳推崇洪堡在柏林大学创办之初将教学与科研结合的大学观,其就读的霍普金斯大学更是开创了美国大学注重科学研究的先河。弗莱克斯纳在《现代大学论——英美德大学研究》提出了"现代大学观"以区别于纽曼的古典大学观,他认为现代大学是处于特定时代的一种"研究组织"。现代大学存在的目的在于增进知识、研究问题与训练学生,而不关心效用和功用。基于大学是一种研究组织的隐喻,弗莱克斯纳倡导大学进行"纯研究",认为大学应崇尚发展知

[①] [英]约翰·亨利·纽曼:《大学的理想》,徐辉、顾建新、何曙荣译,浙江教育出版社2001年版,第1页。

识、进行高层次训练和批判性地确立价值观的工作，而将保存知识作为大学从属性的职能。大学最重要的职能是在尽可能有利的条件下深入研究各种现象并坚持不懈地发现相关事务之间的关系。弗莱克斯纳的大学观强调大学影响现在和未来的现代性，其核心是摆脱实际责任压力从事创造性活动和富有成效的批判性研究。而对于大学与社会的关系，他提出大学应该以一种客观立场、科学的态度研究现实世界的现象，但同时也应该限制大学在社会实际事务中的行动力，与社会保持一定的距离，维持若即若离、适可而止的状态。[①]

隐喻之三，大学是社会的动力站和智力城。克拉克·克尔认为21世纪的大学已然发展成为多元巨型大学，多元巨型大学由若干社群组成，带有多种目的，更趋于开放、多元、实际。克尔认为大学观会随着社会发展而不断变化，并不存在永恒的大学观。克尔的多元巨型大学是"拥有共同名称、共同管理委员会以及由此相关的目的维系在一起的一整套群体和机构"的新型机构。作为社会的动力站和智力城的大学，其目的在于培养有效的社会公民。多元巨型大学与传统大学不同，不仅仅专注于教学或者科研等单一的职能，其职能随着社会的发展而多样化。只要对于社会的发展有效，大学职能就还会继续增加。生产性职能、消费性职能、公民职能三大类职能编织成克尔大学观衍生的大学职能网络。克尔认为，多元巨型大学已经成为实现国家目标的工具，外界赋予大学进行大变革的动力，大学则必须适应国家发展的需要，为社会提供服务，推动知识产业的发展。当然，大学在服务社会的同时也应承担批评社会的责任。[②]

(二) 大学观隐喻的社会基础

纽曼、弗莱克斯纳和克尔的大学观都是基于一定的社会发展进程，对大学何为所进行的价值判断和价值选择。

英国率先开展的工业革命带来了社会的进步，也催生了科技革命的发

---

① [美]亚伯拉罕·弗莱克斯纳：《现代大学论——英美德大学研究》，徐辉、陈晓菲译，杭州：浙江教育出版社2001年版，第18—19页。

② [美]克拉克·克尔：《大学的功用》，陈学飞等译，江西教育出版社1993年版，第4页。

展。受此影响，以赫胥黎和斯宾塞为代表的科学思想和边沁为代表的功利主义思潮主张英国大学突破古典主义的传统，为工业社会培养实用性人才，科学开始取代道德哲学、科研开始取代教学。这一主张在教育思想领域掀起了科学主义与人文主义的交锋，纽曼在社会变革的洪流中坚决反对功利主义对大学传统人文精神的侵蚀，并系统阐发了其捍卫自由教育、培养绅士的古典大学观。

弗莱克斯纳正处于美国资本主义发展的重要时期，工业化和城市化的实现既带来了丰富的物质，也带来了一系列社会问题，影响着社会的健康发展。弗莱克斯纳批评物质至上的功利主义对大学精神的侵扰，认为大学在服务社会的同时应该与社会保持一定的距离。

美国在"第二次世界大战"中凭借着科学技术一跃成为世界上经济实力最强的国家，"第二次世界大战"后更致力于科学和经济的恢复和发展，这也要求大学强化科学教育，为社会带来科技的进步和经济的发展。克尔审时度势提出，此时的美国大学已然是一种新型的机构，这种新型机构的功用更加全面，也更加实际。此外，"第二次世界大战"后大批退伍士兵的入学和"婴儿潮"的出现，高等教育中的大学教育进入由精英教育转向大众教育的发展阶段，大学日益扮演重要的社会角色，朝向多元的发展路径。在"第二次世界大战"后民主政治获得发展，也带来了 20 世纪 50—60 年代世界高等教育的大发展时期。60 年代美国教育改革的中心在于促进教育的现代化，也就是克尔在《大学的功用》中指出的"美国大学在沿袭过去的同时，正朝着另一个方向转变"。[①]

(三) 大学观隐喻的哲学基础

约翰·S. 布鲁贝克在《高等教育哲学》提出两种高等教育哲学，一种是基于"闲逸的好奇"的认识论哲学，另一种是出于对国家有深远影响的政治论哲学。[②] 在出于知识或国家需要两种不同目的的博弈中，纽曼和弗

[①] 刘宝存：《科尔大学理念述评》，《比较教育研究》2002 年第 10 期。
[②] [美] 约翰·S. 布鲁贝克：《高等教育哲学》，王承绪、郑继伟、张维平等译，浙江教育出版社 2002 年版，第 13 页。

莱克斯纳的大学观反映了理性主义的高等教育思想，纽曼崇尚人文主义传统，而弗莱克斯纳的思想是认识论和政治论的折中，亦力争在人文和科学主义中求得平衡，克尔的大学观则带有浓厚的实用主义色彩，反映了出于国家目的的政治论这一思想基础。

纽曼基于人可以在知识的获取过程中实现理性，从而促进自身的发展的人性论，进而认为知识本身就是目的，融知识的目的性与手段性于一体，追求永恒真理，进而提出了理性主义的大学观，亦即大学教育的目的在于通过纯粹的理性教育，培养有教养、道德、学问的绅士。基于大学教育的目的，为了保持大学的纯洁性，知识应与市场和政治场所相分隔，大学仅仅是传授知识的普遍场所，大学内部是象牙塔式的生活。基于理性主义的知识观，纽曼反对大学内部进行实用科学教育，排斥大学进行专业化和职业化教育，主张大学进行人文素养的熏陶。[1]

弗莱克斯纳作为一个理性主义者，同样崇尚"为了知识而知识"的知识观，批判美国大学中充斥着的功利主义，认为知识和理性应该在美国社会发展中起决定性作用。受理性主义哲学观的影响，弗莱克斯纳认为大学是一个复杂的有机体，在尽可能有利的条件下深入研究各种现象，不时满足社会的需求，但"大学不是风向标，不能什么流行就迎合什么"，不承担社会行动的责任。在认识论和政治论两种高等教育哲学的抗衡中，弗莱克斯纳是一个折中主义者，既主张大学只进行纯研究，同样也未忽视大学的纯研究对社会的特殊责任。在折中思想的影响下，弗莱克斯纳对大学教育内容也同样追求科学与人文的平衡，反对大学教育中的技术化倾向，丰富了人文学科的时代内涵，他认为不可忽视深奥科学知识本身所固有的人文价值。[2]

与美国实用主义一脉相承，克尔的实用主义大学观则认为大学作为社会性质的大学，有责任用自己的知识为社会提供各种服务，解决社会中的具体问题，强调知识的应用性。追求永恒的理性本身不是大学的目的，而

---

[1] 肖海涛：《大学的理念》，华中科技大学出版社2001年版，第2页。
[2] 刘宝存：《弗莱克斯纳大学理念述评》，《学位与研究生教育》2002年第5期。

是解决问题的手段和工具。相比于纽曼和弗莱克斯纳的大学观，克尔更倾向于大学对社会的责任，提出大学应适应社会的发展，只要社会发展需要，大学就能不断增加职能。

二 大学观多重隐喻在本书的运用

大学观是对"大学是什么""大学何为"的价值判断和价值选择。随着社会的进步和科技的发展，大学已然走出象牙塔的隐喻，成为社会发展的动力站，正与社会发生千丝万缕的联系，不同的高等教育发展阶段、不同地区和类型的大学观也不再仅仅局限于以理性主义或实用主义等单一的哲学思想为内在驱力，大学拥有各异的大学发展理念，正逐步走向多元、特色的发展，不同的大学观在冲突中实现融合、达到共生。

克尔对三种大学观的比喻，不仅仅在于比较不同社会环境、不同哲学观下的大学理念，更深刻地揭示随着社会经济与科技的发展，大学在社会中的地位和作用已不同往日。随着大学在社会中的重要性与日俱增，外部社会的变化带来了大学内部的变化，大学从封闭的场所走进社会的舞台甚至成为社会的焦点，从注重知识熏陶这一育人职能变成教学与科学研究并重，进而关注社会服务的职能，从封闭走向开放，从单一走向多元，从纯粹走向复杂，从社会边缘走向社会中心。而大学内部的变化也反映了随着时代的发展，社会对大学的关注增强，对大学的要求也不断提高。与其说纽曼、弗莱克斯纳和克尔的大学观之间是相互冲突的，毋宁说纽曼、弗莱克斯纳和克尔从不同的立场对"大学是什么""大学何为""大学当为"进行了探索，有所侧重，三人在高等教育的践行中不断丰富着大学的内涵。不同大学观之间的冲突、融合和共生，既体现了大学精神的批判性，也是大学通过孜孜以求地探寻获得生存和发展的重要途径。

在中国，不同类型和不同区域的大学拥有不同的发展战略，进而要求不同大学观念的融合与共生。大学观随着社会发展而不断发展，伴随不同高等教育阶段，社会需求不同，大学观念也不尽相同。在不同大学观念的融合中，寻求学术发展同国家进步和个人理性培养之间的统一性，达到独立性与适应性的大学观念兼备的共生状态。

小　　结

本章论述了生成论作为中国高等学校分类制度生成研究的方法论指导，制度变迁理论、三螺旋创新模式理论、大学观多重隐喻作为中国高等学校分类制度生成的理论基础。生成论是本书的方法论基础，把生成论强调动态性和整体性相结合的思想运用于系统分析高等学校分类制度的动态演进过程，把生成论的另一特征，即潜在性和显现性相结合的思想运用于高等学校分类制度生成动因研究，分析高等教育内外部系统各要素之间潜在作用推动高等学校分类制度的外显生成。以诺思为代表的制度变迁理论为高等学校分类制度生成机制提供了分析框架，根据教育学的特殊性对制度变迁非均衡状态的成本和效用，由直接比较转变为相对比较，使之更加符合高等学校分类制度变迁的理论解释。三螺旋创新模式理论突出高等学校在政府—高校—产业交互合作中的地位和作用，政府—高校—产业互动对高等学校多样化办学提出了新的需求，推动高等学校自发探索面向社会办学的理念和实践。来自国家和经济社会的新需求是中国高等学校分类制度生成的动因。大学观的多重隐喻也反映了高等学校与社会环境互动程度的变化情况，表明社会环境与高等学校互动影响高等学校办学理念和办学行为，为分析中国高等学校分类制度生成提供了理论依据。

第三章

中国高等学校分类制度的生成基础

根据生成论的观点，以高等学校分类体系为核心的中国高等学校分类制度，其制度生成因循高等教育内外部规律，依系于高等教育内外部系统的相互作用。从生成论的系统性出发，中国高等学校分类制度必然是在高等教育系统基础上发展而成的，其生成离不开高等教育系统环境的支撑。高等学校分类制度的生成具有一定的环境基础，包括高等教育系统的结构体系和管理体制的制度基础，追求多元价值的高等教育哲学基础。从高等教育结构体系和高等教育管理体制的历史演进，以及高等教育哲学内在的多元价值追求来看，中国高等学校分类制度的生成是立足于制度基础、哲学基础的特色化产物，既具有普遍性又突出特殊性。中国高等学校分类制度是在国家行政指令的推动下，把隐性自发的多元价值追求倾向，外化推动正式制度生成，并以政策形式将制度进行合法化，进而推动制度社会化的理性设计。

第一节　高等学校分类制度生成的制度基础

梳理中国高等学校分类分层发展演进和中国高等教育权力关系演变，从时间纵向维度和高等教育内外部系统环境可以发现中国高等学校分类制度生成的端倪。一方面，当前中国已建成世界最大的高等教育规模，形成相对稳定的高等教育结构体系，要求高等学校加强内涵式建设；另一方面，中国高等教育管理的权力关系不断调整，推动权力重点下移，也要求高等学校提升面向社会自主办学能力。高等学校内涵式发展和提高面向社会自主办学能力的要求，都表明高等学校主动适应经济社会发展需求进行科学定位和特色办学，已经发展成为一种趋势。

一 高等学校分层分类发展的阶段性演变

高等学校分类体系是高等学校分类制度的基础，高等学校分类体系与当前中国高等教育结构体系息息相关。梳理中国高等学校分层分类发展的演进，展现中国高等学校分类制度生成的历史脉络。自1949年以来，国家经济社会发展需求不断推动高等教育发展，逐步形成相对稳定的高等教育结构体系。当前，我国高等教育从规模扩张转向高质量发展，从外延式增长走向内涵式建设，对高等教育多样化发展和高等学校特色办学提出了新的要求。优化高等教育结构，建立多样化的高等教育体系，全面提高高等教育质量，是新时代高等教育发展的主要任务。

20世纪50年代前期，中国高等教育形成综合性大学为主、公私并立的高等教育格局。20世纪50年代中后期，院系调整奠定中国高等教育体系基本格局。20世纪60年代，中国公办高等教育规模缩小，再次恢复公私高等学校并举的高等教育办学形式，引导重点大学面向国家和地区分类定位办学。20世纪70年代末80年代初，恢复建设重点高等学校，扩大科类高等学校规模并明确人才培养分工，加强地方高等教育建设，举办短期职业大学。20世纪80年代中后期，形成多层次、多规格、多形式的高等教育体系。20世纪90年代，中国的高等教育体系走向多科性、综合性和公办、民办形式并行。20世纪90年代末至今，从重点大学和重点学科建设走向更大规模的一流大学和一流学科建设，高等教育体系以选拔性与公平性并重。其中，21世纪以来，中国逐渐形成研究型、应用型、职业技能型三大类型的高等学校分类体系。根据高等教育发展的总体趋势，中国高等学校规模受到高等教育政策的影响而表现出周期性的波动，但是近年来已经逐步保持相对稳定的增长态势。如图3-1所示。

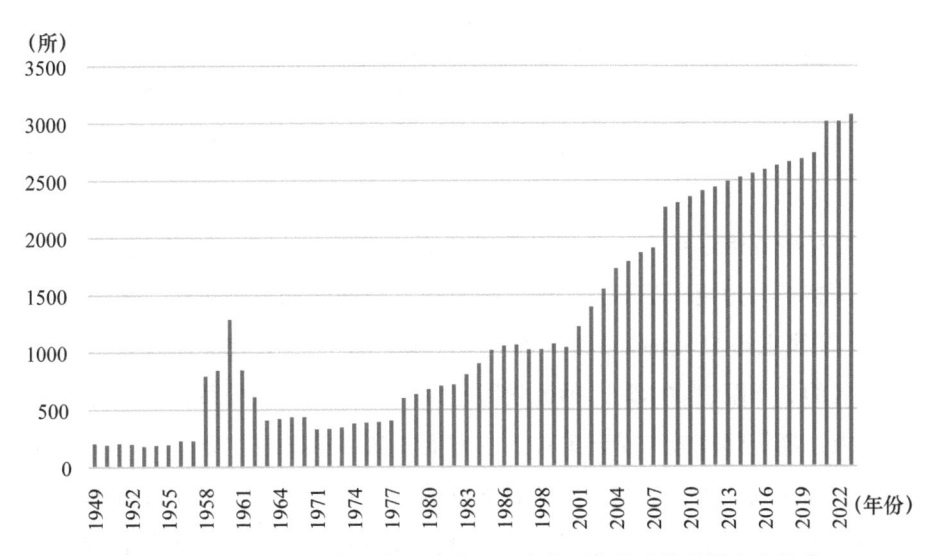

图 3-1　1949 年中华人民共和国成立以来中国高等学校数量变化趋稳

数据来源：刘光：《新中国高等教育大事记（1949—1987 年）》，东北师范大学出版社 1990 年版。中华人民共和国教育部：《全国教育事业发展统计公报（1998—2023）》，http：//www. moe. gov. cn/jyb_ sjzl/sjzl_ fztjgb/.

（一）以学科门类为基础的高等学校分类生成

20 世纪 50 年代院系调整前期，建立综合性大学为主、公私并立的高等教育结构体系。20 世纪 50 年代院系调整前期，大学、专门学院、专科学校构成我国普通高等教育结构体系。从举办者的性质来看，中国普通高等教育结构体系分为公立高等学校和私立高等学校。从主要学科数量来看，综合性大学是该时期主要的高等教育类型。1950 年 6 月，第一次全国高等教育工作会议召开。会上通过了《高等学校暂行规程》《专科学校暂行规程》《私立高等学校暂行管理办法》等高等教育法律法规。1951 年政务院发布《关于改革学制的决定》，也明确规定高等学校分为大学和专门学院。"国家建设急需"和"国家建设需要"在 1950 年的《高等学校暂行规程》总共出现了三次，在《专科学校暂行规程》中也出现了三次，在《私立高等学校管理暂行办法》中出现了一次，表明该时期高等教育设置服务国家建设需要的政治理论基础。

20世纪50年代的院系调整是现代中国高等学校发展史上大规模、较为彻底的根本性改革,奠定了中国高等教育的基本结构。1952年前后,受国家政治体制影响,中国高等教育领域开始学习苏联模式进行院系调整,由中央政府主导、自上而下对高等学校结构和高等学校内部组织进行改造,旨在服务国家经济社会建设需求培养大量专门人才。20世纪50年代院系调整扩大为全国范围,实现了跨省级、跨地区的组织重组、撤销和合并。① 国家主导的大规模院系调整从工科院校扩展到其他类型院校,对大行政区的工学院、农学院、师范学院、综合大学数量、设系及其定位提出了要求,高等师范教育受到重视。一方面,从高等学校主要学科门类数量来看,院系调整改变了综合性高等学校的高等教育类型,建立大量单科性专门高等学校,重视理科专门院校建设;另一方面,从高等学校举办者性质来看,私立院校数量占比从40%左右渐渐降低,逐步转变为公办性质院校。

(二) 以办学水平为基础的高等学校分类分层生成

20世纪50—60年代,将全国高等学校分为全国性重点高等学校和非重点高等学校的不同层次,注重发挥全国性重点高等学校对国家科研和重大问题的支撑作用,以及对其他高等学校人才培养和师资培养的引领作用。在院系调整之后,指定6所高等学校为全国性的重点院校,开启了中国重点大学建设的先河。1954年,高等教育部出台《关于重点学校和专家工作范围的决议》,确定6所高等学校为全国性重点学校,明确全国性重点高等学校在人才培养和科学研究两大方面的主要任务。随后,国家相继出台增加全国重点高等学校数量的政策,综合大学、工科院校、师范院校、农林院校、医药学院、政法财经院校、艺术院校、体育院校、军事院校都分布有全国重点高等学校。

20世纪60—70年代,中国开始了新一轮全国范围内的高等学校调整。从高等教育规模和形式结构来看,缩小公立高等教育规模,允许团体或个

---

① [日] 大塚丰:《现代中国高等教育的形成》,黄福涛译,北京师范大学出版社1998年版,第86页。

人举办民办高等学校。对全国重点高等工业学校和中央各业务部门主管的其他高等工业学校人才培养定位和专业设置的服务面向进行分工,全国重点高等学校的人才培养服务于国家需求,专业设置种类齐全,中央业务部门主管高等学校的人才培养工作和专业设置主要服务于本部门并兼顾其他部门和地方的需求。此外,在部属高等学校建立以教学为主、教学与科研相结合的科研机构。①

(三) 以授予学位为基础的高等学校分类分层生成

20世纪70—80年代,中国高等教育规模持续扩大,恢复建设一批全国重点高等学校服务于国家经济社会发展需要,对综合大学、高等师范理科、高等工科院校人才培养类型进行分工。注重高等教育服务地方需求的建设,试行高等专科教育层次的短期职业大学培养地方所需专门人才。该时期除了重点大学的选拔性分层、根据主要学科门类形成的科类高等学校体系之外,1981年出台的《中华人民共和国学位条例暂行实施办法》,根据1980年颁布的《中华人民共和国学位条例》中学士、硕士、博士三级学位分类,形成非授予学位的高等学校和授予学位高等学校,其中授予学位高等学校包括授予学士学位高等学校、授予硕士学位高等学校、授予博士学位高等学校。

(四) 以办学规模为基础的高等学校分类分层生成

20世纪80年代中后期,以"调整、改革、整顿、提高"为方针指导高等教育发展,实现了多层次、多规格、多形式办学。1985年《中共中央关于教育体制改革的决定》要求,"加快财经、政法、管理等类薄弱系科和专业的发展,扶持新兴、边缘学科的成长。改变专科、本科比例不合理的状况,着重加快高等专科教育的发展"②。1986年,国家以法律形式统一颁布大学、学院、高等专科和高等职业学校等不同办学规模、人才培养层次、办学类型高等学校的设置标准,至此,中国高等学校设置标准和设

---

① 刘光主编:《新中国高等教育大事记(1949—1987)》,东北师范大学出版社1990年版,第204页。
② 中共中央:《中共中央关于教育体制改革的决定》,《中国教育报》1985年6月1日第1版。

置程序实现有法可依。国务院于1986年发布《普通高等学校设置暂行条例》，规定全日制大学、独立设置学院、高等专科学校、高等职业学校的校（院）长，专任和兼任教师，土地校舍，图书、仪器、设备、标本、模型、实习场地、附属学校或附属医院等必要硬件设施等不同设置标准，并对大学、学院、高等专科学校和高等职业学校人才培养的主要层次、设立主要学科门类数量、全日制在校学生计划规模进行区分。

20世纪90年代，中国高等学校进行合并重组的改革。从高等学校主要科类数量来看，单科性高等学校逐步建设成为综合性高等学校。从高等学校举办者性质来看，民办高等学校逐步成为中国高等教育事业的重要组成部分。国务院颁布《普通高等学校设置暂行条例》后，根据国家五年规划对高等学校专门人才培养的需求变化，1993年2月出台的《中国教育改革和发展纲要》提出为各类型高等学校合理分工、在不同层次上形成特色，要求制定高等学校分类标准。中国高等教育规模不断扩大，高等学校办学类型日趋多元化，国家教育行政管理部门相继出台民办高等学校、高职学校、普通本科学校设置规定，用于规范和引导高等学校办学。2004年教育部发布《普通高等学校基本办学条件指标（试行）》，在文件中规定了综合、师范、民族院校，工科、农、林院校，医学院校，语文、财经、政法院校，体育院校，艺术院校类别的本科和高职专科的基本办学条件指标。基本办学条件指标的制定，以最低标准的形式保障高等学校办学质量，是国家从宏观层面对高等学校进行分类管理的表现。

（五）以创新为基础的高等学校分类分层生成

20世纪90年代末至今，从重点大学和重点学科建设走向更大规模的一流大学和一流学科建设，逐步形成选拔性与公平性并重的高等教育体系。1993年《中国教育改革和发展纲要》提出"集中力量办好一批重点大学和重点学科"。1995年《"211工程"总体建设规划》的出台，正式开启了国家重点建设100所左右高等学校和一批重点学科的序幕，"211工程"的规模为当时重点建设项目最大，最终确定全国112所高等学校进入建设规划。1999年，《面向21世纪教育振兴行动计划》正式启动建设世界一流大学和高水平大学建设的"985 工程",39 所高等学校位列其中。2006 年,以国家战略急需和科学前沿发展为导向,促进行业类大学的学科建设,推动优势学科创新平台建设。

2012 年正式启动的高等学校创新能力提升计划,以深化高等学校管理的体制机制综合改革为目的,以完善协调创新机制为重点,实行动态退出机制。于 2013 年和 2014 年认定科学前沿、文化传承、行业产业、区域发展四种类型共 38 个协同创新中心。在 2014 年的文件中,提出引导高等学校和地方进行协同创新中心的培育建设。2019 年启动省部共建协同创新中心,推荐已经运行的省级协同创新申请部级认定,分层实施激发地方组建有助于服务地方发展需求的多类型协同创新中心。

当前,建设世界一流大学和一流学科是对国家长期以来的重点大学和重点学科建设项目的革新,旨在加大整合资源的力度,引入竞争机制,鼓励不同类型的高水平大学和学科形成差异化发展路径,制定分阶段目标,根据分高等学校数量、分步走的形式进入世界一流大学和世界一流学科行列和前列,系统地推进高等教育强国的基本建成。2017 年,中国公布了 42 所世界一流大学建设高校,95 所一流学科建设高校。省级地方政府也相继出台了地方一流大学和一流学科建设计划。此外,教育部于 2019—2021 年面向不同类型高等学校的所有专业,开展一批国家级和省级一流本科专业建设。

(六) 以促进公平为目的的高等学校分类生成

21 世纪以来,中国高等教育发展表现为重点建设高校的数量和范围不断扩展,既有建设高等学校质量高峰的持之以恒,也有形成高等学校质量高原的理念和实践;以全局观的视角推动高等教育体系的整体质量建设,表现为在重点建设高等学校的同时,也关注到了办学基础较为薄弱的地方高等学校,通过规划、政策等形式发挥中央政府宏观管理的作用。《国家中长期教育改革和发展规划纲要 (2010—2020 年)》要求高等教育形成更加合理的结构和更加鲜明的特色。以全面提高高等教育质量为建设高等教育强国目标的手段,并提出建成若干所世界一流大学的重点建设要求。

"特色重点学科项目"是对前期国家高等教育重点建设体系的重要补充。2010年教育部和财政部发布《关于实施"特色重点学科项目"的意见》，建设非"211工程"高等学校的国家重点学科，提高其服务于区域经济社会发展的自主创新能力。

除全国范围的重点大学和重点学科建设计划之外，国家特别实施了中西部地方高等学校重点支持计划。《国家中长期教育改革和发展规划纲要（2010—2020年）》推动《中西部高等教育振兴计划（2012—2020年）》的制定和实施，促进中西部地方高等学校建设。2018年启动"部省合建"高等学校，在没有直属高等学校的中西部省份各选拔一所高等学校，在不改变这些高等学校管理权归属的情况下，给予其准部属高等学校的身份，引导部省合建高等学校通过整合优势资源提升办学质量。

（七）以人才培养为基础的高等学校分类体系生成

以人才培养为基础的高等学校分类体系，表明了高等学校分类体系作为高等学校分类设置的基础，理顺了高等学校分类与高等学校设置、分类管理、分类评价之间的关系，从传统意义上的高等学校类型和层次分类的单向度规定走向高等学校分类的系统制度生成。21世纪以来，中国逐渐形成研究型、应用型、职业技能型高等学校分类体系。

当前中国高等教育规模形态是高等学校分类体系设计的基础，中国高等教育整体规模趋稳推动高等学校内涵建设，为不同类型高等学校特色办学提供了环境基础。19世纪末20世纪初高等教育规模扩张以来，中国高等教育发展主要表现为外延式增长向内涵式建设，当前已经建立相对稳定的高等教育基本格局。2009年前后，中国普通高等学校数量由中高速增长转变为低速增长。总体来看，当前中国高等教育规模和增长速度趋于稳定。其中，普通本科和普通高职院校数量增长速度较为平稳，民办本科院校和公办院校数量增幅也处于较小波动状态，中国普通高等学校总体上已经形成相对稳定的基本格局。如图3-2和图3-3所示。

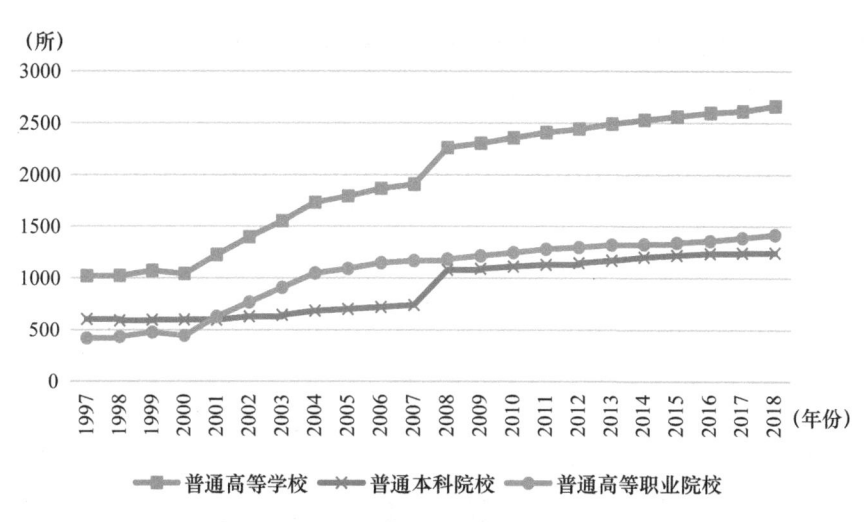

图 3-2　中国高等教育规模和增速趋于稳定

数据来源：中华人民共和国教育部发展规划司：《中国教育统计年鉴（1997—2018 年）》。

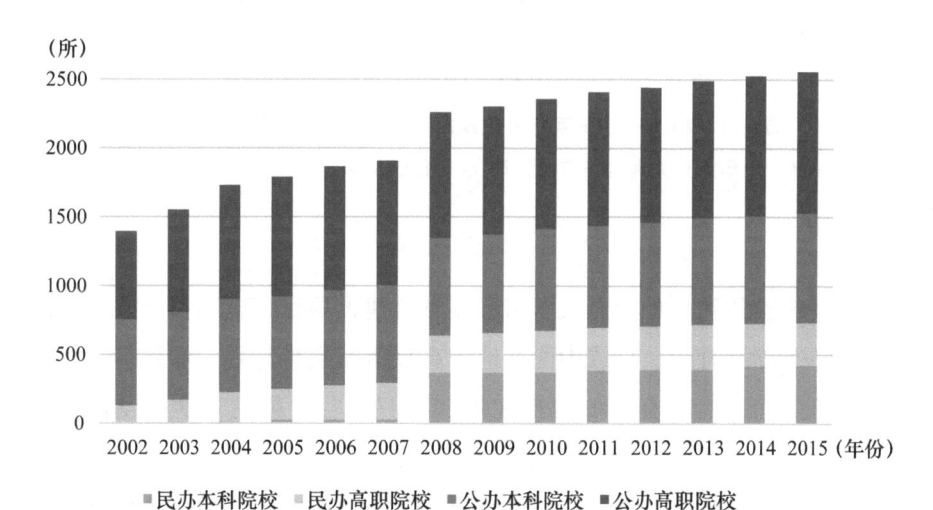

图 3-3　2002—2015 年中国民办和公办性质的高职院校、本科院校增幅趋稳

数据来源：中华人民共和国教育部：《全国教育事业发展统计公报（2002—2015 年）》。

2011—2018 年，中国各级教育招生规模变化较为稳定，表明中国普通高等教育的生源结构在未来的几年内不会出现较大增幅或降幅。2011—2015 年，中国初中和高中教育阶段招生数逐年下降，2016 年高中教育阶段略有回升后再 2017 年又呈现缓慢降低趋势。2011—2018 年，中国普通本专科教育阶段招生规模增幅较为平稳，如图 3-4 所示。

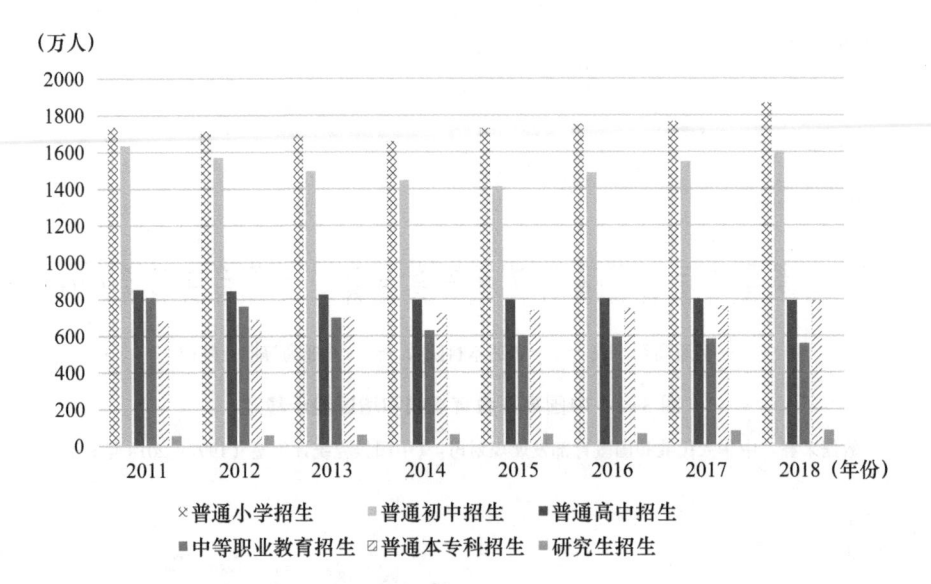

图 3-4　2011—2018 年中国各教育阶段招生规模变化速度趋稳

数据来源：中华人民共和国国家统计局：《国民经济和社会发展统计公报（2011—2018 年）》。

无论是全国范围的重点大学和重点学科建设项目，全国和地方的一流大学和一流学科建设，抑或中西部地方高校重点支持计划，都具有明显的分层管理特征。2017 年《教育部关于"十三五"时期高等学校设置工作的意见》明确提出，中国研究型、应用型和职业技能型的高等教育总体类型，地方可根据国家高等教育分类体系的框架和地方高等教育发展情况，探索制定符合本地情况和发展需求的高等教育分类体系。从国家政策层面确定研究型、应用型和职业技能型高校的类型划分，象征着中国高等学校开始从注重重点高校和重点学科的选拔性分层为主，走向既注重高等教育办学效能，也注重高等教育办学特色，面向高等学校分类设置的高等学校分类制度设计。

二 高等教育权力格局的阶段性演变

中国高等教育权力格局的演变从高等教育体制的发展可见一斑，高等教育权力格局决定了利益相关者在高等学校分类制度生成的地位和作用。随着依法治教理念在高等教育治理方面的深入，中国高等教育管理体制权力重心逐渐下移，中央政府统一领导、地方政府统筹管理、社会多元参与办学的高等教育管理体制和权力格局基本形成。在政府职能转变和权力重心下移的高等教育管理体制下，不断推动高等学校面向社会依法自主办学。提高高等学校面向社会依法自主办学能力的管理要求，推动国家层面构建分层分类的教育标准体系，高等学校在国家分层分类教育标准体系的制度基础上，集中优势资源进行特色办学。

（一）高等教育权力格局的阶段性特征

1949年以来，随着中国高等教育简政放权改革不断深化，中国高等教育管理权力重点经历了从国家下沉到地方后形成国家和地方两级管理形式。从高等教育管理权力的移动方向来看，地方的高等教育管理权力源于国家的授权或让渡。[①]

1949年至20世纪50年代院系调整前期，中国高等教育管理体制表现为中央集权下的中央和地方两级管理。中国高等教育管理行政机构分为大行政区教育部或文教部、中央人民政府教育部的地方—中央两级，高等教育管理权主要集中于中央。

20世纪50年代中期，建立中央部门办学的高等教育管理体制。1953年全国高等学校分为高等教育部直接管理，中央各业务部门管理，大区行政委员会管理，省、自治区、直辖市管理的不同形式。1955年院系调整之后，全国高等学校分为高等教育部直属高等学校、教育部下属高等学校、中央其他各部委所属高等学校，无地方管理高等学校，高等教育行政管理

[①] 林荣日：《制度变迁中的权力博弈——以转型期中国高等教育制度为研究重点》，复旦大学出版社2007年版，第184页。

权主要集中于中央政府。①

20世纪50年代后期，我国高等教育管理权开始下移到地方政府。1957年开始管理权下放到地方政府，从农业高等学校逐步扩展到其他类型高等学校，形成了以中央集权和地方分权相结合、加强地方管理的高等教育管理原则。全国重点高等学校实行中央和地方共同领导和管理的高等教育管理体制。

20世纪60年代，建立中央和地方两级管理的高等教育管理体制，高等教育管理权力重心继续向省级地方政府下移。1976年之后，高等教育管理权力又重新集中于中央。

改革开放以来，国家进行宏观领导，地方的高等教育管理权和高等学校办学自主权逐步扩大。1978年党的十一届三中全会召开，改革开放政策从经济体制部分改革到整体、根据时间分段逐步扩展到科技等其他领域。20世纪80年代中期，为调动地方政府办学的积极性，中国实行中央—省—中心城市三级高等教育管理体制。1978年，教育部恢复并增加第一批全国重点高等学校数量88所，分为面向全国和面向地区的全国重点高等学校，规定国务院有关业务部门直接领导少数高等学校，省级政府和国务院有关业务部门双重领导大部分全国重点高等学校，其中，服务于地区经济建设的全国重点高等学校由省级政府领导，国务院相关业务部门给予必要的支持。

20世纪90年代之后，逐步建立高等教育两级管理，中央统一领导和地方统筹相结合的高等教育管理体制。2019年国务学位委员会印发《学士学位授权与授予管理办法》，由国务院学位委员会负责授予全国学位改为规定普通高等学校学士学位授权按属地原则由地方学位委员会审批。从中央政府与地方政府关系来看，建立中央与地方政府两级办学。从政府与社会关系来看，实现社会多主体参与办学，中央各业务部门管理的部分高等学校由企业集团参与办学。从政府与高等学校的关系来看，政府对高等教

---

① [日]大塚丰：《现代中国高等教育的形成》，黄福涛译，北京师范大学出版社1998年版，第118—126页。

育管理从直接行政管理转为宏观管理，高等学校面向社会自主办学是该时期高等教育管理体制改革的主要特征。

（二）当前高等教育权力格局的特征

当前中国高等教育管理体制已经形成稳定的权力关系格局，要求提升高等学校面向社会自主办学能力。国家统一领导、地方统筹管理的权力关系，政府职能转变推动高等学校面向社会依法自主办学，是当前中国高等教育管理体制的基本特征。中央政府统一领导、省级政府统筹协调高等教育工作通过法律形式给予认定，体现了依法治教的精神。1998年颁布、2015年第一次修正、2018年第二次修正的《中华人民共和国高等教育法》（以下简称《高等教育法》）规定全国高等教育事业由国务院统一领导，区域的高等教育事业由省级人民政府统筹和协调，国务院其他有关部门履行国务院规定的高等教育工作职责。此外，规定了本科及以上、专科高等学校设立的管理权归属，国务院教育行政部门审批本科及以上高等学校，省级人民政府审批高等专科院校并报送国务院教育行政部门备案。《高等教育法》还以法律形式确定高等学校在招生、学科专业设置、组织教学、开展科学研究、进行国际交流与合作、教职工评聘、管理和经费财产使用等七项自主办学权利。

高等教育管理体制中政府简政放权、优化职能，推动高等学校面向社会自主办学，从政策角度为高等学校分类办学提供了制度基础。随着高等学校面向社会自主办学的程度不断深化，高等学校要经受住来自社会的考验和提高社会评价，需要集中优势资源突出办学特色和办学优势，打造高等学校品牌赢得社会声誉。高等学校在面向社会自主办学的规则下寻求特色发展，这也是高等教育能够顺利实现分类发展的制度基础之一。教育部2015年发布《关于深入推进教育管办评分离 促进政府职能转变的若干意见》，将简政放权作为健全教育管理体制的首要措施，提出通过法律法规、政策规划、拨款、标准、信息服务等方式推动政府职能的转变。构建分层和分类的教育标准体系。2017年发布《关于深化高等教育领域简政放权放管结合优化服务改革的若干意见》，再次明确提出政府教育行政管理部门的监管和服务职责。此外，政府简政放权的职能优化还表现在学位点授权审批权力的调整方面。2017 年新增了博士、硕士学位授权点自主审核单位，符合学位授权基本条件的高等学校获得审批之后，可自主审核高等学校新增的学位点。高等教育管理体制的权力调整改革反映在办学体制上的办学主体更加多元，高等教育形式结构更加多样。国务院 2019 年发布《国家职业教育改革实施方案》，提出职业教育要从政府举办为主转向政府统筹管理、社会多元主体参与办学的形式。

第二节　高等学校分类制度的哲学基础

多元的大学内在价值追求和服务不同面向的使命观，是旨在促进高等教育多样化发展的高等学校分类制度的哲学基础。历史上对大学观的多重隐喻表明高等教育逐渐走进社会中心，高等学校追求的使命也更加多样，差异化的办学追求使得高等学校内部组织和运行各不相同，为注重不同类型高等学校特色发展的高等学校分类制度提供了哲学基础。从高等教育发展的内部规律和高等教育与社会互动两方面分析中国高等学校分类制度生成的多元哲学基础。

一　高等教育的本质追求表现多元

从高等教育哲学的角度来看，多元的知识组织形式、学术内涵、高等教育哲学基础赋予了高等教育学术组织的多样性特征。

不同类型的学术组织开展不同类型的学术任务。伯顿·R. 克拉克（Burton R. Clark）将高等教育系统作为学术组织进行研究，提出院校分工理论。他认为，高等教育基本要素中的工作构成，是以建立在知识领域专门化的学科、院校单位的纵向和横向交叉。不同类型的高等教育机构承载着不同的学术系统活动。高等教育机构根据所承载的任务层次、所享有的声望,具有不同的等级和地位次序。①

不同类型高等教育机构的差异化源于知识组织形式的差异。从理论性与实用性的角度分析高等教育组织知识和生产知识的不同性质,为高等教育组织的多样性提供知识基础。伯顿·R.克拉克的院校分工理论是建立在知识专门化的基础之上,根据学科分析高等教育学术组织的内外部系统。布鲁贝克指出,理论科目是根据熟知的理论来组织的,实用科目是根据当时的实际问题来组织的。② 与基于某个学科范式解决问题的知识生产模式不同,迈克尔·吉本斯等学者在工作环境日益复杂的背景下,提出基于应用情境的跨学科的知识生产模式,称为知识生产的模式Ⅱ。在知识生产的模式Ⅱ中,知识生产是异质性的,知识基础是不同领域细分后进行重新组合构成新知识基础。③

学术内涵的多样性进一步丰富了知识组织和生产的多种模式。欧内斯特·博耶(Ernest L. Boyer)提出发现、综合、应用、教学四种学术,丰富了学术的内涵。发现的学术(The Scholarship of Discovery)通过高等学校社会职能进行知识原创或更新,综合的学术(The Scholarship of Integration)强调在不同学科或领域知识的合作下创造新知识,应用的学术(The Scholarship of Application)指的是知识运用于社会的重要问题,教学的学术(The Scholarship of Teaching)提出教学鼓励学生培养可持续学习能力,具有传递知识和丰富知识的作用。④

不同社会情境下的知识组织和生产引发了高等教育哲学基础的讨论,高等学校赖以存在的哲学基础推动高等学校寻求知识进步、自身内在发展的同时,也注重为国家战略发展、区域发展、经济发展服务的职能,表现

---

① [美]伯顿·R.克拉克:《高等教育系统——学术组织的跨国研究》,王承绪等译,杭州大学出版社1994年版,第33—74页。
② [美]约翰·S.布鲁贝克:《高等教育哲学》,王承绪、郑继伟、张维平等译,浙江教育出版社2002年版,第106页。
③ [英]迈克尔·吉本斯等:《知识生产的新模式:当代社会科学与研究的动力学》,陈洪捷、沈文钦等译,北京大学出版社2011年版,第6页。
④ Boyer, Ernest L., *Scholarship Reconsidered: Priorities of the Professoriate*, Princeton Pike, Lawrenceville: Princeton University Press, 1990.

为高等教育外部性的多样化。在认知语境中"为知识而知识"是设立大学的传统目标。《耶鲁学院1828年报告》第一次试图正式提出高等教育哲学，认为大学要设置古典课程以训练人的心智。[①] 布鲁贝克在《高等教育哲学》中的"知识论"哲学观点，不仅分析了探究高深学问的要求，也提出高等教育对国家具有深远影响的政治论的高等教育哲学基础。

二 高等教育与社会互动形式多样

高等学校的多样性不仅是高等教育哲学的价值取向，也是高等教育作为社会子系统与经济社会发展相互作用的结果。

克拉克·克尔（Clark Kerr）在《大学的功用》一书中将纽曼的"大学观"喻为居住僧侣的村庄，将弗莱克斯纳的"现代大学观"喻为一座由知识分子垄断的工业城镇，提出如一座充满无穷变化的城市的"多元化巨型大学观"。[②] 克拉克·克尔对三种大学观的比喻，不仅在于比较不同社会环境、不同哲学观下的大学理念，更深刻地揭示了随着经济社会发展，大学在社会中的地位和作用已不同于往日。一方面，随着高等学校在经济社会发展中的重要性与日俱增，外部社会环境的变化驱动高等学校内部的改变，高等学校从封闭的场所走进社会的舞台甚至成为社会的焦点，从注重通过教学传递知识的育人职能走向教学与科学研究并重进而关注社会服务的职能，从封闭走向开放，从单一走向多元，从纯粹走向复杂，从社会边缘走向社会中心；另一方面，高等学校内部发生的变化也反映了随着经济社会的发展，社会对高等学校的关注和要求高等学校承担的社会职能逐步增强，并根据不同社会发展阶段特点对高等学校提出新的需求。

根据教育的外部关系规律，教育受社会经济、政治、文化等制约，并对社会经济、政治、文化等发展起作用。经济社会发展的不同阶段和不同水平影响高等教育的规模、速度和结构。根据系统论的理论观点，系统的

---

① Committee of the corporation, the Academical Faculty, *The Yale Report of* 1828, Yale College, September 11, 1827.

② ［美］克拉克·克尔:《大学的功用》，陈学飞等译，江西教育出版社1993年版，第4页。

结构决定系统的功能，高等教育结构的多样化使得高等教育的功能更加多元。高等教育结构的多样化，不同类型高等学校合理定位、制定具有高等学校办学特色的高等学校发展战略，不同程度满足来自社会、产业、区域不同层面，国际、国家、地方不同空间，学术性、应用性、职业性等不同方面的创新知识、培养人才、发展科学研究、进行社会服务、传承和引领文化进步、开展国际合作与交流的多元需求。

从高等教育哲学的角度揭示高等教育机构作为学术组织的内部多样性，以及高等教育与外部社会环境相互作用下自发形成的多元目标和使命的外部性特征，从而为维护高等教育多样性和引领高等学校特色发展的高等学校分类制度的生成提供合法性依据。

小　结

本章从高等学校分类制度的制度层面和哲学角度分析以高等学校分类体系为核心的中国高等学校分类制度的生成基础。高等教育制度和高等教育内外部关系规律的哲学基础，为中国高等学校分类制度的生成提供了源源不断的内在动力，使得中国高等学校分类制度具有合法性。相对稳定的高等教育规模和结构体系，以及中央和地方两级管理的高等教育体制为高等学校分类制度的生成奠定了组织基础和权力关系。从高等教育哲学来看，高等教育内部发展规律和高等教育与外部社会互动具有多样性特征，从高等教育内部关系规律和高等教育外部关系规律的两个层面为高等学校分类制度生成提供理论依据。高等教育内外部关系规律的哲学基础，推动不同类型高等学校特色办学，在不同的发展路径上追求质量卓越。

第四章

中国高等学校分类制度的生成动因

中国高等学校分类制度的生成是利益相关者在互动与冲突过程中协商一致的结果,因而利益相关者是分析高等学校分类制度生成动因的重要抓手。明晰高等学校分类制度的利益相关者及其在一项制度中所处的位置,继而对在高等学校分类制度中发挥主观能动作用的利益主体进行深度访谈,从高等学校分类制度利益相关者视角分析高等学校分类制度生成的多重动因,基于高等学校分类制度多元利益相关者的深度访谈分析,构建高等学校分类制度生成动因的整体内容。高等学校分类制度生成动因的质性建构是各利益主体从自身经验积累和制度需求的角度,对高等学校分类制度生成的动力要素的主观判断,这一质性建构可能受到所选择的对象范围的制约。因此,通过系列直观的高等教育数据对中国高等学校办学现象、人才培养结构现状与经济社会发展需求进行分析,能够在高等学校分类制度利益相关者质性建构的基础上,进一步验证和说明高等学校分类制度生成动因的质性建构具有普遍性和可推广性。

第一节 高等学校分类制度生成的利益相关者

中国高等学校分类制度生成是在特定的社会环境下,由中央和地方高等教育行政管理主体、高等学校主体、社会共同推动的结果。因而从多元高等教育利益相关者的视角,可以更加深入地分析高等学校分类制度生成的动力来源。

一 政府在政府—高校—产业交互作用中的定位

政府—高校—产业交互作用日益深入，政府与高等学校直接互动转变为政府与高等学校的互动融入了更多来自经济社会转型发展过程中对高等学校知识生产模式和人才培养结构类型多样性的新需求。随着新型工业化建设和第三产业的比重逐步提高，产业对高等学校知识生产的依赖程度与日俱增，除了传统以学科类型为基础的创新型知识生产模式之外，对基于问题情境的应用型知识生产模式的支撑需求也更加迫切。来自产业结构转型升级和各种新业态此起彼伏的经济发展趋势也对高等学校人才培养结构的调整适应和多样性提出了更高的要求。在此背景下，中央和地方高等教育行政管理主体发挥领导和管理职能，制定高等学校分类制度设计和地方方案以引导高等学校支撑和引领经济社会发展新需求，是高等学校分类制度生成的动力来源。

中央高等教育行政管理主体、地方高等教育行政管理主体是高等学校分类制度生成的重要利益相关者。中国实行中央和地方两级管理的高等教育管理体制，中央高等教育管理者的意志通过高等教育政策、监督、服务等形式宏观引导中国高等教育办学方向，地方高等教育管理者在国家制定的框架下统筹地方高等教育办学规划，高等学校在国家和地方高等教育法律规范和政策规定的约束和高等学校办学自主权的范围内办学。

（一）国家高等教育行政管理部门是高等学校分类制度话语的建构者

中央政府的高等教育管理部门是依法制定高等学校分类制度的主体，也是高等学校分类制度的制度话语的构建者。从国际经验来看，高等学校分类制度旨在于维护高等教育多样化，彰显不同类型高等学校的独特性。在中国高等教育管理体制的语境下，中国高等学校分类制度表现为国家高等教育管理部门主导的一种制度设计，依靠高等教育行政力量推动而成。中央高等教育行政管理部门出于分类管理高等学校提升高等教育的外部效用，提升高等教育全方位支撑和引领国家和经济社会发展的初衷，进行高等学校分类制度的顶层设计,并通过系列政策规定逐步推进高等学校分类制度的话语构建。

教育部于 2017 年发布指导"十三五"高等学校设置的文件,正式提出研究型、应用型和职业技能型的三种高等学校类型划分的前期,中国高等教育政策体现对不同类型高等学校的分类办学要求,并对不同类型高等学校的设置条件和范围也进行了一定调整。宏观政策引导下,中国高等教育发展自发形成的研究型、应用型和职业技能型等不同办学定位和分类发展路径的基本形态逐渐清晰。此外,众多特殊的高等学校类型和高等学校新概念的产生,也表明高等教育所处的外部环境已经发生了较大变化并不断对高等教育特色办学提出新需求。反观中国现行的高等学校设置标准相关法律规范还只停留在高职、高专、学院和大学设置标准规定的层面,难以有效指导新兴的高等教育发展需求,违背了依法治教和立法先行规范办学的原则。因此,国家高等教育行政管理部门已经意识到高等学校分类制度构建的必要性和紧迫性,依法促进高等学校分类办学,通过出台系列政策逐步推动高等学校分类制度的话语构建。

在以国家意志正式发布高等教育分类体系的前期,《国家教育事业发展"十三五"规划》对研究型大学从事基础研究,研究型大学和世界一流大学合作进行高水平人才培养、建立高水平国际交流合作平台、依托优势学科领域合作设立学院等特色化办学进行了规划;应用型高校服务区域经济和社会发展、振兴产业的办学定位,从事应用技术创新,扩大专业学位硕士生培养,稳步进行博士专业学位研究生培养;允许符合高等学校设置标准的技师学院设立为高等学校,新设高职学校主要服务于中小城市,高水平职业学校发展重点产业或支柱产业相关的专业。

21 世纪 10 年代,教育部批准少数直接新设、以培养研究生为主的研究型大学的设置。例如,西湖大学、上海科技大学等新设研究型大学的直接创办,打破了《普通本科学校设置暂行规定》中对设立"大学"所要求达到的设置标准和对大学所依托或建校的基础院校的基本办学条件的系列要求，是中国高等教育应对国际社会和知识发展新形势的创新探索。

此外，职业教育也开始了高等学校类型探索的实践。2019 年是职业型本科的元年，教育部批准一批高等职业学校升格为职业型本科院校。从 2019 年教育部批准设置的高等学校名单可以发现，中国开始引导申请升格的高职院校或新设本科院校在校名中保留"职业"，实施本科层次的职业大学，此举意在提升职业教育质量，打通了非学位授予权的高等职业教育通向本科层次教育的纵向发展路径。

（二）地方高等教育行政管理部门是高等学校分类行动实践的探索者

地方政府的高等教育行政管理部门是推动高等学校分类制度地方化的实施者，也是地方高等学校分类制度行动实践的探索者。2010 年出台的《国家中长期教育改革和发展规划纲要（2010—2020 年）》率先在高等教育领域提出建立高等学校分类体系和实行分类管理，以优化高等教育结构突出高等学校办学特色的要求。在国家推动高等学校分类的政策规定的引导下，不少地方政府从高等学校分类体系入手，并在高等学校分类体系的基础上制定高等学校分类评价机制，开始探索符合地方高等教育实际和经济社会发展需求的高等学校分类制度。

2017 年国家正式发布研究型、应用型、职业技能型的高等学校分类体系，并给予地方在国家框架下自主构建地方高等学校分类体系的张力。在国家高等学校分类体系正式发布之前，上海、浙江、江苏、北京、湖北等地方高等教育管理者出台了高等学校分类评价管理的办法。对以上地区的相关政策文件进行分析发现，有的地方高等学校分类制度的改革力度较大，有的地方则采取传统过渡方式设计地方高等学校分类体系，有的地方则表现较为审慎，只为对国家现行重点引导建设的高等学校类型做了政策部署但尚未提出地方高等学校分类方案。既有以层级评价方式为主与分类思想相结合的传统型高等学校分层分类制度过渡方案，也有地方高等教育部门从地方高等教育整体结构出发量身定制每所高等学校办学定位的高等学校分类制度。从不同地方构建的高等学校分类制度可以发现，地方高等教育管理者的高等学校分类制度诉求,主要表现为将高等学校分类体系作为地方进行高等学校评价和资源配置的方式。值得注意的是,有些地方的高等学校分类制度中依然沿用传统等级式的评价方式,对高等学校分类制度功能和内涵认识不够清晰。从长远来看,地方高等学校分类制度的目的指向不明,延续传统高等学校管理思路形成地方高等学校分类制度方案,依然难以有效引导地方高等学校面向社会自主办学,难以真正保障地方高等学校多样化发展的可持续性。

国家高等学校分类体系正式发布之后,也有不少地区在国家高等学校分类体系的基础上出台了地方特色的高等学校分类体系。对这些地方的高等教育政策进行分析发现,地方高等学校分类体系更多倾向于对地方存量高等教育的调整,缺乏从高等学校设置的角度对统筹地方增量的高等教育。此外,对地方高等学校分类体系与地方现行其他高等教育制度如何进行有效衔接以发挥制度效用也缺乏明确的说明。因而地方高等教育管理者在探索高等学校分类制度的行动实践层面依然存在一些理念误区、缺乏系统政策体系以及更深层次的实践推进。

二 高校在政府—高校—产业交互作用中的定位

政府—高校—产业交互作用相比于传统的政府—高校互动或者高校—产业互动更加深入,表明高等学校在国家战略和经济社会发展中的地位日益突出。在传统的政府—高校互动或高校—产业互动中,高等学校相对处于被动的状态。政府—高校—产业交互日益深入的背景下,高等学校如何把握新形势主动探索改革以适应,更好地满足政府和产业方面的新需求,更好地融入经济社会发展新环境,发挥高等学校作为知识生产和人才培养中心的关键作用,需要正视高等学校办学定位出现的路径依赖现象和面向社会自主办学能力不足等短板。在经济社会转型和国家战略提升的新形势下,以高等学校办学定位的问题为线索推动高等学校内涵式建设和特色办学的内部深层动力,成为高等学校分类制度生成的动力来源。

从高等学校分类制度的理想状态来看，高等学校主体是高等学校分类制度最为直接的受益者，也是高等学校分类制度的制度话语建构和行动实践探索的经验来源。高等学校分类制度不是凭空产生的，其生成必然建立在当前中国高等学校办学实际上，高等学校是检验该制度的实施对象，因此高等学校办学活动是该制度话语建构的主要来源。高等学校分类制度是立足当前中国高等教育发展态势，为了克服高等学校同质化办学现象，引导和维护高等学校多样化发展的制度设计。

一方面，从整体来看当前中国高等学校办学存在特色不强，高等学校与高等学校之间的专业设置和人才培养的同质性较强的问题，与国家和经济社会发展产生的多样化需求相背离；另一方面，中国高等学校也不乏自发探索特色办学路径的理念和实践。在当前高等学校同质化办学现象和采用传统评价方式的背景下，如何支持这一批自发面向社会自主办学的高等学校坚守特色办学之路，并且鼓励更多高等学校自主探索特色办学路径，是实现中国高等教育高质量发展需要破解的难题。因此，高等学校成为推动高等学校分类制度话语构建和深化行动实践的重要主体。高等学校分类体系涉及高等学校类型的定位选择，建立在高等学校分类体系基础上的分类设置指向高等学校结构优化方向，高等学校分类管理和分类评价则关乎高等学校资源配置。在此情境下，国家行政力量推动构建高等学校分类制度以增强高等学校对国家和经济社会发展的正向作用。

三 社会在政府—高校—产业交互作用中的定位

在政府—高校—产业交互作用中，社会与政府、高校之间的互动更加深入，既有与高等学校的直接交互，也有通过政府这一中介对高等学校办学产生间接影响。这成为高等学校办学和政府制定高等教育政策的重要依据和动力来源。产业结构转型是经济社会发展新形势的重要特征，也是高等学校分类制度需求产生的背景。高等教育作为社会系统的子系统，其制度生成必然离不开外部社会环境的影响。社会作为高等教育系统外部的利益相关者，既具有问题层面的负向推动作用，也有需求层面的正向促进作用。中国正处于建设工业化建设新阶段和向知识经济转型时期，经济社会转型对高等学校知识生产模式和人才培养多样性提出更加明确的需求。此外，社会作为高等学校分类制度的利益相关者，还表现在来自社会层面的认可是高等学校分类制度实际效用的重要标准。

首先，高等学校分类制度所指向的高等学校同质化办学问题的形成受到社会因素的作用，与社会传统评价方式息息相关。来自社会层面的高等学校层级评价，一定程度上导致高等学校盲目趋向规模扩张和提升实施教育层次以提高社会声誉和社会地位，以更好地寻求社会资源的支持。社会层级观的传统评价方式对高等学校办学路径的不良影响，表现为高等学校集中资源扩充学科门类规模，追求办学层次提升，以升格和更名作为办学目标，陷入指标式办学路径，削弱了高等学校特色和淡化高等学校办学传统，人才培养质量难以获得保障，人才培养缺乏特色，削弱了其在劳动力市场的竞争力。高等学校毕业生规格和质量难以支撑和引领经济社会转型发展需求的矛盾，推动了高等学校分类制度引导高等学校合理定位、分类竞争、提高质量的新需求。

其次，外部社会环境的发展也催生了高等学校分类制度的新制度需求，为高等学校分类制度的生成奠定知识和技术基础。一方面，随着政府—高校—产业之间的交互作用更加深入，产业结构优化既反映在政府对人才培养多样性、专门化的诉求以及对高等学校科学研究着力点的相关政策指导方面，也反映在高等学校在政府—高校—产业的交互中更加主动贴近产业发展实际需求，明确高等学校办学定位；另一方面，知识经济时代的快速发展推动知识发展和技术进步，降低了制度创新的成本，为一项制度的生成提供了知识基础和技术支持。此外，经济社会的快速发展也推动了社会文化的进步，启迪人们的思想，形成更加开放和多元的高等学校质量观和人才观，为一项制度的生成提供了宽松的社会环境。

最后，社会是高等学校分类制度实际效用的检验者。高等学校分类制度的顺利实施，既需要健全话语体系，也需要推动制度行动实践，才能真正发挥制度效用。仅仅依靠强制性推动的高等学校分类制度难以深入实施且持续存在，只有高等学校分类制度话语和行动实践获得社会认可才能说明高等学校分类制度非正式制度的生成。正式制度和非正式制度相结合的高等学校分类制度，既能通过法律规范约束高等学校办学行动实践，也更能通过社会影响推动高等学校形成特色办学理念和自主探索特色办学路径。社会对高等学校办学特色的认可度和对高等学校人才培养质量的满意度是检验高等学校分类制度效用的重要标准。只有获得了社会层面的认可，高等学校分类制度才能真正成为有效指导高等学校特色办学的高等教育制度。

第二节 高等学校分类制度供需矛盾的生成分析

通过对中央与地方政府高等教育管理者、高职和本科层次高等学校管理者、高等学校设置评议专家等高等教育利益相关者的半结构式访谈，进行访谈文本的编码与分析，从政府管理者、高等学校管理者、高等学校设置评议专家、高等学校分类研究专家视角，以政府、高等学校、社会等高等教育利益相关者在促进高等教育多样化发展目标中所处的地位、关系、采取的方式出发，从问题和需求两个方面提出中国高等学校分类制度生成动因的质性建构。

一 高等学校分类制度供需矛盾分析的编码方法

采取三级编码方法对访谈文本依次进行概念抽取，联结相关概念，最终形成高等学校分类制度成因分析。质性研究的编码方式能够直观反映高等学校分类制度生成动因这一编码焦点的达成情况。质性研究的编码方式通常由开放式编码、主轴编码、选择性编码三个程序构成，选择性编码也称为核心编码，相邻的两种编码程序可以同时进行，不受先后顺序制约。

本书就高等学校分类制度生成动因这一研究主题向高等学校分类制度相关的中央与地方政府的高等教育政策制定者、本科和高职高等学校管理者、有高等学校分类研究经验的专家（包含高等学校设置评议专家）等多元利益主体进行半结构式访谈。

访谈对象为6名中央与地方政府正在负责或者曾经负责高等学校分类管理的行政管理者、18名统筹本科高等学校战略规划的高等学校管理者和9名统筹高职院校战略规划的高等学校管理者、6名有高等学校分类研究经验的专家（包含有高等学校设置评议经验的高等学校设置评议委员2名）。访谈对象分布情况如表4-1所示。因后文中考虑到访谈文本是否有助于研究焦点的质性编码，故在编码清单中未列入访谈对象15-1-C、22-1-C、34-1-D的访谈内容，并在后续质性分析中，在调查对象编号后加上了访谈文本的在访谈数据库中的页码用于编码清单对访谈文本的引用。

表4-1　　高等学校分类制度生成动因访谈对象分布情况

	调查对象性质	机构类型编号	调查对象编号
高等学校分类研究专家（含高校设置评议专家）	教育研究机构专家	1	1-1-A
	教育研究机构专家	1	1-2-A
	教育研究机构专家	1	1-3-A
	高校设置评议专家	2	2-1-A
	教育研究机构专家	3	3-1-A
	高校设置评议专家	4	4-1-A
教育行政管理者（中央和地方）	教育部	5	5-1-B
	教育部	5	5-2-B
	省级教育厅	6	6-1-B
	省级教育厅	7	7-1-B
	省级政府	8	8-1-B
	市级教育厅	9	9-1-B

续表

调查对象性质		机构类型编号	调查对象编号
本科高校管理者（书记、校长和中层管理者）	校长	10	10-1-C
	副校长	11	11-1-C
	校长	12	12-1-C
	书记	13	13-1-C
	校长	14	14-1-C
	副书记	15	15-1-C
	书记	16	16-1-C
	校长	16	16-2-C
	校长	17	17-1-C
	校长	18	18-1-C
	书记	19	19-1-C
	副校长	20	20-1-C
	校长	21	21-1-C
	校长	22	22-1-C
	中层	23	23-1-C
	中层	24	24-1-C
	中层	25	25-1-C
	中层	26	26-1-C
高职院校管理者（书记和校长）	校长	27	27-2-D
	书记	28	28-1-D
	校长	29	29-1-D
	校长	30	30-1-D
	书记	31	31-1-D
	副院长	32	32-1-D
	书记	33	33-1-D
	副校长	34	34-1-D
	书记	35	35-1-D

注：调查对象编号由三个符号构成，前两位为数字，第三位为英文字母。其中，第一个数字代表调查对象所在机构性质编号。第二个数字代表调查对象在该机构的顺序。第三个符号由英文字母构成，英文字母代表调查对象性质，如A代表教育研究机构专家，B代表教育行政管理者，C代表本科高校管理者，D代表高职院校管理者。

将访谈录音转录成文本，形成"高等学校分类体系与设置标准研究"数据库中的"高等学校分类体系"主题数据库。对访谈文本进行处理之后，采用三级编码处理访谈文本。以高等学校分类制度生成动因作为编码焦点，对访谈材料进行分析。首先，对访谈文本进行开放式编码程序。把所获得的访谈文本分为片段并赋予能够反映片段内容的代码，比较和整合代码，形成高等学校分类制度生成动因的编码清单。其次，对访谈文本进行主轴编码，形成范畴清单。根据高等学校分类制度生成动因的主次因素，合并重组开放式编码，确定主轴编码内容。最后，对访谈文本进行选择性编码。对主轴编码进行关联，确定核心内容，回应编码焦点的研究问题，达成研究目标。[①] 研究以访谈文本不再出现有助于回应编码焦点的新信息作为编码饱和的标准，结束编码。

二 利益相关者视角的高等学校分类制度供需矛盾

通过三级编码分析发现，中国高等学校分类制度生成动因来源于在当前高等学校办学过程中缺乏系统性的制度设计，难以有效促进高等教育利益相关者相互影响和相互制约，在这一困境下，高等教育利益相关者基于主体利益寻求在高等学校特色办学中的相对平衡关系。一方面，国家和政府的法律政策和评价、当前高等学校办学实践困境、市场机制乏力等制约高等教育系统发展的问题指向高等学校分类制度设计的缺失；另一方面，高等教育办学所处的外部社会环境日新月异，政府、高等学校、社会等对高等学校多样化发展的新需求不断产生，政府、高等学校、社会为形成相对平衡的状态共同驱动高等学校分类制度的生成。如表4-2编码和图4-1高等教育利益相关者层面的高等学校分类制度生成动因所示。

---

① [美]朱丽叶·M. 科宾、安塞尔姆·L. 施特劳斯：《质性研究的基础：形成扎根理论的程序与方法》，朱光明译，重庆大学出版社2015年版，第209页。

表 4-2　　　　　　　　中国高等学校分类制度生成动因编码

开放式编码			主轴编码	选择性编码
节点名称	文本来源	参考点		
高校资源配置在高校间存在差异	12	15	高教资源配置机制缺乏分类引导使高校陷入办学误区	高等教育制度设计滞后于高校多样化办学实践，缺乏规范高等教育利益相关者权力关系的系统制度
缺乏结果反馈调节的高等教育经费投入机制导致高校盲目扩大招生规模	1	1		
高等教育重点建设项目造成层级差异的深远影响	8	10		
当前激励机制不利于高校人才发展	4	5		
缺乏良性竞争机制	2	2		
不同高等教育体系架构不清晰	4	4	缺乏系统引导不同高等教育体系发展的分类评价	
高等教育新发展阶段，当前存在多种高校分类方法但是无法指导高校特色办学	2	2		
不同类型高校办学缺乏适切上升通道	4	6		
大一统的评价标准缺乏分类	13	14		
高教管理的设置、认证、资源配置、评估分类维度不统一	1	1		
当前高校普遍达到学科门类数量的要求	2	2	高校设置规定难以指导高校办学实际	
高校设置更偏重学科，而应用型高校更侧重专业建设	8	9		
当前高校设置标准已经滞后于新设研究型高校的实际特殊需求	1	1		
当前高校设置标准与地方实际条件不相适应	1	1		
国家和地方对新设高校类型需求的认识存在差异	1	1		
高校管理者主要精力用于跑有关部门	1	1	高校依附办学惯性	
高校指标式办学	3	3		
高校按指令办学	1	1		
面向社会自主办学能力不足	3	3		
高校缺乏办学积极性	2	2		
高校按照升格、更名大学、争取学位点规模和层次等传统模式办学	7	9	高校趋向规模扩张的办学路径	
高校广设办学成本较低的学科	1	1		
普遍设置热门专业	2	2		
高校升格后面临专业建设困难	4	7		
综合性大学难以精准服务行业需求	1	1		
应用型高校支撑产业动力在于学科下面的点而非学科面	2	5		

续表

开放式编码			主轴编码	选择性编码
节点名称	文本来源	参考点		
重点和非重点是一种分类方法	3	3	高校主体对高校分类认识程度存在差异	高等教育制度设计滞后于高校多样化办学实践，缺乏规范高等教育利益相关者权力关系的系统制度
当前存在多种分类方法的内涵、功能、关系比较模糊	3	3		
认识到高校分类是管理层面的，认为分类之后高校只能培养唯一类型人才，较少从高校办学考虑	1	1		
高职院校相比本科层次高校对分类关注不多，未理清高校分类办学与提高质量的关系	1	1		
高校高层次文化和科技创新不足	2	2	高校内涵式建设不足	
高校人才培养改革力度不够	2	2		
更关注校内发展忽视社会需求	1	1	高校办学与社会需求不相适应	
高校追求实施教育层次带来同质化办学提升没有考虑到社会需求	3	3		
高校专业结构与产业行业不相适应	2	2		
高校人才培养规格与社会需求不相适应，就业市场出现结构性短缺问题	3	4		
市场经济环境下未能有效发挥市场机制的作用	4	5	市场机制在高校办学中作用有限	
市场与政府在高校办学中的关系需要平衡	1	1		
大学排名影响高校办学	2	2	高校层级评价的传统观念误区	
社会对高职地位层级评价影响高职社会声誉与高职实际发展不相一致	1	1		
重点非重点建设高校成为区分高校的层级	4	4		

（一）高等教育制度设计滞后于高校多样化办学实践

根据三级编码的结果，政府、高校、社会等高等教育利益相关者在高等教育资源配置中的地位，影响高等教育系统与政府、社会的关系，以及高等教育系统内部发展，当前缺乏分类的管理制度制约了高等教育系统的多样化发展。

第一，高等教育资源配置的"指挥棒"作用制约高等教育多样化发展。无论是高等教育行政管理者、高校管理者或是高等教育研究专家，都指出当前中国高等学校资源配置的倾斜对高等学校办学产生了直接而深远的影响。中国以政府主导高等教育资源配置，社会在高等教育资源配置中

第四章 中国高等学校分类制度的生成动因

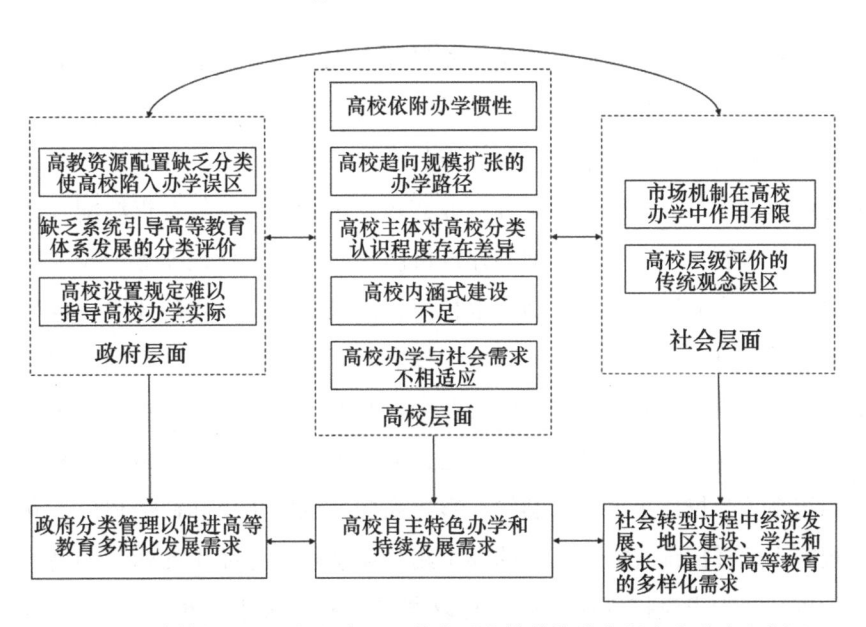

图 4-1 高等教育利益相关者层面的中国高等学校分类制度生成动力来源

的作用有限，因而高等学校办学依附政府政策和政府资源，缺乏竞争，面向社会自主办学能力较弱，难以满足经济社会发展需求。政府以"效率优先、兼顾公平"为原则进行高等教育资源配置，按生均拨款、倾斜重点高校、扶持中西部地区高校的投入导向，缺乏与分类驱动的多元评价相结合。一方面，在社会层面形成高等学校层级观的影响。不少家长期望高等学校升格提升子女受教育层次而不是从职业兴趣的角度考虑子女受教育程度。地方政府等高等教育利益主体也推崇高等学校升格获取更多高等教育资源。另一方面，高等教育资源配置公平性问题在高等教育领域形成了高等学校层级观的传统，成为高等学校引导高等学校办学的指挥棒，并制约高等学校特色办学积极性。首先，高等教育资源向重点高等学校倾斜，这类高等学校一般为办学历史悠久和基础深厚的研究型高校。资源配置对高等学校办学具有"指挥棒"作用，高等学校趋向研究型、综合性建设，以升格、更名大学为办学目标，根据指标和指令办学，缺乏面向社会自主办学能力和办学积极性，追求扩大学科门类和追求学位点数量和层次提升。其次，投入导向的高等教育资源配置与招生规模相关，缺乏结果驱动的反馈调整机制。高等学校为扩大招生规模，广设学科和专业，稀释优势高等教育资源，淡化特色，削弱优势学科和专业建设。应用型高校支撑和引导行业和产业发展动力的来源一般表现为专业，因而一些高等学校升格后面临专业建设困难，难以精准服务行业需求。最后，高等教育资源配置缺乏分类评价机制，单一评价标准和评价机制导向制约了新建高等学校和特色高等学校上升通道，加剧了高等学校盲目追求指标式办学的风险，也带来了高等学校身份固化，制约了高等学校之间开展自由竞争，不利于激发高等学校办学积极性和主动提升面向社会自主办学能力。一些高职院校在支撑和引领行业产业发展已经形成特色，但由于缺乏分类上升通道和来自社会传统高等学校层级评价的制约，影响高职院校的生源和社会地位，高职院校陷入选择传统升格和更名的办学路径或坚持特色品牌的两难困境。高等学校专注于规模扩张而内涵式建设稍显薄弱，人才培养改革进程缓慢，既表现为高层次文化和科技创新不足，也表现为学生的实践能力不强。主轴编码的参考点举例如表4-3所示。

表4-3 "高等教育制度设计滞后于高校多样化办学实践"主轴编码子节点举例

主轴编码	节点名称	参考点举例
高教资源配置机制缺乏分类引导使高校陷入办学误区	高校资源配置在高校间存在差异	我觉得国家在对高校资源配置的时候，还是偏向于研究型大学投入得多而且是对重点大学投入很多。事实上，对这种地方院校，尤其像我们这种以专业特色为主的小学校呢，投入非常少。(24-1-C 207)
	缺乏结果反馈调节的高等教育经费投入机制导致高校盲目扩大招生规模	过去以学生多少拨款，导致很多学校千方百计多招学生，招了以后又不管质量。(6-1-B 543)
	高等教育重点建设项目造成层级差异的深远影响	现在很多社会对他们发展有很多的说法，好像"985"就把这办学水平定好位了，大学不是"985"好像就不是高水平了，不是"211"就不是重点大学了。(23-1-C 195)
	当前激励机制不利于高校人才发展	因为得不着二等奖，这些人才虽然对地方贡献很大，但是评不上国家杰出青年科学基金，这些荣誉都拿不到。(11-1-C 47)
	缺乏良性竞争机制	我觉得竞争是无序的，高职院校设财会专业大概是百分之八十几的学校。行业背景的特色性学校，它的专业设置，它的主观的特色专业的人数，只有占学校20%不到。(8-1-B 577)

续表

主轴编码	节点名称	参考点举例
缺乏系统引导不同高等教育体系发展的分类评价	不同高等教育体系架构不清晰	关键就是本科层次，这个职业教育和普通教育的架构不清楚。（5-2-B 534）
	高等教育新发展阶段，当前存在多种高校分类方法但是无法指导高校特色办学	有的人说，分为研究型、教学研究型、教学型大学，有的人从民办、公办提出分类，这是从学校性质上。还有人从管理体系上，中央和地方，经费渠道来分。这些搁在一块儿，没有一个公认的说比较科学的体系。而且现在这个分类体系对我高等教育未来的发展没有实际的指导和帮助。（5-2-B 535）
	不同类型高校办学缺乏适切上升通道	我们的评价导向有些问题，好像应用型大学是低层次的，要有一些评价的手段，让做得好的应用型的地位和清华北大一样。（13-1-C 62-63）学生读了高职之后便去就业，在本科体系中没有晋升的渠道。即便是专升本，但是专升本概念不一样。学生专升本后，学到的东西反而没有在专科学的内容多。仅仅拿了一个文凭，对于他的技能来讲，没有一点点帮助。（27-1-D 78）
	大一统的评价标准缺乏分类	政策、评价和支持都是按照一个标准来做的。（12-1-C 54）
	高等教育管理中设置、评审、资源配置、评估分类维度不统一	分类维度不统一。教育部宏观教育管理，职能机构划分有交叉。高校设置标准现在是本科与高职的划分。颁发学历的权限，专业设置，职称评审等，目前按照高校层次划分，如"985"、"211"、一般本科等。不是按照本科和高职的划分，而是更详细。资源配置的标准有生均经费、专项经费等，但没有清晰的依据。评估已经注意到分类进行，但是没有系统化的思考与研究，高校的办学目标、定位、任务和人才类型不同。（1-3-A 6）
高校设置规定难以指导高校办学实际	当前高校普遍达到学科门类数量的要求	现在大学校都是三大学科门类全都有。我们鼓励有的学校可以做大，有的可以做精，有小规模的大学，有大规模的大学，不要"一刀切"。（18-1-C 334）
	高校设置更偏重学科，而应用型高校更侧重专业建设	新知识，新技术大量涌现，分化交叉而来，很难用过去的学科定义描述，在那样一个框架指导下，满足不了社会的人才需要。（16-2-C 276）
	当前高校设置标准已经滞后于新设研究型高校的实际特殊需求	不可能让我们现在从专科办起，硕士、博士点办起，很重要的原因可能就是我们学校学生培养的新的定位问题。我们的一些教授都是行业里面相当牛的一些人，他们来了以后需要研究生来支撑。（20-1-C 488）
	当前高校设置标准与地方实际条件不相适应	高等教育产生的基础发生了变化。有的学校它要设置，就像某个中心城市不可能有这么多地。（9-1-B 629）
	国家和地方对新设高校类型需求的认识存在差异	从国家角度，研究型大学还需要设吗？但对地方就有这个需求，就是设置的基础变了。（9-1-B629）

第二，中国高等学校设置相关规定难以指导当前高等学校办学实践，制度设计滞后于高等学校发展需求。高等学校分类制度的提出，既针对当

前中国存量高等学校结构优化，也指向未来中国增量高等学校结构发展形势，高等学校设置规范高等学校新设和调整的标准和程序，因而其制度设计也关系到中国高等学校办学路径选择。对开放式编码的分析可以发现，不少地方政府高等教育行政管理者和各类型层次高等学校管理者认为，高等学校设置标准与高等学校多样化办学探索脱节，滞后于当前高等学校办学实践。一方面，高等学校设置标准的准入门槛存在问题。随着中国高等学校办学条件不断改善，许多高等学校管理者认为当前高等学校普遍达到高等学校设置对学科门类数量的规定，高等学校设置中的学科门类规模标准过低。从学科规模层面制定高等学校设置要求，也与应用型高校更侧重专业群建设的办学路径不相符合。另一方面，高等学校设置标准的适用范围问题。在经济较为发达地区的高等学校管理者从办学成本的角度，认为当前高等学校设置标准与地方实际条件不相适应，例如高等学校设置标准对土地规模的要求。此外，针对当前培养创新型人才的紧迫性，出现了新设研究型高校的设置诉求，然而当前高等学校设置标准要求学科规模的标准和办学积累过程，已经明显滞后于新设研究型高校的实际特殊需求。中央政府和地方政府在新设高等学校的需求方面也存在认识差异，中央政府从整体结构和区域布局出发，地方政府更关注地方需求，需要进一步调和。主轴编码的参考点举例如表4-4所示。

表4-4 "高等教育制度设计滞后于高校多样化办学实践"主轴编码子节点举例（续表1）

主轴编码	节点名称	参考点举例
高校依附办学惯性	高校管理者主要精力用于跑有关部门	精力放在跑有关部门，去争取本来就比较短缺的资源，大家都干这个，那我也得干。(2-1-A 8)
	高校指标式办学	在这种体制下办学者不敢想，完成指标就行了。(9-1-B 633)
	高校按指令办学	每个省办的不一样，拿一个统一的标准，那么每个省市就拼命地往"指挥棒"上面靠。(7-1-B 549)
	面向社会自主办学能力不足	高等学校没有形成社会自筹经费的能力，没有走上自我发展的道路。(10-1-C 42)
	高校缺乏办学积极性	我们现在很多学校出现缺乏积极性这样一些问题。(8-1-B 578) 就学校整体而言，很难说有无足够的内生动力和积极性，特别是对教师来说。(5-1-B 525)

续表

主轴编码	节点名称	参考点举例
高校趋向规模扩张的办学路径	高校按照升格、更名大学、争取学位点规模和层次等传统模式办学	各个学校现在都在往综合型发展，各个学科都在办。（19-1-C 361） 大家都是按照传统的办大学的模式，专科升本科，本科升综合性大学，从有学士学位，拿硕士学位，再拿那个博士点。（8-1-B 575）
	高校广设办学成本较低的学科	办了很多文科，不需要太大的投入，又可以开这个专业。（28-1-D 88）
	普遍设置热门专业	经管类的学生很多，每个学校又都去办这个专业。（7-1-B 564）
	高校升格后面临专业建设困难	升本的新建院校不仅资源数量少，而且结构性的矛盾一样突出，学科专业结构、培养结构、校园布局结构、三类人员的结构、职能部门结构、财政收入结构等都存在问题。（17-1-C 305）
	综合性大学难以精准服务行业需求	地方大学都是综合性的，很难围绕着一个行业去办学。（17-1-C 321）
	应用型高校支撑产业动力在于学科下面的点而非学科面	实际上相关的产业很多的增长点是学科下面的某个点发展起来，我们要鼓励高校抓住点来发展，而不是大的学科面来发展。（16-1-C 274）
高校主体对高校分类认识程度存在差异	重点和非重点是一种分类方法	我们分"985"、"211"、重点大学、普通本科、高职。（28-1-D 84）
	当前存在多种分类方法的内涵、功能、关系比较模糊	高校分类目前按人才培养来讲，要么是研究型的，像"985""211"这种研究型的，还有就是教学研究型的，有的也分研究教学型，这两种实际上总是分不太清楚。（13-1-C 62） 研究型、教学型、研究教学型、教学研究型，现在又加了一个应用型，他们之间什么关系。（12-1-C 59-60）
	认识到高校分类是管理层面的，认为分类之后高校只能培养唯一类型人才，较少从高校办学考虑	分类只是为了管理上的方便，并不是说一定要把它区分得很清楚。如果说清华大学属于学术型学校、研究型学校，它就不应该去搞工程型人才的培养。（32-1-D 130）
	高职院校相比本科层次高校对分类关注不多，未理清高校分类办学与提高质量的关系	其实对分类关注比较多的，应该还是本科以上的高校。高校现在最大的问题是怎样提高教育质量而不是分类。（35-1-D 189）
高校内涵式建设不足	高校高层次文化和科技创新不足	瞄准世界一流的文化教育和科技创新方面做得不够。（1-2-A 4）
	高校人才培养改革力度不够	我们的定位是培养应用型人才，可是我觉得实践环节不够，远远不够。因为应用型人才培养，首先你得了解生产实际，你觉得生产上存在什么问题，怎么带着这些问题去学习。这个方面，现在大学教学体系改革，我认为还是落后的。（11-1-C 49）

第三，高等教育利益相关者对高等学校分类的内涵和功能认识存在差异。不同类型层次高等学校管理者之间对高等学校分类认识存在差异，有的高等学校管理者能够区分分层和分类的不同，但更多高等学校管理者表现为未能甄别真正意义上具有分类指导作用的高等学校分类方法。中央政府高等教育行政管理者与高等学校管理者对高等学校分类的认识也明显不同，认为当前多种高等学校分类方法难以满足分类管理的需求。受传统高等学校层级观的影响，不少高等学校管理者误将重点和非重点高等学校作为高等学校的类型划分。当前存在多种不同方法的高等学校分类，其内涵、功能、关系比较模糊。如按办学性质分为公办和民办高等学校，按主要学科门类划分的方法，根据管理归属的划分方法等。此外，不同类型和层次高等学校管理者对高等学校分类制度的重要性认识程度并不一致。新建本科院校或应用型高校管理者比研究型高校更关注高等学校分类制度对于高等学校办学的影响，高职院校管理者相比本科层次高等学校对分类关注不多。一些高职院校管理者未理清高等学校分类办学与人才培养和办学质量的关系。有的高等学校管理者认为高等学校分类属于管理层面，误认为分类之后高等学校只能培养单一类型人才。主轴编码的参考点举例如表4-5所示。

表4-5 "高等教育制度设计滞后于高校多样化办学实践"主轴编码子节点举例（续表2）

主轴编码	节点名称	参考点举例
高校办学与社会需求不相适应	更关注校内发展忽视社会需求	现在大多数高校都是考虑内部，我有什么人，我觉得什么专业好。没有考虑社会的需求，这个滞后了。（6-1-B 540）
	高校追求实施教育层次带来同质化办学提升没有考虑到社会需求	一些职业院校通过合并也想变成本科。本来是一个职业院校，结果也都想培养创新型人才，也想变成本科，所以造成现在大学生就业难。（11-1-C 46）高校从高校办学资源来考虑，市场的需求、导向的要求肯定考虑得少一点，不断地把自己原来的好老师、好资源这样的专业的招生不断地扩大。（8-1-B 577）
	高校专业结构与产业行业不相适应	大学生就业难与行业企业用工荒的矛盾同时存在，这个问题主要还在产教脱节。（17-1-C 303）
	高校人才培养规格与社会需求不相适应，就业市场出现结构性短缺问题	不管从高职高专，到本科到硕士再到博士，确实需要大量不同类型，不同层次的人才，当前矛盾比较突出的就是应用型、技术型人才，就是直接面临经济社会建设一线的这样的人才显得比较紧缺。（2-1-A 7）

续表

主轴编码	节点名称	参考点举例
市场机制在高校办学中作用有限	市场经济环境下未能有效发挥市场机制的作用	人才培养成什么规格，是面向职业的规格还是掌握知识思维方法的规格，还是培养那种将来做学术的，是学校的自主选择。教育也是一个市场，要遵循市场规律，让市场来说话，它哪怕说我是面向职业的，我培养的是职业领域的职业人才，只要市场认可高校的水平它能够培养博士，那就应该给予自主选择。（29-1-D 93）
	市场与政府在高校办学中的关系需要平衡	在强调政府主导的时候，市场这个手怎么起作用，这里面可能也要平衡好。政府主要起引导作用，高校是主体力量作用。政府可以做规定性的政策、规划，但是学校有一种自主性和选择性，这样可能会比较好地促进关系。（8-1-B 597）
高校层级评价的传统观念误区	大学排名影响高校办学	只要排名以后，就会不自觉地去关注它。然后会想怎么样才能排到前面去。需要出文章，就拼命让人写文章。需要出课题，就拼命让人写课题，然后提高排名。（24-1-C 212） 社会对大学这样评价，大学就会把这些指标分解，用于评价每一位教师，导致这些老师都去追求论文，而不是搞应用研究，因为应用研究的指标不是很好衡量。（11-1-C 47）
	社会对高职地位层级评价影响高职社会声誉与高职实际发展不相一致	整个社会特别是家长对高职的认识可能比较轻视，甚至有些高职人员也看不起高职了，但是我认为我们这两个专业在地区是比较强的，很多本科都是不如我们的。（28-1-D 86-87）
	重点非重点建设高校成为区分高校的层级	用"985"、"211"、本科专科来划线取人、就业用人，这是一种不公平。（31-1-D 122）

（二）高等教育利益相关者在高校特色办学中重塑平衡关系的需求

高等学校分类制度是政府、高等教育系统、社会等利益相关者寻求高等教育多样化发展实现利益平衡的共同需求推动而成的，如表4-6所示。

表 4-6　　中国高等学校分类制度生成动因编码（续表）

开放式编码			主轴编码	选择性编码
节点名称	文本来源	参考点		
当前高校分类体系多样，需要制定具有分类指导功能的高校分类体系	1	1	政府分类管理以促进高等教育多样化发展需求	政府、高等教育系统、社会等利益相关者对高校特色办学产生新要求和新需求，基于主体利益寻求在高校特色办学中的平衡关系
战略层面和政策层面避免对高校办学形成新的抑制行为	1	1		
引导存量和增量高校特色办学	1	1		
从国家层面建立统一领导制定基本标准保证高校整体办学	3	3		
政府转变职能要求加强宏观管理，分类指导，简政放权	1	1		
政府希望通过拨款机制、学科评估等政策引导高校科学定位，提高办学质量	1	2		
政府宏观调控和市场机制共同发挥作用	1	1		
地方探索扶持高校特色方向	1	1		
高等教育大众化阶段的高等教育理论和实践发展	3	3	高校自主特色办学和持续发展需求	
高校设置的外部环境变化较大，高校设置的相关标准和配套也应相应调整	4	4		
社会评价反馈于高校设置	1	1		
高校主动适应市场需求自发探索特色办学	7	7		
分类评价、分级管理、自主办学是当前高等教育制度走向；现有的本科教学工作审核评估体现分类思想和政府简政放权的分级管理，2011计划理念等鼓励高校自主特色办学	1	2		
相比于高校分类体系的类型划分，更关注高校分类中的结果导向的评价	9	9		
从制度层面，建立多元评价体系，畅通不同类型高校上升通道	6	7		
高等教育领域对高校类型有一定共识，建设应用型高校具有重要性和独特性	4	4		
调整政府和高校关系，高校在分类管理中要求自主性和选择权	3	4		
地方产业转型升级加快社会分工，产业分级形成专门人才需求	2	2	社会转型过程中经济发展、地区建设、学生和家长、雇主对高等教育的多样化需求	
地区经济结构对高校多样化和人才结构多样化需求	1	1		
工业化建设对技术类人才和应用型人才的需求	2	2		
信息社会发展，新职业不断出现，传统职业被取代	1	1		
高校类型定位为企业用人和家长学生提供多样化选择	1	1		
学生学习的需求具有多样性	2	2		

第一，政府高等教育行政管理者从高等教育管理制度层面要求加强简政放权，对高等学校进行分类管理，引导高等学校特色办学，优化高等教育结构，全面提高高等教育质量，因此形成高等学校分类制度设计的新需求。虽然当前中国高等学校分类体系较为多样，既有基于办学性质、主要学科门类的高等学校类型划分，也有基于实施教育层次的划分，具有普遍性是以研究和教学职能的类型划分。但是从高等学校分类管理的目的来看，以上高等学校分类方法都难以实现分类管理的目的，也缺乏系统设计相应的配套措施。因此，需要系统进行具有分类指导功能的高等学校分类制度的顶层设计，从国家层面建立统一领导，制定基本标准保证高等学校整体办学。以引导存量和增量高等学校特色办学的高等学校分类体系为突破口，以政府优化职能促进分类指导为契机，协调好政府宏观调控和市场机制使之共同发挥作用，完善分类管理和分类评价配套措施。支持地方政府扶持地方高等学校特色方向，也要避免对高等学校办学带来新的抑制行为。主轴编码的参考点举例如表4-7所示。

表4-7　　"高等教育利益相关者在高校特色办学中重塑平衡关系的需求"主轴编码子节点举例

主轴编码	节点名称	参考点举例
政府分类管理以促进高等教育多样化发展的需求	当前高校分类体系多样，需要制定具有分类指导功能的高校分类体系	需要引导高校办出特色，面向社会依法自主办学，办出活力，一定要对高校有指导作用。(5-2-B 532)
	战略层面和政策层面避免对高校办学形成新的抑制行为	战略层面要大量培育应用型大学，但政策上怎么来做应该有所区别。有些是战略层面的，战略层面比如宏观、导向性的。政策层面有些可能要考虑到更多的这种类型。(9-1-B 638)
	引导存量和增量高校特色办学	这个分类体系建立起来后可能不仅仅是对增量的作用，希望引导各种类型的学校有哪几类学校，然后它的核心特点和指标有哪些，这些东西找出来以后，与现有高校可以结合，所存在的各种类型学校的特点，进一步明确学校的定位、各安其位、发展特色，结合经济社会发展的需要和学校现有优势进行自愿的选择。(5-2-B 527)
	从国家层面建立统一领导制定基本标准保障高校整体办学	国家进一步加强全国的统筹，全国总量可以就行。(6-1-B 542)

续表

主轴编码	节点名称	参考点举例
政府分类管理以促进高等教育多样化发展的需求	政府转变职能要求加强宏观管理，分类指导，简政放权	从政府管理角度讲，现在政府在转变职能，很重要的一点就是加强宏观管理、分类指导、简政放权。要实现宏观管理要分类指导，首先类型要搞清。(2-1-A 8)
	政府希望通过拨款机制、学科评估等政策引导高校科学定位，提高办学质量	政府通过拨款的机制调整，可以起到一个导向，另外信息服务、监督和评价。从信息服务的角度来讲，比如公布就业信息、各学校毕业信息。(2-1-A 10)
	政府宏观调控和市场机制共同发挥作用	适当形成一个大学能够得到各方面支持的这样一个友好有利的格局。应该让市场去发挥作用。在这个过程当中你省级政府该支持的应该支持，宏观调控，我市政府应该支持，反而得到很好的平衡。(9-1-B 639)
	地方探索扶持高校特色方向	以扶植特色方向为目标，不是扶植一级学科点的概念，现在投入的主导权给学校。学校可以定个目标我拿你的目标来考核你。(7-1-B 563)

第二，随着高等教育办学的外部环境和内部基础的不断发展，一些高等学校自发形成多样办学形态，既需要也愈发认识到面向社会需求自主办学的重要性，要改变指令式和指标式办学的办学惯性和获得名实相符的社会评价，需要与之相适应的分类设置、管理和评价的制度支持。一方面，随着高等教育与社会的联系日益紧密，高等教育入学规模和类型日趋多元，高等教育的办学理念和实践探索也日益多样化。高等教育领域对高等学校类型有一定共识，认为建设应用型高校具有重要国家和社会意义。高等学校主体希望所选择的办学定位都有与之适应的上升通道。另一方面，中国系列高等教育法律政策不断深化高等学校特色办学的目标指向，如分类评估普通高等学校本科教学工作，分别面向科学、文化、行业和区域创新的"2011计划"。因此，分类设置、管理和评价成为高等教育制度的未来走向。结果导向的分类评价制度反馈于高等学校分类制度，更加有利于引导高等学校特色办学。高等学校主体也希望在全面深化高等教育改革过程中优化府学关系，在分类管理中要求获得更多办学自主权，表现为面向社会自主办学的积极性和主动性。主轴编码的参考点举例如表4-8所示。

表 4-8　"高等教育利益相关者在高校特色办学中重塑平衡关系的需求"主轴编码子节点举例（续表1）

主轴编码	节点名称	参考点举例
高校自主特色办学和持续发展需求	高等教育大众化阶段的高等教育理论和实践发展	随着高等教育理论和实践的发展，这种分类应该是越来越细，越来越多元化。(1-2-A 4)
	高校设置的外部环境变化较大，高校设置的相关标准和配套也应相应调整	归根是先改革还是先立法的问题，院校设置涉及应用规章。如果是国务院的行政规章，那很多相配套要改，不改的话没法工作。这个问题最核心的就是环境发生很大的变化。(21-1-C 502)
	社会评价反馈于高校设置	人才培养成什么规格，是面向职业的规格还是以掌握知识思维方法的规格，还是培养那种将来做学术的，是学校的自主选择。教育也是一个市场，要遵循市场规律，让市场来说话，它哪怕说我是面向职业的，我培养的是职业领域的职业人才，只要市场认可高校的水平他能够培养博士，那就应该给予自主选择。(29-1-D 93)
	高校主动适应市场需求自发探索特色办学	本来大家走的都是学术性，但是我们走的是建设创业型大学的路。(26-1-C 254)
	分类评价、分级管理、自主办学是当前高等教育制度走向：现有的本科教学工作审核评估体现分类思想和政府简政放权的分级管理，2011计划理念等鼓励高校自主特色办学	本科教学工作评估两类评估是不同的，但是都是监控学校本科办学的质量。审核评估还体现了两点，第一就是分类评价，第二就是分级管理，就是放权。(2-1-A 16-17)
	相比于高校分类体系的类型划分，更关注高校分类中的结果导向的评价	不管以后大局怎么分类，最重要的是学校以后培养的学生有多优秀，它的内在质量是最重要的。(20-1-C 489)
	从制度层面，建立多元评价体系，畅通不同类型高校上升通道	高等职业教育和本科教育可以打通，还有本科教育是不是可以分类指导，一定要让各个学校有自己的上升空间。(16-1-C 275) 一套这样的体系，比如说应用型人才有专科、本科、硕士、博士的学历学位体系。(13-1-C 62)
	高等教育领域对高校类型有一定共识，建设应用型高校具有重要性和独特性	应用型在全国已经掀起来了这么一个不管叫什么名字不能说都有共识至少有一部分学校是有共识了。还有一类心里有点数，就是咱们所谓的传统的，传统的那一类也是需要的。(17-1-C 314)
	调整政府和高校关系，高校在分类管理中要求自主性和选择权	学校自主办学以后，校长会考虑怎么发展。政府还是要有个框，但是学校有一定发展空间，这个可能是有创造性的。(3-1-A 26-27)

第三，社会快速发展形成高等学校办学多样化的新需求。经济社会发展是影响高等学校办学理念和办学实践的关键要素。一方面，经济社会转型发展和产业升级加快社会分工，新兴技术发展推动新产业和新职业形

成,产生专门人才需求和多规格人才需求,特别是现代工业化建设对创新型、复合型、技术技能类人才形成广泛需求;另一方面,随着人们生活水平不断提高,接受教育群体更加多元,对教育的需求也更加多样性,对教育质量的要求逐步提高,家长和学生希望获得多样化的高等教育选择机会和上升机会。主轴编码的参考点举例如表4-9所示。

表4-9　　"高等教育利益相关者在高校特色办学中重塑平衡关系的需求"主轴编码子节点举例(续表2)

主轴编码	节点名称	参考点举例
社会转型过程中经济发展、地区建设、学生和家长、雇主对高等教育的多样化需求	地方产业转型升级加快社会分工,产业分级形成专门人才需求	社会分工越来越细,产业转型升级,从劳动密集型向这个技术技能型再向高技术,已经形成这样一个产业分级的一个层级。产业分级,人的社会分工必然就细了,在一个程序里面只能做一段,在一个功能里面只能做一项,不可能每个人都是全才。(8-1-B 575)
	地区经济结构对高校多样化和人才结构多样化需求	形成的经济结构有活力,因此这样的结构也决定了高等教育需要多样化,长期以来形成了社会需要的多样化的层次结构。(9-1-B 625)
	工业化建设对技术类人才和应用型人才的需求	人才培养的类型必须适应这个国民经济的发展。国家目前处于工业化,怎么样来培养应用型人才,特别是面向工业化的应用型人才,非常重要。培养大批具有一定劳动技能或者掌握一定应用技能的这批人。(13-1-C 62)
	信息社会发展,新职业不断出现,传统职业被取代	现代化信息社会的发展,不停地涌现很多新职业,原来有一些传统职业可能会消失。(1-2-A 5)
	高校类型定位为企业用人和家长学生提供多样化选择	从社会的角度来讲,了解大学类型后,将来比如企业用人、考生和家长的报考,对于什么是适合学生的特长、兴趣,也起到一个非常重要的指导作用。(2-1-A 8)
	学生学习的需求具有多样性	来自农村的学生到学校来读书,就是为了今后的技能,我们学校百分之九十几都是这类,如果我们不分类,都朝着一路走,这对高等教育、对我们学校来说绝对是不合适的,而且是解决不了问题的。(18-1-C 333)

第三节　高等学校分类制度供需矛盾的问题表征

　　缺乏系统引导高等学校特色办学的高等教育制度,高等教育利益相关者之间权力关系处于失衡状态也反映在高等学校办学路径选择和人才培养实践方面。由于国家教育行政力量的主导地位较强、市场机制在高等学校办学中的作用有限、高等学校面向社会自主办学能力不足，高等学校办学存在指标式办学传统路径和探索特色办学路径的两极化现象。此外，受此影响，当前中国高等学校人才培养目标和人才培养结构的同质性较强。

一　高等学校办学出现两极化困境

当前，中国高等学校办学陷入一种矛盾状态。一方面，高等教育资源导向下形成指标式办学路径依赖；另一方面，高等学校特色办学的理念和实践悄然萌生亟待系统引导。由于指标式办学制约了高等学校面向社会自主办学能力发展，高等学校产生了指标式办学目标的资源依赖的惯习，即使高等学校已经产生了特色办学的理念，也因为资源依赖惯习而难以从指标式的办学趋向调整转向深入未知的、长期的、艰难的，甚至在短期内难以实现办学效能的特色办学实践探索。究其原因，在中国高等教育管理体制背景下，国家统一领导高等学校办学、地方政府在国家宏观调控下统筹管理地方高等教育发展，从国家到地方层面缺乏系统的制度保障高等学校进行有益的特色办学实践探索，是高等学校陷入当前矛盾状态的根源。

（一）高等学校陷入指标式办学的路径依赖

当前，中国高等教育发展战略从外延式增长转向内涵式发展，全面提高高等教育质量，建设高等教育强国。但是长期以来，精英化的学术评价方式和等级次序浓厚的社会传统观念，制约了高等学校集中优势资源进行内涵式建设，高等学校趋向综合性和研究型办学标准的发展路径。

1. 高等学校趋向综合性的指标式办学路径依赖

以学术标准衡量高等学校办学水平高低和资源配置方式的高等教育分层投入方式，导致高等学校趋向于广设学科，通过增加学科门类扩大办学规模，建设综合性院校。开展专科层次教育职业院校倾向于升格成为本科院校以扩大生源和获得更多办学经费。从社会传统观念，从层级而非规模的角度曲解大学和学院，学院希望通过更名大学，逐步提高其社会影响力，吸引优质生源、获得优质高等教育资源。

从表 4-10 的数据分布可以发现，2011—2019 年中国普通高等学校顺利更名和升格的数量受到不同时期高等教育政策影响，具有波动性。其中，2011—2019 年中国普通高等学校更名大学数量为 76 所，升格高等学校为 119 所。此外，2019 年是实行本科层次职业教育试点的元年，21 所高等职业院校顺利通过教育部批准探索建设职业教育的本科院校，也可以将之计入升格高等学校行列之中，则 2011—2019 年中国高等职业院校升格为本科院校数量共有 140 所。

虽然从教育部批准更名或升格的高等学校数量被控制在一定范围之内，但是在高等教育办学实践过程中，不少高等学校热衷于把学院更名为大学、升格作为高等学校中短期发展战略规划。高等学校通过学院更名大学，发展成为多科性院校，学科门类数量呈现综合性趋势，一些地方高等学校本就有限的高等教育资源在学科规模的扩张中不断被稀释，特色学科的发展势头容易受高等学校整体沉重的学科建制制约而被削弱。高等职业院校通过升格，从开展专科教育逐步过渡到本科教育，脱去职业教育的外衣，撼动了积淀下来的办学基础和办学优势。无论是学院更名大学，或是院校升格现象，不乏来自外部经济社会发展需求和地区建设需求的合理性诉求。从高等教育质量的角度来看，更名或升格实质上反映了高等学校办学的质量提升，因为只有达到一定的设置标准才能获得批准，顺利实现更名或办学层次调整。然而，不少高等学校把更名或升格作为高等学校发展战略规划的阶段性目标，这种寻求外部声誉地位的工具化策略驱动高等学校建设，迎合设置标准的数字化规定做出高等学校办学的系列决策，通过碎片化的指标搭建高等学校而不是基于高等学校内在发展需求进行系统办学。指标化管理容易导致高等学校办学的急功近利，浮于形式，缺乏办学根基，难以彰显高等学校特色，从根本上制约高等学校内涵式发展。

表 4-10　　2011—2019 年中国高等学校更名和升格受高等教育政策影响发生波动

高校调整形式	2011年		2012年		2013年		2014年		2015年		2016年		2017年		2018年		2019年	
	本	专	本	专	本	专	本	专	本	专	本	专	本	专	本	专	本	专
A. 直接更名	6	14	14	14	21	11	5	18	11	6	15	4	1	10	18	2	5	3
a. 更名大学	0			9		20		1			10	15		1		16	4	
b. 更名学院	6	14	5	14	1	11	4	18	1	6	0	4	0	10	2	2	1	3
B. 合并更名	1	1	2	1	1	0	3	0	1	0	1	1	0	0	0	0	0	2
C. 升格	22	—	16		21		27		15		15		2		21			—

数据来源：中华人民共和国教育部发展规划司：政策文件公示栏（2011—2019 年）。

2. 高等学校趋向研究型的指标式办学路径依赖

中国高等学校实际资源配置的差异性是高等学校分类制度的事实基础，然而研究型定位成为相对一致的办学趋向，从高等学校科技经费投入占比可见一斑。选择能反映高等学校社会职能的指标作为测量高等学校基本特征的维度，通过 K-Means 分类算法，通过重复模拟出高等学校簇的个数 K，使得建立的高等学校簇中所有代表高等学校的点离高等学校簇的质心最近，即高等学校簇中的所有点离高等学校簇的中心点最近。从统计学概念上来讲，也就是寻找平方误差和（SSE）的最小值。高等学校的教育事业费是国家用于高等教育事业的经常性费用支出，根据《2016 年政府收支分类科目》对教育事业费的内容规定，主要用于教育管理事务、留学教育、教师进修和培训等支出。财政性教育经费是中国高等教育经费的重要组成部分，且中国财政性经费投入具有效率导向，一定程度上能反映高等学校教育水平。硕士研究生人数占学生总数比例是高等学校实施教育层次和教学能力的衡量指标。由于学术论文数量与高等学校实施教育层次相关，高等学校实施教育层次越高，研究生数量比例越大，则学术论文产量越大。因此，将学术论文数量也归入反映高等学校教育水平的维度上。科技经费投入比例则代表高等学校科研投入情况。技术转让当年实际收入能反映高等学校学术成果应用于社会服务的情况。

首先，对180所本科高等学校的教育事业费拨款、硕士研究生占学生总数比例、学术论文数量、科技经费占总投入比例（科技经费投入比例=科技经费/总投入）、技术转让当年实际收入进行标准化。其次，使用因子分析，检验以上五个标准化变量的结构效度。旋转因子负荷矩阵采用主轴因子、极大方差法（Varimax）分析后得出，取样适切性量数 KMO 值为 0.765（大于 0.7 的最低要求），Bartlett 球形检验 χ^2 为 335.903，$p<0.001$，达到显著，以上变量适合进行因子分析。旋转后三个因子的特征值分别为 2.142、1.183、1.020，三个因子解释五个项目 86.914%（大于 50% 的最低要求）的变异量，因子分析结果如表 4-11 所示。最后，采用内部一致性系数（Cronbach's α）检验其信度，Cronbach's α 系数值为 0.793（大于 0.7），信度在可接受的范围内。

表 4-11　　因子负荷旋转矩阵分析

项目	因子 F1	因子 F2	因子 F3
教育事业费拨款	0.922		
学术论文数量	0.798		
硕士研究生占学生总数比例	0.746		
科技经费投入比例		0.924	
技术转让当年实际收入			0.986
特征值	2.142	1.183	1.020
解释变异量（%）	42.844	23.664	20.406
累积解释变异量（%）	42.844	66.508	86.914

因子分析之后，以教育事业费拨款、硕士、博士研究生占学生总数比例、学术论文数量、高等学校科技经费占总投入比例（科技经费投入占比=科技经费/总投入）、技术转让当年实际收入为变量，对高等学校进行 K-means 聚类，可以形成中国高等学校发展的集聚情况。K 值采用 2，是基于对高等教育管理者和高等学校管理者以及高等教育研究者的专家访谈之

后，认为当前中国本科高等学校呈现较为明显的两类形态。对 180 所本科高等学校的数据进行 K-means 聚类分析发现，第一个聚类的高等学校数量为 44 所，第二个聚类的高等学校数量为 136 所。采用教育事业费拨款和科技经费投入比例两个维度，绘制 180 所高等学校为代表的中国本科高等学校散点图，如图 4-2 所示。

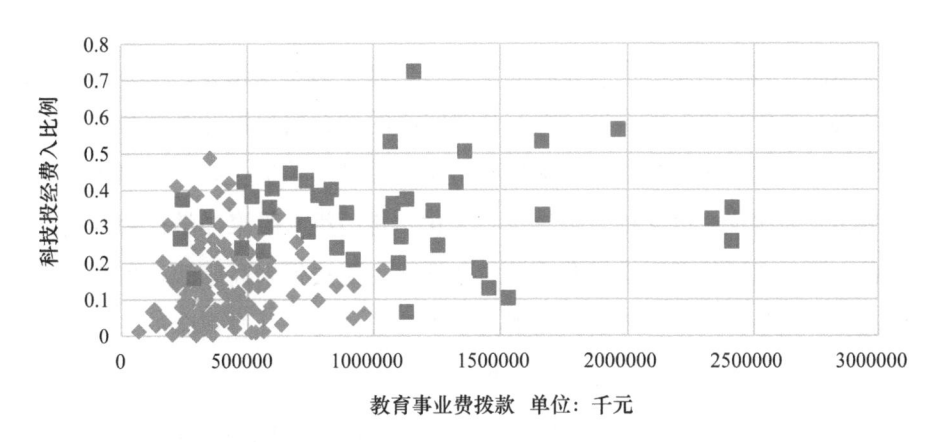

图 4-2 中国部分高等学校科技经费—教育事业费二维散点图

从中国高等学校教育事业费和科技经费投入数据可以发现，中国高等学校之间的资源积累存在较大差异，说明高等学校差异化办学的必要性，但两种不同聚类结果的高等学校群组中，都有不少高等学校的科技经费投入处于高位。一方面，根据散点图的两类高等学校分布情况，可以发现中国高等学校的科技经费投入比例和教育事业费等资源投入具有较大差异，说明要素禀赋条件下高等学校应有不同的办学路径，才能物尽其用，为高等学校分类特色办学提供了事实依据；另一方面，高等学校趋向研究型办学路径的现象也通过这一高等学校基础数据的聚类分析得到了印证。通过进一步对比科技经费投入比例，教育事业费拨款较低的一类高等学校中也有不少高等学校的科技经费投入占比与另一类教育事业费拨款和科技经费投入占比相对处于高位的高等学校类型旗鼓相当，甚至出现了超越现象。

(二) 高等学校分类办学意识萌芽亟待系统引导

高等学校管理者对高等学校分类制度的功能认知不清晰，一方面，有些管理者尚未形成面向高等学校设置的高等学校分类思想，现实中基于不同角度的多种高等学校分类方法相互交织、充满困惑；另一方面，一些管理者已经形成面向设置的高等学校分类意识仍面临类型选择模糊的困境。由于缺乏明确的高等学校分类体系标准，加上研究型高等学校建设路径依赖的高等教育办学传统，有些高等学校定位在研究型和应用型间的模糊地带。

从高等教育高质量发展和高等学校特色办学的角度来看，一方面，高等学校存在质量提升即学科门类齐全或实施的教育层次提升等规模扩张的错误认知，或者误认为规模扩张是办学质量提升的前提。办学质量提升可以从多方面实现，以优势学科为核心优化学科门类，凝聚办学优势和突出特色。寻求通过拓展规模提升质量的办学路径无法带来高等学校可持续发展和提升竞争力。另一方面，受精英学术评价和传统社会观念的影响，当前高等学校办学实践中以外部数字化指标作为办学目标，追求规模效益忽视内涵建设，追求通过办学层次变更提高社会声誉和资源配置。来自高等学校内部的办学理念和外部评价的制约，使得高等学校特色办学实践陷入困境。

要破解高等教育盲从指标化办学的局面，需要站在高等学校主体立场，扭转高等学校办学理念误区，认识到当前高等教育实践中存在以高等学校设置标准作为高等学校质量建设指挥棒，以及高等学校评价方式和资源配置方式对高等学校办学的导向性过强等问题。亟需立足高等教育整体发展局势，引导中国高等学校自主意识到办学路径的多元，发挥主观能动性，坚持特色化办学。高等学校分类制度正是在高等教育办学实践的困境中逐步形成的自主调适的制度设计。高等学校分类制度以高等学校分类体系为起点，奠定高等学校分类办学的多样路径，以高等学校分类体系为依托，将高等学校分类发展的理念融入高等学校设置、高等学校管理、高等学校评价之中，通过高等学校分类体系、高等学校分类设置、高等学校分类管理、高等学校分类评价的整体构建，实现中国高等学校多样化的办学实践，形成办学特色，从而真正实现高等教育高质量发展。

二 高等学校人才培养同质化困境

高等学校面临人才培养同质化的困境，表现为高等学校人才培养目标同质化和高等学校毕业生结构持续单一现象。高等学校人才培养同质化问题是高等学校人才培养定位未能体现专业特色和面向社会需求程度不足的表现。

（一）高等学校人才培养目标出现同质化

以人才培养为着力点，全面深化高等学校改革是高等学校分类办学实践的重要路径。当前中国高等学校人才培养目标同质化对中国高等学校分类办学实现特色发展形成一定挑战。

高等学校分类办学最终指向人才培养质量。人才培养过程是检验高等学校分类办学定位具体实施的重要标志。专业人才培养目标指向高等学校办学定位和专门人才培养类型，引领人才培养全过程，蕴含高等学校人才培养的价值追求，既反映专业面向社会需求的主动选择，也体现高等学校办学的根本使命。中国本科专业人才培养目标具有时代性，是中国教育方针和教育目的指导下的专业要培养什么样的人、如何培养的要求。专业人才培养目标是人才培养目标达成度的重要参照标准。采用方便取样原则，选择26所高等学校的本科专业人才培养目标进行文本分析。通过困惑度和相似度比较，发现中国高等学校本科专业的人才培养目标具有一定的同质性。如表4-12所示，根据地区对26所高等学校进行次序编号，并从26所高等学校官方网站中获得该校的办学定位或建设目标。

表4-12　　　　　　　　中国部分高等学校办学定位

高校名称编号	所在地区	自我办学定位或建设目标
BJ-1	北京	专门领域的一流大学
SH-1	上海	综合性研究型大学
SH-2	上海	综合性研究型大学
JL-1	吉林	专门领域的高水平大学

续表

高校名称编号	所在地区	自我办学定位或建设目标
XJ-1	新疆	应用型大学
HN-1	河南	综合性研究型大学
HN-2	河南	应用型民办大学
SD-1	山东	研究型大学
SD-2	山东	专门领域的综合性大学
SD-3	山东	应用型地方特色名校
SD-4	山东	教学研究型大学
SD-5	山东	研究型综合性大学
JS-1	江苏	研究型大学
SC-1	四川	研究型大学
SC-2	四川	专门领域的研究型大学
SC-3	四川	多科性研究型大学
ZJ-1	浙江	综合性研究型大学
ZJ-2	浙江	教学研究型大学
JX-1	江西	地方性医科大学
JX-2	江西	专门领域的大学
GD-1	广东	研究型大学
GD-2	广东	高水平大学
GD-3	广东	高水平综合性大学
GD-4	广东	高水平综合性大学
FJ-1	福建	专门领域优势和多科性大学
FJ-2	福建	应用型高校

编号说明："-"前的英文字母代表省份,"-"后的数字代表同一省份中不同高校的顺序。

1. 本科专业人才培养目标的词频分析

考虑到高等学校不同专业的人才培养目标的可比较性和代表性,选择26所高等学校中汉语言文学、法学、数学与应用数学、计算机科学与技术等4个代表性的人文学科、社会科学、理学、工学本科专业,对135条专业人才培养目标文本进行词频分析,如表4-13所示。

表4-13　中国部分高等学校汉语言文学、法学、数学与应用数学、
计算机科学与技术专业人才培养目标词频分析

关键词	知识	专业	能力	理论	从事	工作	创新	应用	技能	素质
频次	94	91	85	80	75	74	53	52	49	46
关键词	研究	社会	方法	问题	实践	应用型	复合型	素养	实际	学科
频次	45	44	43	40	37	36	35	35	34	26
关键词	科研	职业	国际							
频次	25	22	21							

专业人才培养目标蕴含社会本位与个人本位，学科导向和问题导向，理论导向和实践导向的博弈。高等学校专业培养目标的构成要素主要为知识、能力、素养、人才类型、就业面向。专业人才培养目标的知识一般指学科的专业知识。能力一般是从事专业相关工作所需要的专业能力和通用能力、思维方式。素养包括人文素养、社会责任感等。人才类型主要表述为复合型、应用型、创新型、高素质等。通过分析发现，专业人才培养目标具有明显的社会本位导向、问题导向和实践导向，但也存在将教学和科研置于同等重要地位导致人才培养目标指向不明确，应用型和复合型人才的内涵混用并用导致人才培养定位不清等问题。

2. 本科专业人才培养目标的困惑度分析

信息论中一般使用困惑度来衡量一个概率分布或概率模型预测样本的好坏程度。当困惑度越高，表示模型越难以预测样本，则表示样本与模型的差异性较大，样本同质性小。本研究采用语言模型（language model）上的困惑度衡量一则文本在语言上与总体情况的差异程度。困惑度计算公式如下：

$$PPL(x_{0:N}) = 2^{-\frac{1}{N}\sum_i \log_2 p(x_i|x_{0:i-1})}$$

采用srilm工具，[①] 在全部培养目标文本上训练字级别5-gram语言

[①] SRI International, "Technologies for License", http://www.speech.sri.com/projects/srilm/.

模型，[①] 在每一则培养目标文本上分别计算该语言模型的困惑度。

困惑度越高，表示一则文本在语言上与总体情况的差异度越大。专业人才培养目标的困惑度数值越大，表明专业人才培养目标与26所高等学校整体专业人才培养目标的差异越大，该专业与本所高等学校其他专业或者其他高等学校同一专业人才培养目标的同质性较小。

根据对26所高等学校共1628个专业的困惑度结果的比较分析，发现编号SD-3高等学校市场营销专业的困惑度最低，为1.73；编号SH-2高等学校汉语言专业（基地）专业人才培养目标的困惑度最高，为39.70。

采用spss对1628个专业的困惑度结果进行聚类，可以将26所高等学校1628个专业的困惑度分成低困惑度、中等困惑度、高困惑度三种组别。其中，低困惑度的聚类中心为3.85，有1295个专业困惑度位于低困惑度组；中等困惑度的聚类中心为8.43，有327个专业困惑度位于中等困惑度组；高困惑度组的聚类中心为27.01，仅有6个专业困惑度位于高困惑度组。通过以上聚类结果的分析可以得出，26所高等学校本科专业人才培养目标作为总体模型，26所高等学校本科专业任一专业与总体模型的差异程度集中于低困惑度组，即表明26所高等学校的本科专业人才培养目标同质性较强。

3. 各高等学校同一专业人才培养目标的相似度分析

采用F测度（F-measure或F1-score）来计算两个集合 s_1 和 s_2 之间的相似度，公式如下：

$$f = \frac{2 \times \text{size}(s_1 \cap s_2)}{\text{size}(s_1) + \text{size}(s_2)}$$

给定两个句子 S_1 和 S_2，我们分别统计字级别1-gram到5-gram五对集合，五对集合分别计算相似度，五个相似度求和平均得到两个句子的相似度：

[①] Chen S F, Goodman J T., "An Empirical Study of Smoothing Techniques for Language Modeling", Proceedings of ACL, 1996, pp.310-318.

$$\text{similarity}(S_1, S_2) = \frac{1}{5}\sum_{n=1}^{5} f_n$$

选择汉语言文学、法学、数学与应用数学、计算机科学与技术专业等高等学校普遍设置的人文、社科、理科和工学专业共 4 个专业为代表，通过这 4 个专业相似度分析反观不同高等学校所设置的同一专业的人才培养目标相似度情况。相似度低不一定表明专业人才培养目标的特色较强，相似度高不代表专业人才培养目标特色性不足，但是总体相似度情况较高则说明不同高等学校之间同一专业的人才培养目标同质性较强。

第一，汉语言文学专业人才培养目标的相似度分析。26 所高等学校中，有 13 所高等学校设置了汉语言文学专业，其中 5 所为重点建设大学，8 所为非重点建设大学。

编号 ZJ-1 高校、编号 HN-1 高校、编号 SD-2 高校、编号 FJ-2 高校、编号 SH-1 高校的相似度都超过 30%。编号 ZJ-1 高校与编号 HN-1 高校汉语言文学专业相似度为 37.11%，编号 ZJ-1 高校与编号 SD-2 高校汉语言文学专业相似度为 35.61%，编号 ZJ-1 高校与编号 FJ-2 高校汉语言文学专业相似度为 31.72%，编号 ZJ-1 高校与编号 SH-1 高校汉语言文学专业相似度为 31.10%，编号 SD-2 高校与编号 ZJ-1 高校汉语言文学专业相似度为 35.61%，编号 SD-2 高校与编号 ZJ-2 高校汉语言文学专业相似度为 31.65%。

编号 FJ-2 高校与其他高校汉语言文学专业人才培养目标的相似度都在 10% 以上。编号 SH-1 高校、编号 JS-1 高校与其他高校汉语言文学专业人才目标相似度在 10% 以上的高校数量也超过 10 所。编号 GD-3 高校与其他高校汉语言文学专业人才培养目标相似度为 13 所高校中最低水平。

第二，法学专业人才培养目标的相似度分析。26 所高等学校中，有 22 所高等学校设置了法学专业，其中 8 所为重点建设高校，14 所为非重点建设高校，分析这 22 所高校法学专业人才培养目标的相似度。

对法学专业人才培养目标进行分析，发现编号 SD-4 高校与其他高等学校的专业相似度相对较高，且与编号 SD-4 高校相似度高的高等学校数量最多。编号 SD-4 高校与编号 FJ-1 高校法学专业相似度为 57.48%，编号 SD-4 高校与编号 FJ-1 高校法学专业相似度为 57.48%，编号 SD-4 高校与编号 JS-1 高校法学专业相似度为 47.06%，编号 SD-4 高校与编号 SH-1 高校法学专业相似度为 44.10%，编号 SD-4 高校与编号 SC-1 高校法学专业相似度为 37.12%。

编号 FJ-1 高校与编号 JS-1 高校法学专业相似度为 38.81%，编号 FJ-1 高校与编号 SH-1 高校法学专业相似度为 35.04%。编号 JS-1 高校与编号 SH-1 高校法学专业相似度为 36.07%。编号 FJ-1 高校与编号 SC-1 高校法学专业相似度为 31.59%。

编号 SH-2 高校除与编号 GD-4 高校法学专业相似度为 15.27%之外，与其他高校法学专业的相似度均为最低，且低于 10%。但是通过对文本的再次检查，发现编号 SH-2 高校与其他高校法学专业相似度低的原因在于编号 SH-2 高校法学专业人才培养目标字数较少。

第三，数学与应用数学专业人才培养目标的相似度分析。26 所高等学校中，15 所高等学校设置数学与应用数学专业，其中 6 所为重点建设高校，9 所为非重点建设高校，分析这 15 所高等学校数学与应用数学专业人才培养目标的相似度。

编号 HN-1 高校与编号 SH-1 高校、编号 JS-1 高校、编号 ZJ-1 高校、编号 JS-1 高校数学与应用数学专业的相似度都超过 40%。其中，编号 HN-1 高校与编号 SH-1 高校数学与应用数学专业相似度为 66.29%，编号 HN-1 高校与编号 ZJ-1 高校数学与应用数学专业相似度为 57.89%，编号 HN-1 高校与编号 JS-1 高校数学与应用数学专业相似度为 54.26%。编号 ZJ-1 高校与编号 SH-1 高校数学与应用数学专业相似度最高，为 77.99%。编号 ZJ-1 高校数学与应用数学专业与编号 JS-1 高校的相似度为 42.74%。编号 JS-1 高校与编号 SH-1 高校数学与应用数学专业的相似度为 42.54%。编号 GD-1 高校数学与应用数学专业与其他高等学校相似度相对较低，与其他 11 所高等学校专业相似度都低于 10%。

第四，计算机科学与技术专业人才培养目标的相似度分析。26所高等学校中，21所高校设置计算机科学与技术专业，其中重点建设高校为6所，非重点建设高校为15所，分析这21所高等学校计算机科学与技术专业人才培养目标的相似度。

编号ZJ-1高校与编号HN-1高校计算机科学与技术专业人才培养目标的相似度为73.21%，与编号SD-2高校计算机科学与技术专业人才培养目标的相似度为68.63%，与编号HN-2高校计算机科学与计算专业人才培养目标的相似度为40.24%，与编号GD-4高校计算机科学与技术专业人才培养目标的相似度为32.48%。

编号SH-2高校与其他高等学校计算机科学与技术专业人才培养目标的相似度相对较低，通过对文本的再次检查，发现编号SH-2高校与其他高等学校计算机科学与技术专业相似度低的原因在于编号SH-2高校计算机科学与技术专业人才培养目标字数较少。

（二）高等学校毕业生结构持续单一现象

通过对中国近几年来高等学校人才培养的学科和专业结构分布情况进行分析，发现中国高等学校毕业生结构变化相对稳定。《国家中长期人才发展规划纲要（2010—2020年）》提出，到2020年实现突出培养创新型人才，形成更加合理的经济社会紧缺人才结构，建设门类齐全的高技能人才队伍。特别是培养现代农业、现代工业、新兴产业等经济重点领域的稀缺专门人才和教育、政法、医药卫生等社会重点领域的急需专门人才。

对中国2017年普通本科和普通专科毕业生结构进行分析发现，在传统产业毕业生的结构布局方面，高等学校人才培养结构与经济社会人才需求结构相对一致，但是仍有调适空间。从新兴产业方面的毕业生结构来看，高等学校人才培养结构与经济社会重点领域的人才需求还有一定差距。高等学校面向新兴产业培养的毕业生规模在总体毕业生的结构占比相对低于传统产业的毕业生结构，如图4-3和图4-4所示。

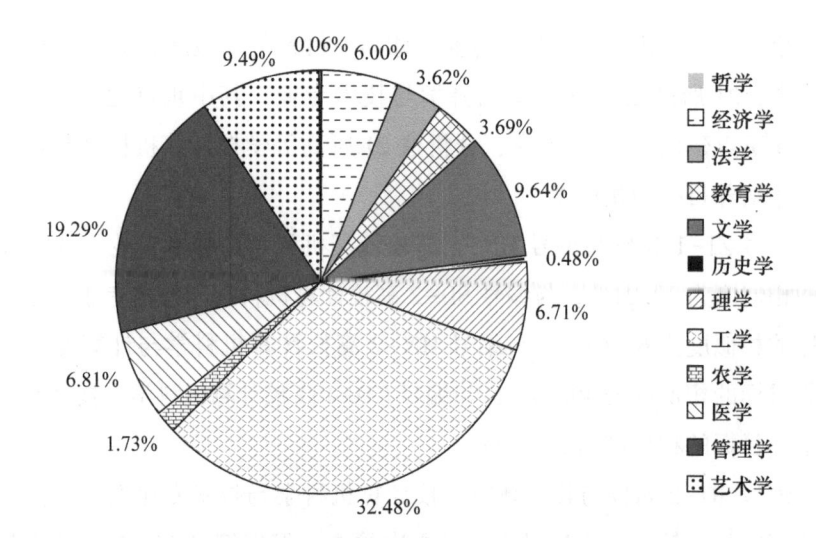

图 4-3 2017 年中国普通本科高校各学科毕业生结构分布

数据来源：中华人民共和国教育部发展规划司：《中国教育统计年鉴（2017 年）》。

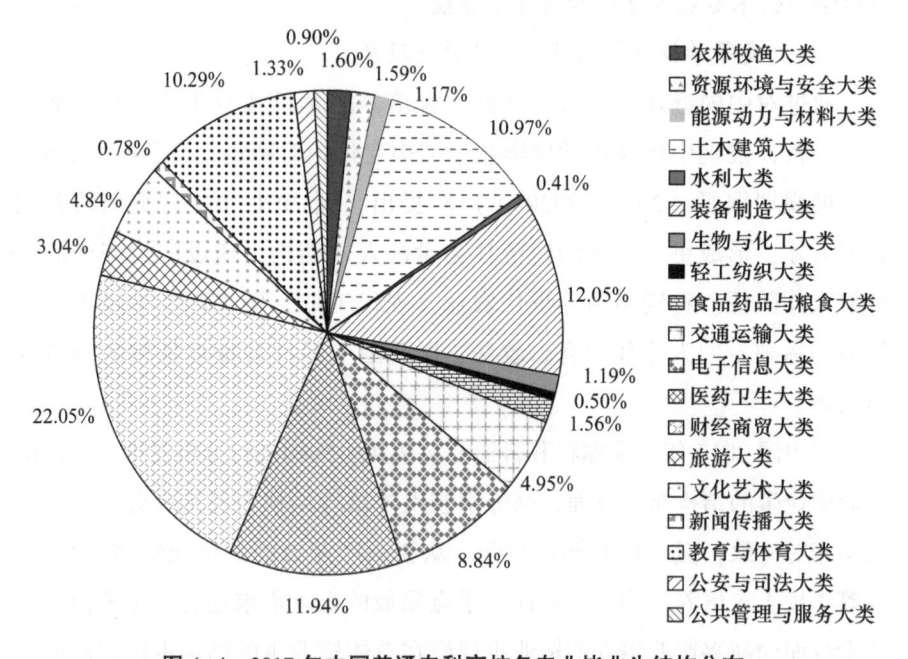

图 4-4 2017 年中国普通专科高校各专业毕业生结构分布

数据来源：中华人民共和国教育部发展规划司：《中国教育统计年鉴（2017 年）》。

从高等教育人才培养变化情况来看，中国高等教育人才培养的结构布局变化较小。从表 4-14 中的数据可以发现，2011—2017 年普通本科的工学、管理学、文学毕业生规模多年来稳居前三位。

表 4-14 2011—2017 年中国普通工学、管理学、文学本科毕业生规模稳居前三

学科＼年份	2011	2012	2013	2014	2015	2016	2017
哲学	0.08%	0.07%	0.06%	0.06%	0.06%	0.05%	0.05%
经济学	6.17%	6.20%	6.05%	6.04%	6.12%	5.99%	6.00%
法学	4.22%	4.00%	3.83%	3.80%	3.66%	3.60%	3.62%
教育学	3.40%	3.42%	3.27%	3.29%	3.46%	3.58%	3.69%
文学	11.50%	11.43%	11.12%	10.63%	10.25%	10.01%	9.64%
历史学	0.51%	0.51%	0.49%	0.49%	0.49%	0.48%	0.48%
理学	9.98%	9.68%	7.78%	7.48%	7.13%	6.88%	6.71%
工学	31.63%	31.75%	33.09%	33.17%	32.92%	32.77%	32.48%
农学	1.83%	1.77%	1.84%	1.75%	1.70%	1.72%	1.73%
医学	6.03%	5.86%	6.01%	6.14%	6.24%	6.27%	6.81%
管理学	16.91%	17.39%	17.98%	18.57%	19.11%	19.48%	19.29%
艺术学	7.74%	7.93%	8.49%	8.57%	8.87%	9.17%	9.49%

数据来源：中华人民共和国教育部发展规划司：《中国教育统计年鉴（2011—2017 年）》。

表 4-15 和表 4-16 表明，2011 年以来，中国普通专科的财经大类、文化教育大类、制造大类毕业生规模一直处于前列。其中，财经类专科毕业生数量最多，2017 年财经大类专科毕业生数量占比已经超过 22%。

表 4-15 2011—2015 年中国普通专科财经大类毕业生数高居榜首

专业大类＼年份	2011	2012	2013	2014	2015
农林牧渔大类	1.81%	1.82%	1.77%	1.75%	1.70%
交通运输大类	3.54%	3.96%	4.30%	4.55%	4.74%

续表

专业大类＼年份	2011	2012	2013	2014	2015
生化与药品大类	2.60%	2.54%	2.47%	2.36%	2.12%
资源开发与测绘大类	1.24%	1.36%	1.52%	1.54%	1.51%
材料与能源大类	1.42%	1.41%	1.41%	1.36%	1.20%
土建大类	7.70%	8.46%	9.82%	11.27%	11.06%
水利大类	0.34%	0.34%	0.39%	0.43%	0.42%
制造大类	13.93%	13.42%	13.24%	12.80%	12.29%
电子信息大类	12.01%	11.54%	10.22%	9.27%	8.84%
环保、气象与安全大类	0.49%	0.46%	0.47%	0.48%	0.43%
轻纺食品大类	1.95%	1.94%	1.81%	1.71%	1.52%
财经大类	20.35%	20.94%	20.97%	21.21%	20.98%
医药卫生大类	8.41%	8.70%	9.67%	9.99%	10.36%
旅游大类	3.25%	3.38%	3.27%	3.21%	3.18%
公共事业大类	1.00%	0.97%	1.01%	0.97%	0.95%
文化教育大类	13.11%	12.12%	11.24%	10.82%	10.25%
艺术设计传媒大类	4.64%	4.68%	4.84%	4.63%	4.34%
公安大类	0.73%	0.52%	0.30%	0.40%	0.36%
法律大类	1.48%	1.46%	1.28%	1.24%	1.17%

数据来源：中华人民共和国教育部发展规划司：《中国教育统计年鉴（2011—2015年）》。

表4-16　2016—2017年中国普通专科财经商贸大类毕业生数高居榜首

专业大类＼年份	2016	2017
农林牧渔大类	1.70%	1.60%
资源环境与安全大类	1.81%	1.59%
能源动力与材料大类	1.22%	1.17%
土木建筑大类	11.55%	10.97%
水利大类	0.42%	0.41%
装备制造大类	11.71%	12.05%

续表

年份 专业大类	2016	2017
生物与化工大类	1.30%	1.19%
轻工纺织大类	0.52%	0.50%
食品药品与粮食大类	1.52%	1.56%
交通运输大类	4.57%	4.95%
电子信息大类	8.59%	8.84%
医药卫生大类	11.33%	11.94%
财经商贸大类	21.73%	22.05%
旅游大类	3.11%	3.04%
文化艺术大类	4.98%	4.84%
新闻传播大类	0.87%	0.78%
教育与体育大类	10.74%	10.29%
公安与司法大类	1.46%	1.33%
公共管理与服务大类	0.87%	0.90%

数据来源：中华人民共和国教育部发展规划司：《中国教育统计年鉴（2016—2017年）》。

小　　结

政府、社会、高校等高等教育利益相关者之间权力关系调整推动中国高等学校分类制度生成，是我国高等学校分类制度生成的动力来源。本章主要采用质性研究方法分析我国高等学校分类制度生成动因，对高等教育行政管理者、高等学校管理者、高等教育研究者进行半结构式访谈，并对访谈文本进行三级编码处理，研究发现当前缺乏规范高等教育利益相关者权力关系的系统制度，导致高等教育制度设计滞后于高等学校多样化办学实践；政府、高等教育系统、社会等利益相关者对高等学校特色办学产生新要求和新需求，基于主体利益寻求在高等学校特色办学中的平衡关系共同促进高等学校分类制度的生成。受访谈对象选择范围的约束可能影响了质性研究结论的普遍性和代表性，因此通过高等教育量化数据分析，印证了高等学校办学路径选择和人才培养实践同质化问题，表现为高等教育利益相关者权力失衡状态。

第五章

中国高等学校分类制度的生成机理

中国高等学校分类制度生成机理表现为制度变迁原理和过程,因此主要运用制度变迁理论分析中国高等学校分类制度的生成机理。首先,搭建高等学校分类制度变迁分析框架,并从制度的内涵提出制度话语和行动实践的双重逻辑,从根本上把握中国高等学校分类制度生成的原理和过程。其次,从高等学校层级观和趋向研究型和综合性的同质化办学观的非正式制度环境变迁为引导高等学校特色办学和高等教育多样化发展的正式制度环境,梳理中国高等学校分类制度生成的制度环境更迭;最后,高等学校分类制度变迁路径选择及其影响机制反观中国高等学校分类制度生成的内在机制。

第一节 高等学校分类制度生成机理的分析逻辑

根据中国高等学校分类制度生成机理的要义,主要选择制度变迁理论搭建中国高等学校分类制度生成机理的分析框架,并从制度话语和行动实践两个方面分析高等学校分类制度变迁的内在逻辑。

一 高等学校分类制度变迁的分析框架

选择诺思为代表的制度变迁论点为主要理论基础,合法性机制运用于解释高等学校分类制度意义。制度变迁理论用于分析高等学校分类制度如何在原有高等教育分类分层管理制度环境之中形成或创新过程，即如何打破原有以选拔性为主的高等学校管理制度均衡状态走向非均衡状态，再重新形成新的制度环境的均衡稳定状态，包括制度变迁缘起、演变路径、生成机理。合法性机制理论用于分析高等学校分类制度的制度安排的实施，包括高等学校分类制度成为社会广泛认可的高等教育制度环境、高等学校采取符合高等学校分类制度环境的分类办学实践。

当高等教育制度供给与需求相符时，制度的正反馈作用带来制度效用递增，高等教育利益主体协商达成契约，当前制度能使各方利益主体获益，处于制度均衡状态。当相对价格发生根本性变化，也就是说技术成本、信息成本、知识成本等发生变化，降低了创新成本，增加了创新机会，高等教育利益主体的需求模式逐渐多样化，产生了新的高等教育制度需求。创新制度成本降低，新制度的预期效用增强。原制度制约了高等教育发展，预期效用降低，维持原有制度的成本增加。由于高等教育作为准公共产品的特殊性，其预期效益和成本难以与经济市场一样统一换算为相同单位直接衡量。因此，调整制度变迁理论，将制度的预期收益和维持成本大小的比较替换为：原制度环境的预期效益与新制度环境的预期效益进行比较，用原制度环境的维持成本与新制度环境的维持成本进行比较。当各方利益主体的意向较为一致时，推动高等教育制度变迁，打破原有制度均衡稳定状态。随着高等教育利益主体对高等教育简政放权、高等教育利益相关者对高等教育的参与深度逐步提高，高等教育制度变迁方式既有来自国家意志的强制性变迁，也不乏来自高等教育利益主体的自发推动。打破制度均衡状后的制度变迁路径受到路径依赖、锁入效应、反馈过程、制度扩散的影响。在从非均衡状态恢复到重新维持制度均衡过程中，合法性机制及基于合法性机制的组织同构和组织异质理论是高等学校分类制度生成的重要依托。

综合以上理论解释和梳理，中国高等学校分类制度生成机理的分析框架如图5-1所示。

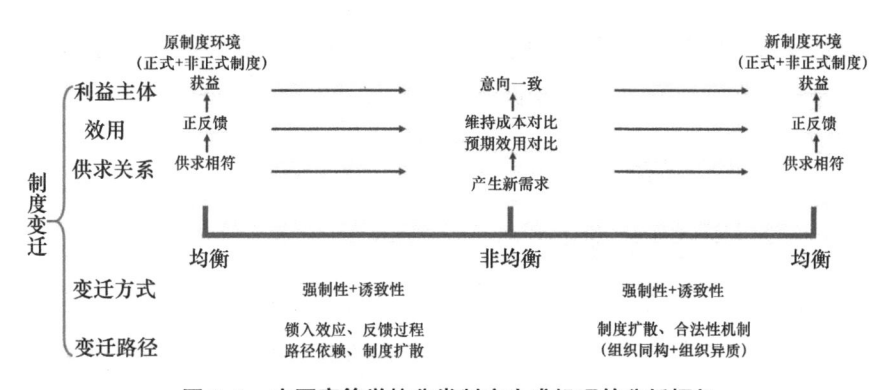

图 5-1 中国高等学校分类制度生成机理的分析框架

中国高等学校分类制度并不是全新创生的高等教育制度，而是建立在原有选拔性为主的高等学校管理制度基础上的制度设计，是基于高等教育管理机构实施高等学校分类设置、高等学校分类管理、高等学校分类评价的管理诉求，高等学校自主面向社会特色办学的内涵式发展需要，健全高等教育体系支撑和引领国家创新驱动发展战略，满足经济社会对多规格、多类型人才的实际需求。创新型国家建设和经济社会转型发展速度加快，原有制度供给不足，难以满足高等教育利益主体的需求。高等教育管理机构、高等学校、国家和经济社会等高等教育利益主体对高等教育产生新的制度需求。此外，原有高等学校分类制度的正式制度和非正式制度相互交织制约了原有制度环境带来高等教育效益递增的正反馈作用。高等教育办学陷入锁入效应、路径依赖、制度扩散路径，且社会压力未能约束利益主体的行动使之符合当下社会的新制度需求。诱致性变迁难以推动制度变迁使制度满足需求的情况下，原有高等学校管理制度的预期效益低于维持原有制度的成本，需要通过国家自上而下的强制性变迁打破原制度均衡状态。在此背景下，高等教育利益主体对生成新高等学校分类制度达成较为一致的意向，通过自上而下的强制性制度变迁打破原有制度均衡状态走向制度非均衡状态。强制性制度变迁使得新制度具有强制性，其持续有效实施，还需要来自高等学校主体自发组织推动走向分类办学的诱致性制度变迁。制度变迁方式和路径生成满足新制度需求的供求相符，具有制度效益递增的正反馈的新制度环境，使得高等教育利益相关者能够从高等学校分类制度获益，从原有高等学校管理制度均衡状态经历了制度非均衡状态，最终又实现新的制度均衡状态和持续发展。

二 高等学校分类制度变迁的双重逻辑

当前中国在实施中央统一领导、地方统筹管理的高等教育管理体制的背景下，中国高等学校分类制度作为深化高等教育改革的高等教育管理制度的重要一环，其生成是高等学校与政府、社会日益深化的互动中自发形成的高等学校分类理念和实践探索，产生了高等学校分类制度的新需求，受到原有传统评价的约束和缺乏针对性制度指导，这一矛盾倒逼依托行政力量实现强制性制度变迁。中国高等学校分类制度的生成建立于制度话语逻辑和行动实践逻辑的双重逻辑。

(一) 建立合法性的制度话语逻辑

制度话语逻辑是高等学校分类制度的合法性所在。依法治教背景下，中国高等教育管理体制决定了作为高等教育制度之一的高等学校分类制度的话语逻辑必然有法可依。中国高等学校分类制度的话语逻辑，通过一系列国家法律规范和政策规定构建而成。对中国高等学校分类相关政策话语进行分析，发现随着高等学校分类制度话语在政策文本中出现的频率越来越高，中国高等学校分类制度的话语意蕴更加明确，中国高等学校分类制度与其他高等教育制度的关系更加清晰。

以克服高等学校办学同质化问题为导向的话语表达逻辑，从高等教育系统结构优化的角度提出高等学校分类制度的话语表达。2010年《国家中长期教育改革和发展规划纲要（2010—2020年）》从高等教育系统的结构优化和高等学校特色办学的角度，针对高等学校同质化倾向，提出政策和资源配置引导高等学校形成不同层次和领域的办学特色和建设一流水平。

以满足高等教育利益相关者多样化需求和克服高等学校办学同质化问题为导向的话语表达逻辑。高等学校分类制度的提出既是基于高等教育系统中高等学校主体办学存在的问题，也关注与高等教育系统利益相关的国家战略发展、经济社会转型、个体高等教育需求的多样化要求。2012年《教育部关于全面提高高等教育质量的若干意见》从国家、经济社会发展、大众接受高等教育多样化发展需求出发，明确提出高等学校分类体系构建的要求，在高等学校分类体系基础上实现分类管理，避免高等学校同质化办学倾向。

以面向高等学校分类设置为导向的话语表达逻辑，进一步理顺高等学校分类体系、高等学校分类设置、高等学校分类管理之间的关系。高等学校分类制度的话语表达，从高等学校分类管理建立在高等学校分类体系的基础上，逐步深入抓住高等学校分类制度构建的抓手——高等学校设置，从高等学校基准质量保障的起始端口修订高等学校分类设置标准，设计不同类型高等学校设置标准，指导存量高等学校和增量高等学校的优化，为多样化办学路径提供制度依据，从而实现高等学校分类管理的目的。教育部2017年发布《"十三五"时期高等学校设置工作的意见》，提出中国高等学校分类体系，并以此为基础提出修订高等学校分类设置标准的要求，以及教育部在高等教育分类管理的指导作用和省级政府的统筹职责。

以推动"双一流"建设为导向的话语表达逻辑，表明高等学校分类制度对其他高等教育制度的不可或缺性，也表明高等学校分类制度旨在于引导不同类型高等学校追求卓越，高等学校分类管理目的在于实现高等教育系统的多样化。2017年《关于深化教育体制机制改革的意见》在高等学校分类设置标准修订和分类管理办学制定的基础上，进一步提出高等学校分类设置和分类管理引导高等学校科学定位、差异发展，建设世界一流大学和世界一流学科的重要意义。

从高等教育法规和政策的角度，构建中国高等学校分类制度的制度话语逻辑。高等学校分类制度的话语逻辑，破解高等学校办学同质化问题，以高等学校分类体系为抓手实现高等学校分类管理。通过推动滞后于高等学校办学实际的高等学校设置条例的修订进程，设计高等学校分类设置标准，畅通不同类型高等学校追求卓越的办学路径，指导高等学校特色办学，满足国家、社会、高校、个体等高等教育利益相关者的多样化需求。

(二) 开展探索式的行动实践逻辑

行动实践逻辑表明中国高等学校分类制度具有现实基础，中国高等学校分类制度的行动实践探索先于高等学校分类制度的话语体系构建。新设研究型高校、建设应用型高校、试点职业型大学、著名高校异地办学，是高等教育行政力量、社会和高等学校合力共同推动的创新探索，突破了现有高等学校设置规定的标准和程序，回应社会和地方对优质高等教育资源的需求，尝试建立职业教育系统和普通教育系统双轨道办学，研究型和应用型高校并行发展的高等教育体系。

中国高等学校分类制度的生成伴随着高等教育在正式制度。在高等教育内涵式发展新阶段，中国高等学校办学路径更加多样化。新设研究型大学的创新，一批应用型高校的建设，新设职业型大学的探索，著名高等学校异地办学也成为国家和地方提高高等教育质量的新策略。

新设研究型高校。当前中国新设研究型高校，分为小规模研究型高校和实施研究生教育的研究型高校，改变了从专科校升本、再从一般本科校发展成大学的传统办学路径，打破了国家设置标准对办学规模的强制性约束，满足国家培养创新型人才的迫切需求。研究型高校的科学研究分为基础理论研究、技术创新的原创研究。研究型高校依托优势学科和支撑平台，进行前沿科学研究和创新型人才培养，建立从基础、应用到转化的科技创新链的体制机制，通过基础理论和科学技术的突破创新，提高社会生产效率、促进产业转型升级、降低能耗保护生态环境，提升自主创新研发能力。

建设应用型高校。当前中国应用型高校分为以下几种形式：新设应用型高校，2000年以来新建本科院校建设应用型高校，独立学院转设为独立设置的学院。应用型高校遵循应用逻辑，形成以问题为中心、实践导向的知识生产模式，发展应用创新。应用型高校与企业、行业、同类院校、地方区域开展协同合作，关注社会热点，发现社会问题，承担社会必需的应用科学研究。

新设职业型高校。2019年，中国教育部引导一批高等职业学校升格为职业型本科院校，保留职业特征，实施本科层次教育。职业型高校侧重直接服务一线的技术创新，高校办学特色和成果产出直接对社会发展形成贡献，包括产生新知识、新技术、新工艺并应用于经济建设。新设职业型高校，打通了职业教育从高职通向本科的流动路径，有利于培养高素质的技能型人才。

著名高校异地办学。中国著名高校异地办学可以被认为是促进优质高等教育资源与地方经济协调发展的布局和实践。近年来中国著名高校异地办学屡见不鲜，著名高校寻求规模效益选择到其他城市开拓办学空间，城市追求高校人才、知识、文化对地方的溢出效应引入著名高校办学。中国高校异地办学主要包括高校与地方政府联合办新校、高校与地方政府联合办校区（学院、研究生院或科学研究院）、迁校形成两地独立办学等形式。既有省内异地创办分校的山东大学威海校区等，还有跨省异地办分校的北京理工大学珠海分校、吉林大学珠海分校、哈尔滨工业大学（威海），也有省内异地创办校区的中山大学珠海校区、暨南大学珠海校区，还有跨省异地办校区的北京大学深圳研究生院、清华大学深圳研究生院、中国人民大学苏州校区、北京交通大学威海校区、北京航空航天大学青岛研究院及北航虚拟现实国家重点实验室青岛分室等形式。中国异地办学的主体高校一般为办学历史悠久、办学机制体制健全、拥有较强学科优势的著名高校。著名高校异地办学集中于经济发达或新兴产业蓬勃发展但高水平高校布局较少的东部沿海城市。异地办学在一定程度上缓解著名高校办学空间不足的问题，异地办学所在城市一般位于东部沿海，其地理位置优势有助于提升高校国际化水平。异地高校的学科优势和异地办学所在城市的产业优势共同促进科研成果转化，辐射并服务异地办学所在城市的社会经济发展。高校异地办学方式通过增量的方式扩大办学空间和办学规模，在一定程度上增加了高等教育机构的数量或者扩充了高校的办学规模。

第二节　高等学校分类制度变迁的制度环境

正式制度和非正式制度相互影响、共同作用于高等学校分类制度变迁。高等学校分类制度变迁中的正式制度的制定主体主要是中央政府、地方政府和高等学校，具有强制性和稳定性。非正式制度不仅存在于社会这一非正式组织之中，作为正式组织的高等学校也同样存在非正式制度。非正式制度是对惯习、传统的继承和创新，具有自发性和连续性。正式制度的生成会受到社会文化传统的影响，正式制度也会演变为具有广泛持续的社会影响的非正式制度。因此，正式制度和非正式制度特征的差异性和能够进行相互转化的特性，决定了正式制度和非正式制度之间既存在冲突，也有协调的可能性，取决于正式制度的作用。[①] 中国高等学校分类制度变迁的原制度环境是一系列高等教育正式制度潜移默化作用下形成的高等学校层级观和同质化办学的非正式制度。中国高等学校分类制度变迁旨在构建有效指导高等学校分类理念和实践的正式制度和非正式制度。

高等学校分类制度变迁，缺乏高等学校分类的原有正式制度基础，从以非分类为目的的系列高等教育正式制度实施的社会影响逐步积累而成的高等学校层级观念及影响下高等学校管理者趋向综合性、研究型建设路径的同质化观念的非正式制度，走向国家顶层设计提出以高等学校分类体系为基础引导高等学校分类设置、分类管理和分类评价的高等学校分类制度的正式制度，并通过高等学校分类制度话语和行动实践推进深化高等学校分类制度的社会化，促进高等学校分类非正式制度的形成，不断推动高等学校分类制度持续创新。高等学校分类制度变迁的原制度环境，是前期系列高等教育制度实施过程中潜移默化形成的等级观的偏差性社会影响，随着前期系列高等教育正式制度的长期推行而逐步积累。

[①] 苏君阳、王珊、阚维：《非正式教育制度与正式教育制度的冲突——基于我国当前教育改革实践的思考》，《北京师范大学学报》（社会科学版）2015 年第 4 期。

一 原制度环境的变迁

中国高等学校分类制度变迁受到高等学校层级观和趋向综合性和研究型办学的同质化办学观等传统评价观念的影响，传统评价观念难以满足高等教育多样化的发展需求，推动了中国高等学校分类制度的生成。传统评价观念是高等学校分类制度变迁的原制度环境，原制度环境是非正式制度性质的。中国高等学校分类制度变迁的原非正式制度环境，是在一系列高等教育正式制度的实施过程中逐步积累不断深化而成的。因此，通过分析中国系列高等教育正式制度实施如何引致高等学校层级观和趋向综合性和研究型办学的同质化办学观等传统评价和认知，突出表现中国系列高等教育正式制度对我国高等学校分类制度变迁的原非正式制度环境的塑造作用。

塑造中国高等学校分类制度的原非正式制度环境的正式制度，可以分为国家层面、地方层面和高等学校层面。首先，国家层面的正式制度包括高等学校设置方面的法律法规、规定高等学校实施教育层次的法律规定、重点高校和一流大学建设的政策、按办学历史长短进行本科教学工作水平评估、协同创新中心计划等国家行政力量主导的高等教育法律规范和政策规定。其次，地方层面的正式制度反映国家正式制度的精神和要求。中国实行中央政府统一领导、省级政府统筹协调的高等教育管理体制，地方层面的正式制度一般表现为省级政府结合地方经济社会发展和高等教育事业建设情况，在国家现行的法律政策指导下实现地方化使之落地，或在中央现行政策框架下制定地方政策及具体实施规定。最后，高等学校层面的正式制度主要表现为高等学校章程、办学定位、高等学校发展战略规划、人才培养方面的相关规定等。由于中国高等学校受中央与地方政府管理办学，高等学校层面的正式制度一般是在国家和地方政府正式制度框架下，结合高等学校办学定位和战略规划的具体化。

中国高等学校分类制度变迁原非正式制度环境受到中国高等教育正式制度的影响，有些高等教育正式制度对高等学校和社会的影响间接约束了高等学校分类发展的观念和实践，也有不少高等教育正式制度对高等学校和社会的影响推动了高等学校分类发展的理念萌芽和实践探索。

(一) 负向形塑高等学校分类原非正式制度环境的正式制度

首先，按主要学科门类办学逐步转向多科性和综合性高等学校办学路径。1949年中华人民共和国成立之后，国家社会经济建设百废待兴，确立优先发展重工业的经济建设策略。在此背景下，1952年开展全国范围的院系调整，承担工业教育的工科院校成为高等教育发展的主力军，将全国同类院校进行重组合并，改变综合性高等学校为主的高等教育格局，建立了众多专门学院。院系调整从工科院校延伸到其他类型高等学校，由于教师资源的贫乏，师范院校数量占高等院校数量的比例较大。20世纪50年代院系调整之后，形成综合性大学、工业院校、师范院校、农林院校、医药院校、财经院校、政法院校、语文院校、艺术院校、体育院校、少数民族院校等高等教育基本格局。把经济社会直接需求作为高等学校管理制度的依据，把高等学校作为经济社会发展的直接动力，短期内为各个产业部门培养了一批急需的对口专门人才，解决了经济建设的燃眉之急。以经济社会建设需求建设的行业特色高等学校和培养专门人才的学科门类建制，对中国高等教育产生深远而持久的影响，尤其是在高等学校学科门类设置、人才培养类型、服务产业和行业建设等方面。

为了使高等学校直接服务于产业和行业发展，以主要学科门类为标准形成以单科性为主的高等教育基本格局，并以此为依据进行管理。这造成了学科之间的割裂，忽视了不同学科内在知识体系之间的相互联系，忽视了高等教育培养人才的特有规律和高等学校办学的特性，忽视了学生的学习兴趣和自主选择权利。虽然具有一定短期效应，在经济社会发展的起步阶段，能够培养一批人才迅速投身生产建设。但从长远来看，高等学校学科较为单一，办学资源无法在不同学科之间流动共享，有限的高等教育资源难以取得较高的办学效益。随着社会分工日趋复杂，岗位对知识背景的需求也更加多元化，单一学科高等学校直接面向就业岗位的对口培养难以适应职业流动需要。因此，以主要学科门类为依据的高等学校分类办学和分类管理，是高等教育在特定历史时期的策略选择。

20世纪末中国实施高等教育规模扩张政策，单科性高等学校纷纷走向更名大学建设多科性院校之路，高等学校的学科特色逐渐被削弱。高等学校外延式建设的发展方式，一方面促进了高等教育规模的快速增长，另一方面也造成学科和专业设置的重复，特别是一些培养成本相对较低的人文社科专业。学科和专业设置的数量及其培养的学生规模持续扩大，制约了高等学校和高等教育质量提升，也带来人才培养的社会适应度不足等问题。从高等学校办学质量来看，庞大的学科和专业规模不利于高等学校整合资源集中培育优势特色学科和专业，削弱了学科和专业人才培养的质量和市场竞争力。从高等教育整体发展来看，为追求高等学校规模扩张而进行重复而缺乏特色的学科和专业设置导致高等教育人才培养结构趋向单一化，难以满足就业市场对多类型多层次人才的需求，人才培养结构与劳动力市场结构失衡，引发毕业生结构性失业现象。

此外，从有限优质高等教育资源和高等教育效益最大化的投入—产出效率比值，通过系列政策和配套资源支持，分为国家性和地方性重点高校或一流大学建设计划、国家性和地方性重点学科或一流学科建设计划和非重点或非一流大学和学科建设计划高校，形成高等学校层级观念。1954年，首次指定6所全国性重点高校。1959年，指定的全国重点高校数量增加至20所。1960年，全国重点高校数量又增加了44所。1978年决定恢复全国重点高校，确定88所高等学校为全国重点高校，包括服务于国家和服务于地方社会发展需求的不同定位。1979年年底，全国重点高校增加至97所。20世纪以来，中国相继出台"211工程"和"985工程"，"优势学科创新平台"和"特色重点学科项目"，扩大了重点高校建设范围，并拓展了重点学科建设项目。2017年公布了世界一流大学和一流学科建设高校，地方也随后出台地方一流大学和一流学科建设计划。一流建设计划还延伸到了一流本科专业建设。

从优质高等教育资源的有限性和投入—产出效益最大化的角度来看，重点建设或者一流建设高校和其他未进入重点或一流建设高校的分层办学和分层管理，有利于集中配置有限的优质高等教育资源，提高办学的社会效益和经济效益。从重点高校和重点学科走向一流大学和一流学科建设，优质高等教育资源投入的高校数量不断增多，高等教育覆盖面也日益扩大，不仅有利于打造高峰，也有利于建设高原。但一方面，中国高等教育规模较大，从总体来看，能进入重点建设或一流建设的高校比例不超过全国高等学校总量的6%；另一方面，从高等学校建设名单来看，重点高校和重点学科建设与一流大学和一流学科的名单重合度很高，重点建设和一流建设高校项目存在身份固化现象，优质高等教育资源过于集中，带来高等学校办学的"马太效应"。重点建设或一流建设带来高等学校分层发展，是国家提高高等教育竞争力的重要战略部署。但是，从高等教育整体发展来看，分层办学和分层管理并不适用于也无法真正替代分类型办学对高等教育发展所能够发挥的作用。因此，重点建设和一流建设战略是引导高等学校分层发展，是在高等学校已然出现不同发展速度和质量差异的基础上，通过优中选优和扶优促优，进一步扩大高等学校办学质量的鸿沟，应该与高等学校分类相区别，并合理统筹好高等学校分层和高等学校分类，从整体上促进高等教育全面质量提高。

有些被终止的正式制度会转化成为非正式制度，持续影响高等学校分类制度的正式制度。被废止的国家重点大学、"985工程"和"211工程"建设项目等正式制度由于前期已经形成广泛而深远的社会影响，即使被废止之后仍被大众视为评价高等学校的重要标准，作为社会层面的非正式制度，持续影响高等学校分类制度变迁。

非正式制度还反映在高等学校层面，表现为高等学校制度文化对科学研究指标的推崇，对更名大学和通过升格提升所实施教育层次的热衷。追求科研绩效、硕博士学位点数量和层次、更名大学、提高办学层次已经成为高等学校质量文化的一种非正式制度。

(二) 正向形塑高等学校分类原非正式制度环境的正式制度

随着中国经济实力显著提升，国家竞争力不断提高，对高等教育发挥支撑和引领国家人才战略、创新驱动发展战略、教育强国战略的需求也逐步加强，相继制定系列政策促进不同类型高等学校特色办学的内涵式发展，从而全面提高高等教育质量。在非正式制度层面的制度变迁，一方面，以加州高等教育总体规划和卡内基高等教育机构分类为代表的国际高等学校分类制度历经合法化、社会化进程而不断成熟，不同类型高等学校的办学使命具有一定差异，每种类型高等学校都具有独特的社会意义，高等学校提高面向社会自主办学能力，推动高等教育多样化发展已经逐渐成为高等教育利益相关者的共识，对中国高等学校分类发展研究和高等学校分类办学实践具有深远影响；另一方面，随着经济社会转型对人才和知识创新的需求日趋多样化，在高等教育传统精英理念的基础上不断更新对高等学校的认识，思想观念更加开放和多元，对高等教育质量、高等学校办学、人才培养的思想观念和评价标准更加多样。从学术卓越的单一质量观转变为学术卓越、就业质量高、与地方更加融合、国际化水平强等多元质量观，从学术精英的单一人才观转变为创新型、复合型、研究型、应用型、技术技能型等多元人才观。

高等学校本科教学工作评估反映根据不同高等学校建校基础、办学特色开展评价和引导多样化办学的探索。对未参加过教学工作评估的新建本科院校开展合格评估。通过合格评估的高等学校进行审核评估，重视高等学校自评报告，用高等学校自我定位和发展规划的目标达成度进行评价，增加了高等学校特色项目。

2012年开展的高等学校创新能力提升计划，从高等学校差异化的办学要素和资源入手，引导高等学校联合创新，从科学、文化、行业产业、区域等不同领域集中优势资源，提升创新能力。从第一批和第二批进入协同创新中心的高等学校名单中，可以发现一些具有明显学科特色和优势的非重点建设高校。2019年该计划转变为省部共建形式，更加关注地方高等学校结合地方发展需求办学的服务能力。

与上述基于高等学校教学工作的分类评估和分类创新项目不同，构建分类设置为导向的高等学校分类体系引导高等学校分类办学、分类管理、分类评价，是对高等教育体系进行的全面、系统、深入的联动和调整。2010年国务院审议通过《国家中长期教育改革和发展规划纲要（2010—

2020年)》，指出构建高等学校分类体系以实现高等学校分类管理，并辅之以资源配置，促进高等学校合理定位，在不同领域和层次形成办学特色。2012年教育部出台《关于全面提高高等教育质量的若干意见》，提出强化高等学校在不同领域的办学特色和争创一流，并指明要构建高等学校分类体系，引导分类管理，推动高等学校特色办学。2017年1月，国务院印发《国家教育事业发展"十三五"规划》鼓励研究型大学从事基础研究和科学联合攻关，倡导应用型高校服务区域发展和推动产业振兴，推动职业院校健全技术技能型人才培养体系。紧接着，教育部发布《"十三五"时期高等学校设置工作的意见》，明确提出了中国高等学校分为研究型、应用型、职业技能型高校的办学定位，以此作为指导高等学校分类设置、分类办学的原则。同年9月，在国务院颁布的《关于深化教育体制机制改革的意见》中，提出制定高等学校分类设置和分类管理等具体标准和程序，并将之作为建设世界一流大学和一流学科的重要基础。

一方面，为了抑制高等学校盲目更名和升格的冲动维护中国高等教育体系的多样性；另一方面为了引导高等学校特色办学，提升办学质量。2019年，教育部引导一批以高职院校为基础的新设本科高等学校升格更名为职业大学，作为探索建设本科层次的职业教育的试点高等学校。此举有利于引导职业大学在高职院校建校基础上继续利用办学积累办出特色。

随后，基于不同类型高等学校办学定位制定差异化的人才评价规定。2018年国家出台人才评价改革的相关规定，要求对科研人才进行分类评价，把学术论文数量和影响因子作为从事公益研究和应用技术开发研究类型人才的参考性指标，不再把学术论文作为应用型人才的职称评审的必要条件。

二 新制度环境的生成

高等学校分类制度的内在机理揭示从原高等学校管理制度环境转向当前高等学校分类制度环境的生成规则和原理。因此，中国高等学校分类正式制度环境的生成机制也是高等学校分类制度环境分析的重要部分。

高等学校分类制度的新需求打破原高等学校管理制度环境的均衡状

态。中国经济社会发展进入新时代要求全面提高高等教育质量和深化高等教育综合改革，推进高等教育强国建设，支撑和引领国家创新驱动发展战略背景下，推动高等学校分类制度的新制度环境生成。原高等学校管理制度环境，是中国社会主义初级阶段国民经济建设和科学文化建设起步阶段在高等教育领域的反映，是在优质高等教育资源有限和稀缺的条件下，以效率优先原则重点发展部分高等学校的体现。在社会主义初级阶段，高等学校管理制度能够在较短时间内形成较大效益，培养国家经济建设所需的高级专门人才，高等学校管理制度有效促进国家和地方经济社会快速发展，高等教育管理者通过分层管理提高了管理效率，高等学校在国家政策指导下获得优质高等教育资源提升办学质量，持续的正反馈作用使得高等教育内部、外部的利益相关者通过协商达成契约，实现制度的供求均衡状态。当然，制度均衡稳定状态下，高等教育利益相关者对原高等学校管理制度协商达成契约并不代表各主体都对制度感到满意。

技术水平提高、信息成本下降、知识经济时代知识高速发展降低了制度创新的成本，出现了多样化的制度创新需求。原高等学校管理制度不能满足建设创新型国家对创新型、复合型、技术技能型等多样化人才的需求。原高等学校管理制度的预期效用降低，而维持成本提高。在中国高等教育管理体制下，原高等学校管理制度是以效率优先的选拔性制度，与高等教育资源配置相挂钩。一方面，原高等学校管理制度环境下，相比新建院校和民办院校，办学历史较长、学科门类齐全、科研和教学水平较高的高等学校更容易受到政策青睐，办学层次高的相比实施教育层次低的高等学校拥有更好的社会声誉，带来高等教育资源配置的"马太效应"，不利于引导不同类型高等学校差异化办学，制约了高等教育质量的全面提高；另一方面，在原高等学校管理制度环境中处于相对弱势地位的高等学校为了改变不利地位，会在有限的资源积累条件下优先寻求外延式发展策略，盲目趋向学术性和综合性办学标准，以期摆脱不利地位。在原高等学校管理制度环境的纵向通道里，高等教育选拔性政策作为正式制度，运用统一化的择优标准评价高等学校。受到正式制度的影响，来自社会和高等学校内部的质量文化的非正式制度也带有学术精英的传统评价痕迹。原高等学校管理制度不利于引导高等学校自发探索符合高等学校定位的特色发展路径，偏离办学服务面向，人才培养结构不能很好适应社会需求，导致高等教育资源使用的低效和浪费。高等教育治理体系和治理能力现代化的建设需要，全面提高高等教育质量的内在诉求，要求高等学校提高面向社会自主办学能力，进行内涵式建设。随着高等教育综合改革不断深化，高等教育管理权力重心不断下移，推动高等学校面向社会自主办学，从外延式规模扩张转向内涵式建设。在原高等学校管理制度环境中，部分高等学校办学已经产生行政资源依附性，面向社会自主办学的能力有待提高，难以支撑和引领产业转型、地区经济社会发展。

高等教育利益相关者已经产生高等学校分类制度需求，新的高等学校分类制度的预期效用提高。以构建高等学校分类体系为突破口，引导高等学校分类设置、分类办学、分类管理、分类评价，是高等学校分类制度的预期效用。从合法性机制理论来看，高等学校具有自主选择的能动性，随着高等学校管理者的领导和管理能力更加专业化，成功办学实践更加多样化，高等学校能够基于理性选择所学习模仿的高等学校办学实践，推动高等学校办学路径的多样化发展。从政府发布的系列政策文件中，均能看出国家对分类管理、分类评价高等教育的诉求，但是尚未提出基于什么标准的分类管理和分类评价。高等学校分类制度中国高等教育管理者、高等学校管理者已经表明高等学校分类管理和高等学校分类办学的现实意义和紧迫性。对中国高等学校办学数据进行聚类分析，也表明中国本科高等学校自发呈现出两种或三种办学形态，高等学校分类制度的创设和维持成本显然相对较小。随着社会发展更加开放和多元，社会对高等教育办学和人才培养质量的评价标准趋向多样化，为高等学校分类制度的生成营造相对宽松的舆论环境。

当原制度环境的预期效用降低、维持成本上升，新制度环境的预期效用增强、维持成本下降。高等教育利益主体协商一致推动非均衡状态走向均衡状态的新制度环境，外部表现为教育部自上而下出台《教育部关于

"十三五"时期高等学校设置工作的意见》提出中国高等教育总体分为研究型、应用型和职业技能型,以此推动高等学校分类设置、分类管理和分类评价。在新制度环境中,以促进高等学校特色办学、内涵式发展,构建多样化的高等教育体系驱动创新型国家建设和产业转型升级,多规格和多类型人才培养促进人才全面成长,新的高等学校分类制度以高等教育质量效益的持续正反馈,维持新的制度均衡。

第三节 高等学校分类制度变迁的内在机制

中国高等教育从外延式规模扩张转向内涵式发展的不同阶段,揭示正式制度和非正式制度对高等教育各利益主体行动的影响机制,诱致性制度变迁和强制性制度变迁方式推动原制度环境转变为新制度环境。高等教育强国建设的发展战略对高等教育全面质量提升提出了新的要求。中国高等学校管理制度环境中,高等学校办学出现锁入效应、路径依赖、制度扩散现象,在一定程度上制约了高等学校多样化发展,难以满足经济社会转型对培养一大批创新型、复合型、应用型、技术技能型人才等多规格、多层次、多样化人才的需求。原有高等学校管理制度的社会效益减弱,制度的供给与社会需求及高等教育内在发展需求不相适应,原有高等学校管理制度的均衡稳定状态被打破,通过系列正式制度和非正式制度的相互作用,创设满足高等教育利益多主体需求的新制度环境。

一 高等学校分类制度变迁的路径选择

中国高等学校分类制度的制度变迁主要表现为正式制度的强制性变迁方式。虽然非正式制度是正式制度的基础,但是正式制度能够调整和修正非正式制度,非正式制度需要借助正式制度来强化约束的有效性。强制性变迁缓解诱致性变迁方式导致的制度供给难以满足需求的局限性。中国高等学校分类制度的正式制度变迁建立在按学科特色的高等学校分类管理、选拔性的高等学校分层管理、基于不同类型高等学校特点的分类管理等正式制度的基础之上。无论是与产业直接适应以主要学科门类进行的高等学校分类，或是从优质高等教育资源有限性和效益最大化角度的重点高校或一流高校等选拔性高等学校分层，都是基于效率优先的价值选择。从不同类型高等学校制定的系列政策文件，考虑到了研究型、应用型、职业技能型高校不同办学路径的差异，是基于效率和公平的价值选择。

随着中国经济社会发展增速趋稳，产业结构转型升级，经济发展方式从要素驱动转变为创新驱动，要求高等教育主动适应经济社会发展对多样化人才和知识创新需求。依法治国基本方略在教育领域表现为依法治教，推动中国高等教育综合改革，尤其是高等教育管理体制改革，推进"放管服"改革，高等学校拥有招生、设置学科专业、教学、科学研究、开展国际合作交流、教师评聘、管理使用经费七大办学自主权。中央集权的高等教育管理体制、政府投入为主的公办高等教育经费体制一定程度上制约了高等学校面向社会自主办学的主动性和积极性。高等学校已经认可并且推崇进入高等教育管理部门的重点建设名单，并按照高等教育管理部门所提出的建设指标办学，进而获得资源配置和社会声誉的办学路径。高等学校管理者在权衡了自主面向社会办学吸纳高等教育资源和打造品牌的维持成本和成功机会，相比于行政指令办学的预期效用更低，对指标化办学形成路径依赖。一方面，在中国高等教育体制下，国家强制性的行政指令等正式制度具有一定刚性和统一性，使得高等学校办学路径趋同；另一方面，受大而全的学科建制、盲目追求科研指标的高等学校办学文化的非正式制度影响，高等学校办学出现锁入效应和路径依赖，高等学校盲目追求大而全的学科设置和办学层次提升，造成有限的教育资源浪费，制约了原高等学校管理制度的预期效用。一些未达到更高标准的高等学校感知到如果达到标杆高等学校的一些办学指标，可以有更多获得优质高等教育资源的机会。以标杆高等学校的办学指标作为办学方向，模仿标杆高等学校的办学方式也容易导致高等学校办学出现组织趋同现象。此外，制度规范高等学校办学行为也易带来高等学校办学趋同现象。一些高等学校也把作为规范高等学校底线标准的基本办学指标或设置标准作为指导办学的方向，脱离了高等学校实际办学定位和所在地区经济社会发展需求。

从中国高等教育管理体制来看，高等学校分类制度的生成的外在表现为强制性制度变迁。诱致性变迁来自高等教育内部和社会自下而上推动形成。

知识经济时代，技术和信息成本的改变降低了制度创新成本，产生了更加多元的制度需求，特别是随着市场经济发展程度不断深化，对高等学校多规格多类型人才培养的需求日益强烈。当原高等学校管理制度自下而上发生的诱致性变迁仍然难以满足新制度需求，即社会需求难以推动高等学校自发调整办学定位和人才培养模式改革，高等学校未能及时应对社会压力并进行调适。而且高等学校毕业生出现结构性失业造成社会压力和资源浪费而高等学校在人才培养过程中未能有效承担责任等负外部性问题。此外，高等学校因高等教育的准公共产品性质，高等学校办学资源的多少一般较少受到高等学校办学定位和人才培养与外部社会不相适应问题的制约，出现高等学校在办学过程中的"搭便车"现象。在非正式制度的诱致性制度变迁难以满足外部社会环境的新制度需求，原有制度环境出现制度供给不足问题，原有制度环境的预期效用大大低于维持成本，高等教育利益主体在改变意向较为一致的情况下，高等学校高等教育制度环境由均衡状态转变为非均衡状态更加容易一些。要使得制度环境重新走向均衡状态，限于诱致性制度变迁出现的社会压力、外部性、"搭便车"问题无法根本上解决问题，需要国家颁布法律或出台政策自上而下推动制度的强制性制度变迁。

二　高等学校分类制度变迁的影响机制

对中国高等学校分类制度变迁的影响要素和各要素之间的相互关系进行分析，反观中国高等学校分类制度变迁的整体进程。在引导高等学校分类办学和高等教育多样化发展的制度供需矛盾中，中国高等学校分类制度变迁推动体现高等学校人才培养定位差异的制度均衡状态生成。

（一）打破原制度环境均衡状态的影响机制

中国高等学校分类制度变迁的原制度环境中高等教育系统正式制度如何影响社会非正式制度、高等学校的正式制度和非正式制度是论证制度变迁内在机制的起始点，如图 5-2 所示。

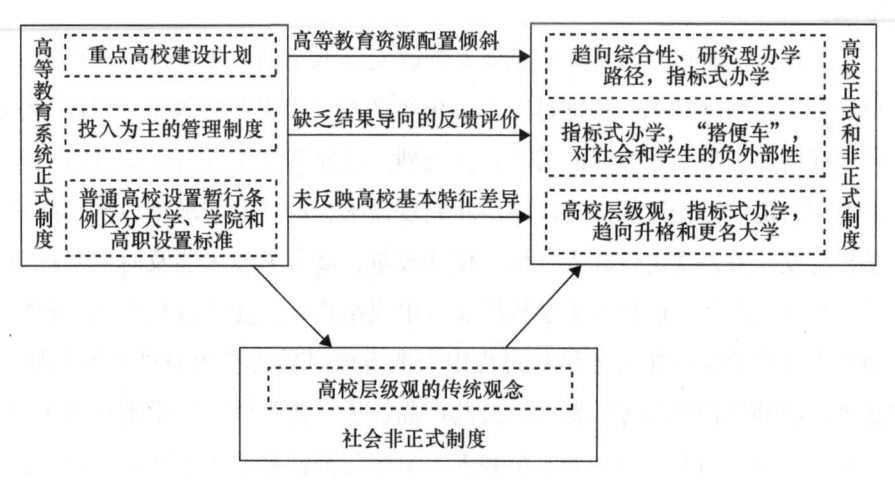

图 5-2　中国高等学校分类制度变迁的原制度环境

在优质高等教育资源有限的情况下，为了支撑和引领国家发展战略，国家集中投入的系列重点建设计划造成资源配置倾斜于办学历史悠久且办学积淀深厚的高等学校，这些高等学校一般学科建制齐全的研究型定位的高等学校。以效率为价值导向的高等教育政策和教育资源配置倾向于综合性的研究型高校，这些高等学校也获得了良好的社会声誉和社会地位。服务国家战略的资源配置倾斜下，带来高等学校办学的"马太效应"，忽视了地方高等学校发展。

一方面，高等学校层级差异成为社会评价高等学校的传统观念。虽然"985 工程""211 工程"等国家高等教育正式制度被宣告废止，这些正式制度前期具有深远的社会影响，已经成为潜移默化的非正式制度，对高等学校的社会评价产生持续影响。重点高等学校建设的社会影响力和历史上长期存在的对学术精英的崇拜，使得高等学校层级差异潜移默化成为社会评价高等学校办学水平的重要标准，形成学术精英的高等学校层级标签式的刻板印象。单一的学术精英的传统社会评价影响高等学校社会声誉和吸引生源。

另一方面，高等学校面向社会自主办学能力较为薄弱。中国历史上长期依靠行政指令办学，公办高等学校经费来源以财政投入为主。社会力量举办的民办高等学校办学起步较晚且社会基础薄弱，社会影响力和声誉度远远低于公办高等学校。虽然高等学校逐步开始主动面向社会探索办学，但是其面向社会自主办学的能力尚待提高。

在这样的矛盾处境下，追求效率优先的重点建设政策产生高等学校层次差异的负面社会效应，高等学校由于长期依赖指令办学下办学主动性和积极性受限等惯习，深刻地影响高等学校管理者的战略规划和策略选择，导致高等学校办学陷入资源依附的路径依赖。即使有些高等学校管理者已经意识到其他办学路径的可能性，也容易出于传统社会评价标准和路径选择之后维持成本和效益的综合考虑，因而降低风险选择传统办学路径。综合性、研究型的办学路径高等学校成为管理者经验范围内较快提升高等学校办学效益的选择和办学惯性，高等学校办学趋向于综合性、研究型的指标式建设目标。

高等学校不约而同地趋向综合性、研究型高校建设和升格办学路径的锁入效应，以升格和更名作为办学目标，把学院和大学的高等学校设置标准作为办学指标参照，将有限的教育资源用于学科规模的扩充和学科门类建制的丰富，把大量资源用于高等学校外延式增长，盲目追求规模扩张和层次提升，被稀释的教育资源淡化了高等学校的办学传统和特色。一些建校时间较短的高等学校需要在短时期内快速扩充学科门类和规模，因而难以兼顾建校基础和传统特色的传承，选择增设一些投入成本和建设门槛较低、人才培养成效显著的人文学科。文科专业的大量重复设置和缺乏积淀下的薄弱基础，削弱了毕业生在就业市场上的竞争力。高等学校重复设置办学成本较低的大批专业影响了劳动力市场人才结构的供需平衡，高等学校为劳动力市场输送了大批相同专业的毕业生，可能造成毕业生结构性失业问题，带来了毕业生就业难现象。

　　高等学校重点建设计划的正式制度转化成为高等学校层级观念的非正式制度塑造了社会对高等学校的认知和评价标准，也潜移默化地影响了高等学校管理者的办学观念。来自社会层面的高等学校层级观这一非正式制度影响高等学校办学定位。高等学校层级观的社会评价标准成为社会的一致性期待时，通过指标式办学形式在短时期内扩充学科门类规模和提升师资队伍结构建设综合性高等学校实现升格或更名的高等学校，成为符合社会期待和评价标准的高等学校，提高了社会声誉并因此吸引了更多生源。当社会期待成为一种合法性机制，在这样的形势下，高等学校为了获得合法性地位，或主动或被动地模仿外延式规模扩张的办学路径，以实施教育层次提升的升格和更名大学作为办学目标，把有限的高等教育资源优先投入扩充学科门类和设置办学成本较低的学科专业上。高等学校以升格和更名大学作为办学目标而趋向综合性指标式的办学路径和研究型高等学校的定位。

　　一批成功升格和更名的高等学校将建设研究型高校作为发展目标，以硕士学位点和博士学位点数量和门类的增加作为高等学校内部办学成果的评价标准。指标式办学路径使得刚升格和更名高等学校将主要资源投入学科建制的指标建设上。一方面，学科建制的指标更偏向研究条件和客观硬件，较少涉及能够直观反映实际人才培养质量的标准；另一方面，高等学校无法通过人才培养成效直接获得办学成效的正向反馈，缺乏正向反馈表明高等学校投入人才培养的预期效用降低。在激烈的资源竞争和高等学校升格、更名大学的竞争环境中，抑制了高等学校投入周期长且办学成效不显著的人才培养环节。刚成功升格或更名大学的高等学校在新发展阶段，招徕了大批生源，但由于标榜研究型的办学定位，高等教育资源积淀有限的情况下趋向于学位点建设等学科建制发展，忽视了高等学校办学之初的安身立命之根本和办学积淀的传统与优势。有限的高等教育资源无法在有实际需求和真正需求的人才培养环节发挥效用，盲目投入学科建设和科研水平提升，忽视高等学校培养人才的基本职能，难以保障人才培养的基本质量，也难以满足经济社会发展对人才培养规格的真正需求。

从高等教育系统整体发展来看，在升格和更名大学的同质化办学目标下，高等学校趋向综合性、研究型的办学定位，以学科门类规模、学位点规模和层次等指标作为高等学校办学成效的评价标准，在高等学校内部形成组织同构发展形态，高等教育资源无法物尽其用，高等教育系统生态出现失衡现象。高等学校内部组织同构现象的形成，是国家制度强制引导、高等学校模仿、社会规范等制度扩散方式共同作用的结果。首先，虽然国家高等学校设置指导意见严格限制高等学校升格和更名，但是从教育部发展规划司每年公布的高等学校设置情况来看，仍有少量高等学校的升格和更名大学获批。可见，从国家高等学校设置法律规范和政策规定来看，高等学校升格和更名大学虽然受到制度的严格限制，但是仍具有合法性。对于高等学校而言，虽然升格和更名大学的办学路径的竞争十分激烈，但是这一办学路径是畅通合法的，因而成为高等学校趋之若鹜的办学路径。1986年国务院颁布的普通高等学校设置暂行条例至今未进行修订，该法律从高等职业学校、学院和大学的角度对高等学校设置标准进行区别，学院和大学的区分标准更多表现为规模差异，无法体现不同高等学校类型的基本特征，未深入到设立不同高等学校类型的根本性差异，未能发挥引导不同类型高等学校设置和特色发展的作用。因而许多高等学校从国家法律政策层面将高等学校设置解读为高等学校升格和更名大学的层级发展路径。国家设置标准正式制度的缺陷，高等学校重点建设计划等正式制度对高等学校办学选择的影响下，高等学校趋向升格和更名大学的同质化办学路径带有强制引导色彩。其次，高等学校办学过程中学习和模仿其他高等学校取得成功经验的办学模式，成功升格和更名大学的高等学校逐步实现规模扩张和资源积累过程，一般是新建高等学校竞相模仿的对象和学习的经验。通过高等学校主动模仿的制度扩散方式，加剧了高等学校同质化办学路径现象。最后，当升格和更名大学具有合法性地位且成为模仿内容，这种经验的传播很容易演变为高等学校管理者认可和内化的非正式制度，成为一种规范性的办学路径选择，并逐步成为外部社会和高等学校内部管理者衡量一所高等学校办学成效的规范性标准。因此，随着强制、模仿、规范等不同制度扩散方式把外延式规模扩张和层级提升的高等学校办学路径发展成为一种合法性的标准或约定俗成的规范时,高等学校或主动或被动走上同质化的办学路径,形成组织同构和办学同质现象。

(二) 实施强制性制度变迁方式的影响机制

中国高等学校分类制度变迁的新制度环境,体现在原制度环境转向高等学校分类制度新环境生成过程。来自社会层面的压力、高等学校"搭便车"现象等问题表明,自下而上推动高等学校分类制度的动力不足,诱致性制度变迁无法推动制度生成,进而依靠国家力量自上而下推动高等学校分类制度变迁。

1. 社会和高校主体推动诱致性制度变迁动力不足

从社会层面来看,一方面,随着经济社会发展和高等学校与社会互动逐步深入,社会岗位更替更加快速,新的岗位也不断出现,在社会层面形成了多元的人才观和高等学校办学质量观,因而对高等学校人才培养和知识生产多样化提出了新需求;另一方面,高等学校层级观作为一种社会非正式制度,对人们认识、评价、选择高等学校具有潜移默化的深远影响。两种不同的文化相互冲突,又彼此共存。虽然高等学校主动融入市场并探索面向社会办学机制,但由于传统上高等教育通过政府这一中介与社会间接互动,市场机制在高等教育系统中的作用仍十分有限。因而要求高等学校按社会多元特色办学的期待,作为一种社会非正式制度,先天不足且后天力量受牵制,难以真正推动高等学校分类制度生成。

从高等学校层面来看,一方面,高等学校进行内涵式发展探索特色办学路径具有坚实基础。不同类型高等学校的要素禀赋各异,具有独特的存在价值和社会意义。从历史溯源来看,高等学校知识生产的异质性和学术追求的多样性,推动高等学校形成多样化的社会职能和历史使命。从合法性机制来看,高等学校异构办学也具有理论依据,可以通过结果模仿、频率模仿、特征模仿,有选择性地选择在特色办学方面已经具有成功经验的高等学校进行学习,从高等学校自身定位出发,有效规避组织同构问题。此外,随着高等学校与社会互动逐步深化,国际高等学校特色办学成功经验启示,也使得高等学校管理者萌生了特色办学的内在诉求。另一方面，高等学校指标式和指令式办学的路径依赖，因其普遍性而维护成本较低，具有制度惯性。高等学校依附式办学问题和长期与社会的间接互动形式，在一定程度上也制约了高等学校面向社会自主办学能力的提升。高等学校分类发展的办学思想和路径依赖现象彼此冲突且共存，高等学校推动高等学校分类制度生成的成本相对较高，导致高等学校自发推动制度生成的内在动力不足。

2. 政府—高校—社会交互作用推动强制性制度变迁

政府—高校—社会交互作用推动高等学校分类制度以强制性变迁方式生成。高等学校分类制度强制性变迁方式的内在机制是中国高等学校分类制度变迁的重要环节，强制性制度变迁方式推动高等学校分类制度生成，达成新的制度均衡状态，如图 5-3 所示。

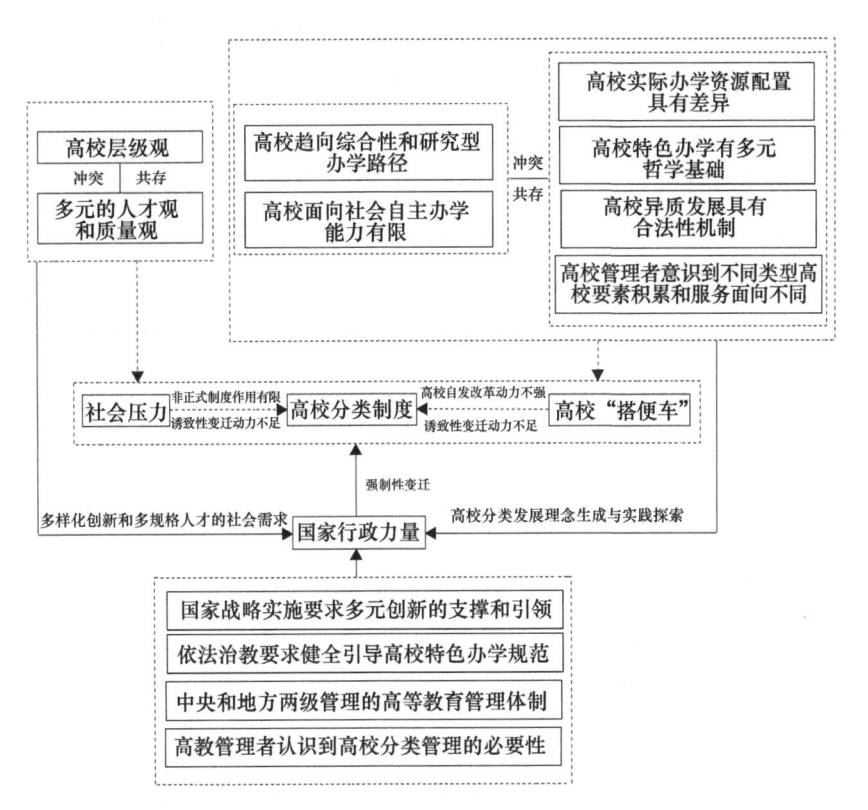

图 5-3 中国高等学校分类制度变迁从非均衡状态走向均衡状态

在短时期内和长远来看，高等教育系统生态失衡现象对制度环境产生不同程度的影响。在短时期内，高等学校趋向综合性和研究型的同质化办学现象产生人才培养结构与经济社会发展需求不相适应的问题，出现高等学校毕业生结构性失业问题和劳动力市场急需人才短缺现象；从长远来看，中国产业结构转型和人才队伍需求结构多样，不利于中国经济社会发展对多样化人才的需求，高等教育难以支撑和引领经济社会发展和国家战略建设，多类型和多规格的人才缺口和质量问题掣肘中国经济社会转型发展。

中国高等教育正式制度对高等学校办学路径的影响还表现为高等教育资源配置缺乏结果导向的反馈评价制度。高等学校办学资源多寡较少受到高等学校办学定位、人才培养规格与外部社会不相适应问题的约束。高等教育公共资源配置是行政指令的结果，高等教育管理部门实行预算制度，与高等学校学生规模、预算安排和预算执行情况等相关，缺乏绩效导向的评价标准。社会对高等学校人才培养成效评价作为一种结果导向非正式制度，与高等教育公共资源配置不相挂钩，来自社会层面的非正式制度对高等学校办学定位的约束作用十分有限。

来自社会层面的非正式制度对高等学校科学定位合理选择办学路径的影响有限，即从社会层面自下而上推动高等学校分类制度显得十分困难。社会压力对高等学校办学的约束作用较弱，高等学校人才培养过程出现的"搭便车"行为，高等学校办学的负外部性，使得社会层面缺乏自下而上自发推动高等学校分类制度变迁的内生动力。首先，高等学校面向社会办学、接受社会监督高等学校毕业生就业信息的社会公开程度较低，高等学校人才培养的社会适应度评价高低属于社会层面的非正式制度，来自社会层面的非正式制度难以直接影响高等学校办学调整。中共中央和地方两级管理的高等教育体制下，高等学校向国家和地方教育行政部门负责，高等学校较少接受社会问责的传统，导致社会压力难以成为约束高等学校主动调整办学行动符合社会多样化需求这一特定目标。其次，高等教育作为准公共产品，具有排他性。高等学校在办学过程和人才培养环节中存在搭便车现象。高等学校生均拨款与高等学校实施教育层次、主要学科类型等相关，与高等学校人才培养的社会适应度或劳动力市场对高等学校人才培养评价的关系不紧密。高等学校无需付出和承担人才培养社会成效或人才培养不符合社会需求等问题所耗费的成本，仍然享有国家财政拨款等公共资源。最后，高等学校人才培养的社会适应度不作为制约高等学校办学资源获取的重要评价标准，高等学校无须承担人才培养和毕业生就业质量问题的责任。一方面，高等教育人才培养结构具有负外部性，即高等学校同质化的人才培养活动带来社会就业压力等问题，经济社会发展受人才结构问题制约，大量高等学校毕业生在劳动力市场难以寻求到合适的岗位；另一方面，当前高等教育的资源配置以投入为主，缺乏绩效评价的反馈机制。因而高等学校对人才培养和知识生产的外部性问题重视程度不足，问责环节的缺失、尚未构建结果反馈的闭环质量管理机制，导致为高等学校无须为办学选择承担社会责任。这一现象进一步表明社会在高等学校人才培养环节的参与度和发挥的作用有限，这也是从社会层面难以自下而上推动高等学校分类制度顺利实施的另一个重要原因。

高等学校分类办学培养多规格人才的需求难以得到满足，高等教育制度供给不足以支撑和引领经济发展。高等教育系统中的重点高校建设计划，缺乏结果导向的高等学校办学评价制度，高等学校设置暂行条例指导性作用降低等系列正式制度，助推了社会层面形成高等学校层级观。因高等教育制度资源配置具有倾斜性，优质高等教育资源主要集中于办学历史悠久和办学水平较高的高等学校，诱致高等学校趋向通过规模扩张和层次提升进行升格和更名大学。在高等学校面向社会自主办学能力相对不足的情况下，进一步制约了高等学校提升面向社会自主办学能力，更容易趋向综合性、研究型高校的指标式办学路径，带来高等学校办学同质化现象和同构问题。面向社会供应人才结构不合理，毕业生面临结构性失业问题，也制约了高等学校通过内涵式发展提升教育质量的探索。高等教育系统的一系列正式制度对高等学校指标式同质化办学具有深远影响，在这一制度环境中，作为高等教育利益相关者的国家、社会、高校、学生都难以在制度中获益，高等教育利益相关者利益受损导致维持当前高等教育正式制度的成本增加而制度预期效用下降。由于中国高等教育管理体制的特殊性，来自社会层面的社会压力十分有限，因而社会层面的约束作用难以有效推动高等学校自发调整办学路径，高等学校也难以自发实现自下而上推动制度变迁。因此，当面临高等学校分类制度需求而制度供给不足的供需矛盾中，高等教育利益相关者的社会和高等学校推动制度生成的动力不足的情况下，高等教育利益相关者基于各自的诉求，协商达成相对一致的高等学校分类制度构建意向。在此背景下，高等学校分类制度的预期效用得到了增强，形成了国家行政力量干预、通过强制性变迁推动高等学校分类正式制度生成的新需求。

小　结

以制度变迁理论为理论基础分析中国高等学校分类制度的生成机理。在制度变迁理论框架中，提出中国高等学校分类制度变迁的制度话语逻辑和行动实践逻辑。分析中国高等学校分类制度从高等学校层级观和趋向研究型和综合性的同质化办学观的非正式制度环境均衡状态被打破，并重新形成旨在引导高等学校特色办学的正式制度环境的均衡状态的变迁路径选择和影响机制。高等教育系统的重点高校建设计划、投入为主的管理制度、高等学校设置规范的不合时宜直接影响高等学校陷入依附式办学困境或通过社会层面形成的层级观间接影响高等学校盲从趋向标准化的办学路径，制约了特色办学。高等学校层级观与多元人才质量观念共存的冲突下，社会压力难以推动高等学校分类制度自下而上变迁。高等学校管理者盲目趋向研究型和综合性办学路径和面向社会自主办学能力不足问题与高等学校实际资源配置差异、高等学校差异化办学合法性、高等学校特色办学理念和实践共存的矛盾，也制约高等学校主体自发推动改革。在高等教育多样化发展需求与日俱增和社会及高等学校主体推动制度变迁动力不足的情况下，国家高等教育行政力量通过强制性变迁推动高等学校分类制度设计和行动实践。

第六章

结论与建议

高等学校分类制度生成的基本特征和需要处理好的关系是推动高等学校分类制度供需均衡的依据。在分析高等学校分类制度生成基础、生成动因、生成机理之后，总结中国高等学校分类制度生成的基本特征，在此基础上，反思中国高等学校分类制度生成过程中亟需处理的关系。继而从高等教育利益相关者视角出发，寻求建立推动高等学校分类制度生成的多重机制。首先，总结中国高等学校分类制度生成的主要特征。其次，根据中国高等学校分类制度生成的特征，针对性地分析中国高等学校分类制度生成过程中需要处理好的关系。最后，从高等教育利益相关者视角提出推动高等学校分类制度生成的对策建议。

第一节 中国高等学校分类制度生成的基本特征

中国高等学校分类制度生成的基本特征，表明中国高等学校分类制度功能实现进展。中国高等学校分类制度生成的基本特征，建立在高等学校分类制度生成环境、生成动因、生成机理的系统分析之上。首先，中国高等学校分类制度生成是国家行政力量自上而下推动而成的，因而具有强制性特点。其次，中国高等学校分类制度设计是在高等学校已经形成分类办学理念和分类办学的行动实践探索的背景下生成的，因而中国高等学校分类制度的生成具有滞后性的特点。再次，中国高等学校分类制度的生成是服务于以高等学校分类体系为基础的高等学校分类设置、分类管理、分类评价、分类办学等具体标准和实施，制度需要根据所处环境变化而不断发展，因而制度生成具有持续性的特点。最后，受社会传统层级观念的影响，制度话语转化为行动实践以及制度生成的社会基础较为薄弱，因而其制度生成表现为渐变性的特点。

一 强制性特征

中国高等学校分类制度生成具有强制性特征。中国高等学校分类制度是在经济社会和高等学校难以通过自下而上的方式推动高等学校分类制度非正式制度转变为正式制度的情况下，依靠国家行政力量自上而下推动生成的制度设计，因而高等学校分类具有强制性特征，其非正式制度的社会基础较为薄弱。高等学校分类制度的正式制度是国家、地方、高校等正式组织制定的法律法规、政策规定、战略规划等。非正式制度不仅指来自社会层面对人的行为起约束作用的惯习、观念，还包括地区和高等学校层面对人具有规范作用的思想观念和行为实践。中国高等学校分类制度通过强制性变迁自上而下生成，因此高等学校分类制度表现为国家主导下的正式制度，是经过逻辑推理的形式表达。高等学校分类制度的生成不是约定俗成的传统文化观念和社会力量共同作用的结果，不是社会自下而上自发形成的理念，也并非高等教育利益相关者自觉推动实践的制度变迁。

二 滞后性特征

中国高等学校分类制度生成具有滞后性。一方面，高等学校分类制度设计是在高等学校分类制度供需矛盾的背景下生成的，因而制度生成具有滞后性特征；另一方面，高等学校分类正式制度尚未从显性转化为隐性生成状态，使得中国高等学校分类制度具有滞后性表现。正式制度和非正式制度都具有显性和隐性的特征。由于显性正式制度转化为隐性正式制度要经过内化，内化是一个不可控的非理性过程，受个体主观能动性的干扰和影响较大，从而限制了正式制度成为各主体的默会性知识和观念并推动制度行动实践产生的进程。当前中国高等学校分类制度通过强制性制度变迁生成，主要表现为政策文本表述、高等教育管理者语言传递、高等学校管理者将政策观念转化为办学定位和战略规划，是显性的正式制度。从当前高等学校分类制度的正式制度可以发现，高等学校分类制度的行动实践演进较为缓慢，当前表现为制度话语为主和部分行动实践。由于缺乏与高等学校分类制度配套的具体化的政策话语，高等学校分类制度的话语体系仍不健全。因此，在指导行动实践的作用稍显不足，作为新生事物的高等学校分类制度在行动实践表现上也显得滞后。制度话语和行动实践的相互割裂，延缓了高等学校分类制度从显性走向隐性和制约了推动制度内化的进程。

三 持续性特征

中国高等学校分类制度生成具有持续性特征。中国高等学校分类制度的生成是一个持续性的过程，是建立在高等学校分类体系基础上的制度设计，旨在于引导高等学校分类设置、分类管理、分类评价、分类办学，因而作为一个立体化的制度设计，其生成表现为持续性特征。高等学校分类制度生成的持续性特征，表现为制度设计与环境的主动适应和不断适应，要求根据制度所处环境的新需求，不断调整高等学校分类制度正式规则的内涵、标准、方法等，以满足高等教育内外部系统多样化的人才需求和知识创新需求。高等学校分类制度的非正式约束受制度的正式规则影响，也表现为持续性的特征，非正式约束对利益相关者的影响具有持续性和稳定性，因此也对高等学校分类制度设计前瞻性、稳定性提出了新挑战，要求高等学校分类制度设计能够有效统领高等学校分类管理和分类办学的行动实践。

四 渐变性特征

中国高等学校分类制度生成具有渐变性特征。高等学校分类制度指向中国高等教育存量优化和增量调整，是对高等教育系统进行全面的改革，事关高等教育各利益主体，牵涉到不同高等教育管理部门的协同合作，以及关联到高等教育制度各环节的调整，因此高等学校分类制度生成表现为渐变性。从2010年《国家中长期教育改革和发展规划纲要》颁布，要求构建高等学校分类体系促进高等学校分类管理。2017年教育部《关于"十三五"时期高等学校设置工作的意见》提出中国高等教育体系分为研究型、应用型和职业技能型三大类型高等学校，引导分类设置并修订高等学校分类设置标准。2019年，一批在高职基础上的新设本科高等学校升格更名为职业大学，作为实施本科层次职业教育的试点高等学校。从2010年至今，高等学校分类制度的探索已经走过十余年，构建以高等学校分类体系为基础的分类设置、分类管理、分类办学、分类评价联动机制的制度变迁仍在进行。

中国高等学校分类制度生成的渐变性还表现为，是选拔性分层文化环境中的新制度需求，与分层文化共存。选拔性的正式和非正式制度在高等学校分类制度生成过程中仍对高等教育利益相关者的高等学校分类理念和实践带来深远影响，因而中国高等学校分类制度作为一种新的制度设计，其制度生成具有渐变性。正式制度和非正式制度的双重作用，使得高等学校分类制度在制度变迁和实施过程中遇到不少阻力。选拔性分层文化作为一种正式制度和非正式制度，在国家、政府、地方、高校、社会具有深远持续的重要影响。选拔性高等学校建设作为一种正式制度发挥支撑和引领教育强国建设、人才强国战略发挥了重要作用。原重点高等学校建设计划的正式制度虽然被废止，但仍以非正式制度的形式转变成为一种潜移默化的社会观念，对高等教育各利益主体的行为选择继续产生影响，不利于高等学校分类制度的实施。作为非正式制度，制度产生的时间越早，发挥作用的时间越长，其变迁也就越为缓慢。高等学校分类制度与选拔性分层文化既有逻辑基础的差异，也有共同的制度目标，因而其制度生成与选拔性分层文化是互相影响、相互渗入的过程。高等学校分类制度作为一种高等教育管理制度的创新，一方面弥补了选拔性制度的重层次轻差异的制度供给不足问题；另一方面高等学校分类制度是为了创设一个注重高等学校办学特色的制度环境，引导不同类型高等学校进行内涵式发展，支持不同类型高等学校追求卓越。

第二节　中国高等学校分类制度生成中的四对关系

中国高等学校分类制度生成的强制性、滞后性、持续性、渐变性特征，反映出制度生成面临的矛盾关系和生成困境，从制度自身建设的角度提出推动制度生成需要处理好制度合法化和社会化、制度话语和行动实践、技术变迁和制度变迁、分层文化和分类文化等四对关系，破解高等学校分类制度生成的冲突，有效推进制度生成。

首先，当前中国高等学校分类制度作为强制性变迁方式下的正式制度，在自上而下的制度化进程中，其社会化进程相对弱化，因此需要统筹合法化进程和社会化进程。其次，高等学校分类制度缺乏完善的政策体系，高等学校分类管理和分类办学的行动实践以分散形式出现，难以对高等学校分类行动实践进行系统化规范。因此需要完善高等学校分类制度统领高等学校分类行动实践的制度设计。再次，高等学校分类制度需要通过不断的技术创新，实现制度创新发展以满足外部社会环境变化产生的新需求和维护制度设计的初衷。最后，处理好分层文化和分类文化的共存，需要正确辨析高等学校分类制度中存在合理趋同模式，并使之作用于高等学校组织效率提升。

一　需要处理好合法化和社会化的关系

高等学校分类制度的强制性变迁方式决定了高等学校分类制度化过程中合法化进程相对迅速而社会化进程相对缓慢的特点。中国高等学校分类制度的生成是在社会多元需求和高等学校动力不足、难以自发推动高等学校分类制度生成背景下，通过制度设计推动制度合法化和社会化的不断演进的特殊过程。制度化的过程分为自发演化和人为设计两种不同的形式。

第六章 结论与建议

一方面,制度化的过程可以解释为美国社会学家伯格提出的"习惯化—制度化—合法化—社会化"过程。[①] 即高等学校分类制度来源于习惯,具有明显的自发演化的特征。另一方面,制度化的过程也可以被理解为是人们自主理性设计规则的活动过程。[②] 从习惯到制度生成的过程,通过行动自发地习惯化和发挥主观能动性,推动客观制度的建立。合法化过程通过概念、命题、知识体系等方式对整合制度的意义,以保障制度的长期存在。社会化则在制度长期存在的同时,通过系列方法使人们对制度产生信任,实现制度的稳定和持续发展。

高等学校分类制度变迁主要以强制性正式制度变迁演化而成。社会对高等教育质量评价和人才培养成效评价日益多元,选拔性的分层文化亦有深远的社会影响。在高等学校分类制度生成的前期,国家政策指令性的规定,缺乏相应配套政策进行解释和沟通渠道,高等教育利益相关者无法获取高等学校分类制度的生成与自身的利益关系。在高等学校分类政策解释力和传播度有限的情况下,高等教育利益相关者缺乏自发和自觉遵从高等学校分类制度的非正式制度基础。由于高等教育系统的内部复杂性和不同高等教育政策之间的联动性,高等学校分类制度从制度话语走向行动实践的进程较为缓慢,当前高等学校分类制度尚难以通过制度的行动实践在社会形成影响力,高等学校分类制度的社会舆论缺失制约了其社会化进程。

从中国高等学校分类制度的制度变迁过程可以发现,高等学校分类制度是对原高等学校分层制度的创新发展,原选拔性高等学校分层文化已经从国家和地方政府层面的正式制度转变为非正式制度,对社会产生潜移默化的深远影响。原分层制度文化作为非正式制度内化为社会群体进行价值判断的隐性标准,反映在高等学校层面则表现为高等学校办学趋向研究型、综合性建设和提升实施教育层次的路径依赖现象。因而原分层文化的诱致性制度变迁是缓慢和困难的。随着经济社会发展,高等教育质量、高

[①] [美] 彼得·L. 伯格、托马斯·卢克曼:《现实的社会建构:知识社会学论纲》,吴肃然译,北京大学出版社 2019 年版。

[②] 谢立中主编:《西方社会学名著提要》,江西人民出版社 1998 年版,第 351 页。

等学校办学、人才培养质量的多样化评价标准作为非正式制度逐渐形成，高等学校分层文化诱致性制度变迁的缓慢进程，难以满足经济社会发展和高等教育系统内部对高等教育多样性的需求，继而对自上而下强制性变迁方式推动高等学校分类制度产生了新需求。囿于原选拔性高等学校分层文化对社会和高等学校的广泛影响，新制度需求难以实现自下而上的诱致性制度变迁形成新的制度供给，因而其社会化程度在制度变迁之初已经处于相对薄弱的状态。

高等学校分类制度以强制性变迁方式成为国家政策的正式制度获得了合法地位，作为高等教育系统优化和改革的政策工具，仍处于新生发展阶段。高等学校分类制度的合法化地位获得，在于国家政策层面明确提出了研究型、应用型和职业技能型的高等教育分类体系和以高等学校分类体系推动分类设置、分类管理、分类办学和分类评价的制度设计。由于高等学校分类制度关乎高等教育系统优化和改革，涉及不同高等教育管理部门合作和当前高等教育政策体系的重组，制度调整面临错综复杂的利益关系。中国稳健的改革传统也使得高等学校分类制度的一系列分类设置、分类管理、分类办学和分类评价方面的正式制度创新进程缓慢。高等学校分类制度系列正式制度调整和创新的滞后，导致高等学校分类制度全面实施的受阻。自上而下的政策实施推进过程中，高等学校分类制度从合法化走向社会化的进程相对缓慢，因而高等学校分类制度的社会化程度较为不足。

推动高等学校分类制度生成，需要处理好合法化和社会化的关系。一方面，推动高等学校分类制度合法性机制和效率机制相结合，促进高等学校分类制度的社会化。在高等学校分类制度的合法性机制建立之后，在合法性机制中进行能动性多样化模仿，追求制度的效率机制，使得制度行动实践的多样化结果带来一定社会效益，满足社会预期的多样化需求。例如，从高等学校合理定位出发，采取特征模仿方式，选择与高等学校办学目标一致且在高等学校亟待提升的办学层面形成了成效和影响的特质。或者采取结构模仿方式，对经济社会、产业行业产生显著效用的特质，进行学习和借鉴。另一方面，优化高等学校分类制度的传播方式，促进高等学校分类制度内化,使高等教育利益相关者认可和信任高等学校分类制度。加强对制度制定目标和相关配套政策的解释,形成认知上的统一。拓宽与高等教育利益相关者沟通渠道和协商机制,在高等学校分类制度相关政策制定、调整过程中增进社会理解,减少制度话语和行动实践在社会传播中的冲突。

二 需要处理好制度话语和行动实践的关系

高等学校分类制度话语滞后于高等学校分类办学实践的特点,决定了高等学校分类制度生成中处理好制度话语和行动实践之间相互转化的关系的重要性。从制度设计复杂的普遍性、高等学校分类制度设计的特殊性、国际代表性高等学校分类制度系统化建设的经验启示发现,推动高等学校分类制度生成需要处理好制度话语和行动实践的关系。

高等学校分类制度变迁,通过强制性制度变迁构建了高等教育分类体系和以此为基础进行分类设置、分类管理、分类办学、分类评价等相关制度的调整的法律和政策指导方向,实现了制度话语的建立。从制度话语建立到行动实践的过程,是高等教育利益相关者之间的博弈,原高等学校设置、管理和评价政策整体性的调整,高等教育政策运行机制的衔接,牵一发而动全身,周期长且操作复杂,因此,高等学校分类制度仍处于不断完善之中。高等学校分类制度生成的重要标志,是高等学校分类制度的制度话语的构建。以高等教育分类体系为先导,构建分类设置、分类管理、分类办学、分类评价的制度话语,探索本科层次职业教育,高等学校分类制度还面临着来自行动实践方面的挑战。

高等学校分类制度在获得合法性地位之后,由于政策制定的复杂性,高等学校分类制度的系统化建设较为缓慢,无法及时引导高等学校分类办学过程中出现的创新实践。中国高等学校当前已经出现了新设研究型大学、建设一批应用型高校、新设职业型大学、著名高校异地办学等创新探索。新设研究型大学突破了1986年《普通高等学校设置暂行条例》中设置大学的标准要求,也与在学院建设基础上更名大学的传统建设路径不同。应用型高校的设置标准和程序，零星散落于不同的政策文本之中，难以在现有的法规政策中找到全面具体的规范。职业型大学是民办高职更名大学之后保留职业性质的更高层次追求。1986年《普通高等学校设置暂行条例》和随后制定的普通本科高等学校设置、民办高等学校设置、高等职业学校设置、独立学院设置与管理的系列规定，是从办学性质和办学层次不同角度的高等学校办学准入制度，无法体现研究型、应用型和职业型高校的差异化特征。

无论是美国高等学校分类制度或是中国高等学校分类制度，一致表现为从高等教育利益相关者的高等学校分类制度的新需求推动高等学校分类制度的供给。加州高等教育总体规划是州政府促进加州高等教育多样化的政策工具，加州高等教育系统的行动实践，都在加州高等教育总体规划的框架下进行。加州议会和政府通过在加州高等教育总体规划框架下的法规政策修订，实施对加州高等教育系统的管理，加州不同高等教育系统在总体规划框架下制定发展战略，达成办学使命。由此可见，完善的制度框架是高等学校分类管理和分类办学实践的基础。中国高等学校分类制度确立了高等学校分类体系和以高等学校分类体系引导分类设置、分类管理、分类办学、分类评价的制度目标，在制度建设过程中尚未完全建立起贯穿高等教育全过程的系统化的制度体系，因而对高等学校分类办学创新实践的引导和规范作用还未充分显现。

处理好高等学校分类制度话语和行动实践融合，有效推进高等学校分类制度生成。通过制度融合的方式可以促进显性制度之间的传递，通过内化的方式可以推动显性制度转化为隐性制度。中国高等学校分类制度的顺利实施，需要制定能与其他制度互洽的制度体系，与现有高等教育制度融合。高等学校分类制度的持久运行，则有赖于高等学校分类制度概念体系和制度体系内化为高等教育各主体的默会性观念和规范。高等学校分类制度实施的全面推进，需要整合构建一套从政策话语走向实践行动，使制度合法化的概念体系和制度体系。以高等教育分类体系为基础，建立不同类型高等学校设置标准和程序实现高等学校分类设置，明确中央与地方政府和不同类型高等学校的权责关系实现分类管理，引导高等学校合理定位和制定符合自身办学定位战略规划实现分类办学，在评估方案和过程中关注不同类型高等学校办学定位和特色发展的内涵式建设实现分类评估。

三 需要处理好技术变迁和制度变迁的关系

中国高等学校分类制度生成的持续性特征，表现为制度与环境相互依存，要求通过技术变迁促进制度变迁，通过技术变迁提高制度的社会适应度和制度的前瞻性，推动制度持续生成。制度变迁为技术变迁创设制度环境，技术变迁推动进一步的制度变迁。制度环境追求合法性机制，技术变迁追求效率机制。在技术、信息成本降低，知识不断发展的社会环境，降低了制度创新的成本并增加了制度创新的机会，因而对制度的新需求也更加多样化。高等学校分类制度要实现制度效用需要持续的制度创新，制度创新则离不开技术变迁的作用。一种制度生成之后并非一成不变，而是处于不断发展变化之中，只是变化速度和程度或有不同。以加州高等教育总体规划和卡内基高等教育机构分类为典型代表，虽然二者的利益相关主体性质、主导的制度变迁方式、制度内容有所不同，两种制度之所以能够产生持续发挥作用和形成广泛的社会影响，就在于贴合经济社会发展的需求，持续采用技术变迁推动制度创新发展。

中国高等学校分类制度在获得合法性地位之后，要持续推动制度生成，既要通过创新技术不断完善制度建设，推动制度话语转化为行动实践指导制度实施。也需要主动回应经济社会发展需求和高等教育系统的发展要求，不断通过知识创新和技术创新，与时俱进、丰富调整制度内涵和优化实施机制，健全高等学校分类制度中的高等学校分类设置、分类管理、分类办学、分类评价等相关制度建设，推动高等学校分类制度的制度变迁有效推进中国高等教育的多样发展和高等学校特色办学。

四 需要处理好分层文化和分类文化的关系

中国高等学校分类制度的渐变性特征，表现为高等学校分类文化在选拔性分层文化基础上的发展。选拔性分层文化持续影响高等教育利益相关者对高等学校办学理念和实践的制度环境，推动高等学校分类制度的生成。因而高等学校分类文化建立在分层文化的基础上，并与之共存发展。虽然中国政府已经宣布废止了"985工程"和"211工程"，但其政策带来的社会影响并未随着正式制度的终止而马上中断。选拔性的高等学校分层制度已经延续转变为非正式制度，并发展成为社会认识高等学校、评价高等学校、选择高等学校，高等学校办学标杆，学生和家长报考高等学校、劳动力市场筛选人才的重要信号。选拔性分层文化的规则里，学科门类是否齐全、学位点数量和层次、实施教育层次等，是纵向上升通道中朝向高水平大学建设的可视化、可测量的标准。在升格和更名大学及其带来的高等教育资源和社会声誉提高等利益驱动下，无论是新建本科院校或者是高水平大学，都趋向于规模的扩张和层次的提高，指标化办学导致高等学校组织同质和人才培养类型趋同。以建设综合性、研究型高等学校为标杆的非正式制度，使得高等学校陷入指标式和资源依附的办学路径，导致高等教育资源浪费和低效使用，削弱了高等学校面向社会自主办学能力。

推动高校分类制度生成，需要促进分层文化和分类文化的有效融合。一方面，需要突出选拔性高校分层制度文化变迁的正当性，完善话语体系建设维护高校分类制度的正当性。从理论溯源方面彰显高校分类制度的正当性，澄清其促进不同类型高校内涵式发展特色办学从而全面提高高等教育质量的效用和价值取向，使社会大众对选拔性分层文化非正式制度变迁的正当性形成统一认知，加快选拔性高校分层文化的非正式制度的变迁，实现不同制度之间的融合发展。把高校分类制度的制度话语融入世界一流大学和一流学科的建设之路，特别是引导应用型高校在建设世界一流大学和一流学科上合理定位、凝聚优势资源集中发力。首先，强迫机制、模仿机制和规范机制的制度扩散理论，表明高校在选拔性分层文化的影响下，形成同质化办学的同构原理。同质化办学带来高校办学资源浪费和低效、人才培养结构与经济社会发展需求不相适应等问题进一步表明选拔性分层文化非正式制度变迁的正当性。其次，为高校分类制度引导高校异质办学提供正当性。从院校分工、高等教育内部学术的多样性等理论，高校本质上具有自发开展不同办学面向和教学科研活动的追求。最后，高校发挥主观能动性地自主选择，规避强迫机制、模仿机制和规范机制引致的高校同质化发展路径，特色办学带来多样化的行动实践，为高校学习和模仿提供多元选择的范本。

另一方面，还需要甄别高校办学过程中的合理趋同现象，正视合理趋同在推动高校分类制度实施的作用。高校分类制度追求有效率的组织趋同模式，高校分类制度无法消除也无须完全否定组织趋同的意义。一定条件下的制度性趋同是组织提高效率的重要方式。高校分类制度意在于促进更多有特色的组织异质，合理化的组织同质。辨析高等教育趋同模式的不同类型，规避盲从低效率的模仿趋同，认可自主选择有效率的模仿趋同。高校分类制度是高等教育盲从趋同发展模式下，产生系列高等教育问题而引致的高等教育制度变迁。然而，组织分析的新制度主义研究者提出，频率模仿、特征模仿和结果模仿反映了组织的主观能动性，能带来组织效率的提升。高校分类制度旨在推动高等教育系统多样化发展，全面提高高等教育质量。不同类型高校基于办学定位和需求，通过自主合理地选择模仿，丰富高等教育办学形态和提高高校办学的质量标准，也能够促进高校分类制度的目标达成。在合理趋同的高校组织环境中，更为重要的是凝练高校办学特色并集中优势资源进行培育和发展，在合理趋同中打造高校办学品牌。

第三节　深化中国高等学校分类制度生成的行动对策

理论来源于实践，指向实践。高校分类制度正式规则、非正式约束和制度实施是实现高校分类制度安排的关键，也是制度长期稳定存在和持续生成的保障。高校分类制度生成研究的实践意义在于，通过把握和反思高校分类制度生成动因和内在机理，总结高校分类制度生成的特征和推动制度生成需要处理好的关系，使得中央政府、地方政府、高校、社会自主地从行动实践层面推动制度实施，持续推动高校分类制度生成。高校分类制度作为一项通过自上而下的强制变迁推动的制度安排，并非单一的国家意志或政府决策的体现，而是一项集国家战略部署、地方协调发展、高校特色办学、经济社会发展需求的系统化制度设计。

多重机制推动高校分类制度从制度话语走向行动实践，有效引导高等教育多样化发展。从国家、地方、高校、社会层面建立多重机制推动高校分类制度的实施。高校分类制度的制度话语和制度实施，既要依靠来自国家法律政策的自上而下的强制性推动，也需要符合社会标准和期待以获得社会认可，使得社会能够自发地推动制度持续生成。高校分类制度是高等教育发展的一种策略性的工具，还需要国家、地方、高校、社会层面的多重机制与之相辅相成，推动政策实施。从国家层面来看，明确提出高等教育分类体系中不同类型高校使命和目标，与高校分类制度的分类设置、分类管理、分类评价的制度内容相互衔接，相应给予政策和资源支持。持续跟踪高等教育系统和经济社会的发展情况，及时调整高校分类制度的内容和实施。鼓励地方在国家高校分类体系下探索符合地方发展需求和高等教育实际的地方高校分类制度。在地方层面，基于地方经济发展需求和人口增长情况，在高校分类制度的框架下，提出符合地方实际的高等教育战略规划和时间节点。从高校层面来看，高校分类制度的最终指向于高校，能否充分实现高校分类制度的目标也在于高校能否在高校分类制度框架下实现特色办学。高校以人才培养机制改革为起点，牵一发而动全身，全面深化高校综合改革，制定能够反映高校历史积淀、优势和特色的办学使命和办学路径。提高办学自主性和面向社会自主办学能力，避免陷入资源依附的路径依赖。在社会层面上，主动融入高校知识生产过程和人才培养过程，推动高校与社会的深度融合。一方面有利于弥补高校人才培养周期性与经济社会发展存在时间差的滞后性问题；另一方面也有利于促进高等教育多元质量观和评价标准的文化传播，能够增强高校分类制度的社会认可度，有利于高校分类制度的顺利实施和持续生成。

一 以分类体系为抓手，联动其他高等教育制度

国家层面的行动策略是高校分类制度生成的关键，具有重要的导向作用。从国家教育行政力量加强宏观管理和进行制度顶层设计的职能出发，在健全高校分类设置制度和联动当前其他高等教育制度方面可有所为。

第一，以高校分类体系为抓手，健全高校分类设置制度。高校分类制度是国家教育行政力量自上而下推动制度变迁而成的，国家教育行政部门发布高校分类体系的顶层设计理念的顺利实施，离不开高校分类制度设计的政策清晰度。

首先，国家教育行政力量需要理清不同类型和不同实施教育层次高校之间的关系，这也是健全高校分类设置制度之始。中国高校分类制度设计来源于高校特色办学理念和实践，当高校办学实践积累到一定程度，也需要高校分类制度设计为高校办学行动提供支撑和导引。当前，除了高校分类体系中明确提出研究型、应用型、职业技能型的高校类型之外，2019年出现的职业型本科大学的概念作为职业教育体系的一种高校类型，出现在高校设置政策文件中。需要明确职业型本科大学的内涵和身份归属，特别其与高校分类体系中的应用型、职业技能型高校的类型关系。作为职业教育体系的职业型本科的类型存在，要构建中等职业教育、高等职业教育、职业型本科教育的职业教育体系，打通职业教育体系的衔接通道，明确其招生面向，以专业为基础制定明确的衔接标准和要求。此外，自新中国成立以来，综合、工科、语文、财经、政法、师范、农、林、医学、体育、艺术、民族等专门院校的概念一直延续至今，作为1986年《普通高等学校设置暂行条例》和2004年《普通高等学校基本办学条件指标》对不同类别高校办学基本条件划分的依据。高校分类制度的相关规定应澄清在当前高等教育发展阶段，基于高校分类体系与传统按主要学科门类差异化制定设置标准的区别与依据，以及基于高校分类体系的分类设置标准如何处理主要学科门类差异较大的高校多样化的设置标准问题。在理顺当前高等教育政策文本中的各种类型高校内涵和关系之后，高校分类体系中不同类

型高校的范畴和通道将更加清晰，以便建立在高校分类体系基础上的分类设置、分类管理、分类评价标准和程序进行相应的调整。

其次，在高等教育发展的原有基础和新形势下合理制定不同类型高校的设置标准，依法推动存量和增量高等教育结构的优化调整。以研究型、应用型、职业技能型高校分类体系引导高校分类设置，并以此为依据调整中国高等教育管理和评价制度，实现高校分类管理和分类评价。一方面，中国高等教育制度的变迁具有稳健性和渐进性的特点，中国《普通高等学校设置暂行条例》自发布至今持续指导高校设置行动已经三十多年，深刻地影响着高校办学行为。高校分类设置标准制定建立在《普通高等学校设置暂行条例》的基础之上，将分类理念融入设置标准中，根据高校分类体系对研究型、应用型、职业技能型的差异化定位，制定研究型、应用型、职业技能型高校的设置标准。另一方面，根据中国高等教育发展新形势和高校办学条件新变化，及时调整高校设置底线标准，保障不同类型高校办学质量。需要高等教育行政各个相关部门合作，对当前出现的新设研究型高校和应用型高校类型，以及职业型本科大学、中外合作办学高校、著名高校异地办学行为等类型归属和标准规范进行系统性设计，以基本质量标准的准入门槛规范高校办学行为，发挥高校分类设置标准和程序对中国高等教育新形势下的政府和高校探索多种办学形式的指导作用，推动依法治教在高等教育领域的逐步深化。

第二，以高校分类体系为基础，融合其他高等教育制度。高校分类制度与现存其他高等教育制度有效融合，共同促进高等教育全面质量提升。高校分类制度作为高等教育系统的一项制度工具，其作用和价值的实现有赖于高等教育制度之间的相互衔接和分工协同。高校分类制度是缓解当前高等教育面临的结构、质量和效用问题，健全高等教育体系、促进高等教育多样化的手段之一。其目的在于以分类制度为杠杆，撬动高等教育全面深化综合改革，引导高等教育分类设置、办学、管理和评价，促进高等教育多样化发展，全面提高高等教育质量，建设多元的高等教育国家梯队。当前高等教育问题的复杂性和高等教育利益主体的多样化，其他高等教育制度具有稳定的适用对象、实施条件、形成规范性的制度内容和实施程序。高校分类制度作为在原高等教育制度环境变迁而成的新制度环境，需要与系列相关的高等教育制度相互衔接，削弱新制度实施过程中对原有制度环境和制度成果的冲击，帮助减小高校分类制度实施的阻力，以防制度实施过程背离了制度目标。

在高等教育资源配置的投入机制方面，以高校分类制度为资源配置调整契机，注重对研究型高校进行学科建设引导，对应用型高校实行特色专业建设引导。此外，在加强政府宏观指导作用的同时，通过政策杠杆作用实行税收优惠政策等调节机制促进社会力量广泛参与，使得社会企业在高校面向社会办学中发挥更加关键的作用。在人才评价制度方面，引入多元人才类型的评价标准和灵活的激励机制，鼓励无论选择教学为主或研究为主，从事学术研究或应用研究的不同类型高校教师，都能安心于志业。在院校评估制度方面，中国已经建立"五位一体"的本科教学评估制度和高职高专院校人才培养工作评估，把"以评促建"理念与高校分类制度结合起来，在院校评估中更加关注不同类型高校办学定位和办学基础，以评价结果促进高校办学质量提升。通过加强国家层面的高校分类正式制度的信息公开和政策解释，推动社会和高校的高校层级观等非正式制度变迁，加快多元评价标准和多元卓越社会观念形成，激发高校主体自发的准确定位和探索特色办学路径的积极性，为高校分类制度的制度设计和实施营造正向的外部氛围。

二 以服务地方为目标，促进高校形成错位竞争

地方政府在国家高等学校分类制度下统筹地方高等教育发展，是高等学校分类制度设计实施和持续推进的关键力量。地方政府作为高等学校分类制度的中枢，在高等学校分类制度的制度推进和制度实施过程中，应做好高等学校分类发展的地方性规划，合理配置高等教育资源，引导高等学校脚踏实地错位竞争，推动地方高等教育真正成为支撑和引领地方建设的动力站和智力库。

地方政府是高等学校分类制度的推进者,地方高等教育发展规划是推进高等学校分类制度实施的重要途径。中国经济社会发展和高等教育资源布局在地区层面存在不平衡现象,因此地方建设对高等教育的需求各不相同,地方政府在高等教育发展规划中具有较强的主观能动性,在支持和引导地方高等教育分类发展方面也承担了重要责任。

第一,以服务地方为目标,统筹地方高等教育规划。地方政府需要根据地方行业和战略发展实际需求,甄别地方高等学校办学真正诉求,合理制订地方高等学校分类发展规划。地方政府应在国家高等教育体系总体布局优化的框架下,结合地方经济社会对人才规格需求情况、地方人口变化趋势、地方存量高等教育的结构布局,合理规划存量高等教育优化和增量高等教育需求。不仅要从经济和社会需求的角度考虑地方高等教育规划,也要建立过程和结果质量观,考虑调整和新增地方高等教育规模对于高等学校内部教育资源承载力。

突出政府服务高等学校职能,保障地方人才培养规模和质量的供需稳定。地方在注重高等教育外部结构调整的同时,也要建立服务、监督、激励机制,引导高等学校集中优势资源进行特色建设和保障人才培养质量。此外,还要形成可持续发展的原则,对地方行业企业的就业市场人才需求的空缺和饱和进行充分调查,帮助高等学校与社会对接,减缓高等教育分类办学对地方就业市场的冲击力,促进高等教育与地方的良性互动。

第二,以服务地方为目标,优化资源配置引导高等学校错位竞争。优化地方高等教育资源配置,以政策引导和资源分配为调节手段,联动地方、社会、高等学校多方办学。鼓励高等学校自主探索特色办学路径形成品牌优势,支持地方行业企业参与地方高等学校办学,有的放矢促进高等学校之间错位竞争和协作互补,提高地方高等教育资源利用效率。

建立资源配置的调节机制引导地方高等学校差异化办学,建立多元评价和激励机制。鼓励高等学校之间形成差异化发展的办学理念,发挥比较优势,巩固比较优势。对于增量高等学校,引导坚持分类发展的办学指导和特色发展的办学思路,鼓励与存量高等学校协同合作,实现错位竞争。

应避免增量高等学校类型、高等学校学科和专业的过多低水平重复设置，鼓励其以办学基础的比较优势为核心和基础，充分考察存量高等学校的办学定位和学科、专业布局，实行错位发展，设置一批具有竞争力的学科和专业，并融入地区经济，形成与增量高等学校进行错位优势的协同合作，促进高等教育资源流动和互融。

中国高等教育体系总体结构较为稳定，当前高等教育分类调整和增量主要集中于应用型高校和职业技能型高校，因此地方政府应通过创新机制积极引导社会行业参与应用型高等学校和职业技能型高等学校特色办学。培育行业企业对人才培养的责任意识，通过税收调节机制或政策倾斜机制鼓励行业企业投入高等学校办学实践，加强高等学校与行业企业在第一课堂和第二课堂开展全方位和多样化的深度、稳定、长期合作，特别是地方龙头行业企业融入地方高等学校专业建设和人才培养。

三 以内涵式建设为根本，整合资源发挥比较优势

高等学校分类制度设计和实施最终落脚于高等学校，高等学校在高等学校分类制度安排中的参与度和融入度是彰显高等学校分类制度成效的检验标准。当前中国处于知识经济转型时期和工业化后期，高等学校之间形成知识生产模式和人才培养的异质性是高等学校发挥服务经济社会发展社会职能的重要表现。在以多元办学路径的高等学校分类制度框架下，高等学校根据自身办学积累和地方、社会人才培养需求合理定位，以质量建设为最终目标指向。在遵守基本办学标准和规范形成高等学校同构要素的同时，探索高等学校特色办学的异质要素，形成高等学校办学的比较优势。

第一，以内涵式建设为根本，基于办学定位凝练特色。高等学校分类制度旨在改变传统单一标准的管理制度，将高等教育体系纳入系统设计，为不同类型高等学校特色办学提供方向指引和基本规范。高等学校主体从高等学校办学定位出发，促进思想观念转变从而推动顶层设计实施，关键在于扭转规模扩张的办学思路，以内涵式建设为办学原则，凝练高等学校特色提高办学质量，各类型高等学校瞄准创新链条的不同环节，凸显不同

类型高等学校的创新特色。

不同类型高等学校内部组织结构和运行机制具有差异性，因而其内涵式建设的着力点也各不相同。研究型高等学校紧跟学科前沿，专注于发现性质的新突破，全面提高研发能力。以科研引领教学推进高等学校内涵式建设，通过学科前沿带动人才培养。应用型高校面向产业和行业先进，专注于发明性质的新进步，对科研成果进行吸收、转移和积累。以应用研究支撑和引领教学推进高等学校内涵式建设，通过科研成果的吸收和转化带动人才培养。职业技能型高校直接服务于一线，专注于改造革新，技术实操强度大。以技术革新为契机推进高等学校内涵式建设，通过实践教学带动人才培养。

第二，以内涵式建设为根本，积极推进高等学校渐进式改革。高等学校分类制度框架下高等学校主体应相应调整制定中短期特色办学目标及配套措施的具体实施方案，采取渐进式改革有效整合校内外资源，从理念转变到行动实践实现一贯式发展，确立高等学校特色办学的比较优势。

高等学校明确办学目标，精准定位，以此为依据制定高等学校中长期发展战略和明晰办学路径，全面深化高等学校治理模式、学科和专业设置、课程设置与教学模式、人才培养环节、服务模式改革。高等学校办学定位认识的理念转变关系高等学校整体改革的方向和成败，因此理念转变需要自上而下进行传播，使之成为高等学校各利益主体的基本意识，使得高等学校各利益主体理解并主动参与到高等学校特色办学实践当中。高等学校办学定位体现高等学校总体办学思路，不同学科和专业根据办学条件和需求可以形成多样化的人才培养目标，避免再次陷入单一评价标准固化了学科和专业建设路径。高等学校课程设置和教学模式调整应与学科和专业建设目标相适应。建立人才培养过程和结果导向促进课程和教学改革的评价机制，加强人才培养环节的过程性诊断和结果性评价，根据人才培养的过程性诊断及时调整高等学校课程设置和教学模式、服务模式，根据各学科和专业人才培养的结果性评价反思当前办学定位达成度情况，进行适当的调整纠偏。

四 以创新驱动为指向，深度融合高校办学过程

高等学校分类制度设计反映经济社会多样化的知识类型和人才规格需求，社会主体是高等学校分类发展的直接动力来源，在高等学校分类制度设计中扮演着引导者和检验者的角色。经济社会作为推动高等学校分类制度设计生成的重要主体，可以通过产业界与高等学校知识生产和人才培养两个过程的深度融合，塑造高等学校多元质量文化的社会氛围，推动高等学校分类制度设计臻于完善。

第一，以创新驱动为指向，深度融合高等学校知识生产过程。当前中国正处于知识社会转型和工业化建设后期提质增效阶段，产业增速和结构都发生了改变。长期以来以要素投入和引进技术为主的经济增长方式随着人口红利优势逐渐消失，劳动力规模优势对经济增长速度的拉动作用减弱，创新驱动发展成为推动经济社会可持续发展的战略安排，自主研发成为产业持续健康发展的当务之急。高等学校作为知识生产中心，是知识和技术创新的重要机构，经济社会转型发展和创新发展的多样需求推动高等学校面向社会自主办学和特色办学，引导多元高等学校质量文化形成，夯实高等学校分类制度设计的社会基础。

产业与高等学校知识生产环节深度融合提升高等学校创新能力，引导高等学校合理定位以实现特色发展，塑造多元高等学校质量文化的社会观。产业界反映经济社会发展急需和变化，能够将市场情况反馈于高等学校科学研究等知识生产过程，提高高等学校知识生产的精准性和前沿性，在这个过程中推动高等学校更加合理定位，汇聚产业和高等学校的优势资源，突出办学特色，引导高等学校建设多元质量。产业研发是问题导向的，以应用性的知识生产为突出特征。高等学校的科研以学科和专业资源为依托，具有专业化和系统性的优势，两股力量在知识生产所需瞄准的领域、攻关的重点、硬件资源、人才方面开展深度合作，既有利于有效提高知识生产资源的利用效率以激发创新活力，也能够引导高等学校以学科体系为特色的知识生产模式和以应用性问题导向为特征的知识生产模式中做出合理选择，不断提升面向社会自主办学能力，凝聚优势资源以巩固高等学校的办学特色。为高等学校分类发展提供创新动力的同时，通过高等学校服务经济社会发展的多样成效，逐步将多元办学质量观推向社会，从而推动高等学校分类制度的行动实践。

第二，以创新驱动为指向，深度融合高等学校人才培养过程。高等学校分类制度设计旨在引导高等学校特色办学，培养经济社会发展所需的多样化人才类型，因此离不开产业、行业、企业在高等学校人才培养环节中的深度参与。产业、行业、企业是经济活动中的一线，掌握着经济社会发展所需的人才技能要求和类型需求，有利于提高高等学校人才培养的社会适应度，从而促进高等学校提升面向社会自主办学能力，引导高等学校探索特色办学路径。

社会主体深度融入高等学校人才培养环节，需要贯穿于高等学校人才培养的全过程，打破高等学校人才培养模式的传统思路，发挥市场的敏锐度优势，提高高等学校人才培养的竞争性。高等学校人才培养的竞争性反映高等学校办学质量，是高等学校形成办学特色和提高自主办学能力的重要表现。在专业设置层面，与高等学校互动的产业、行业、企业根据市场人才需求结构变化和趋势及时向高等学校专业设置提出新设专业方向、专业调整方向等。在课程和教学体系层面，通过产业、行业、企业将职业技能需求和岗位素质要求反馈于高等学校课程建设的专业团队，企业与高等学校共建实习实训资源作为课程体系中第二课堂的学习内容，企业导师的专业指导和知识传递等形式提高高等学校课程体系的社会化，使得专门人才培养特色实践得以落地，提高人才培养质量和竞争力。社会主体全方位、全过程参与高等学校人才培养过程，打造不同类型高等学校人才培养的特色品牌，助力高等学校探索多元和富有竞争力的办学路径。

结　　语

　　高等学校分类制度是一种具有时代特点的高等教育发展策略，是经济社会和高等教育发展到一定阶段的历史选择。中国高等学校分类制度以高等学校分类体系为基础，推动高等学校分类设置、分类管理、分类办学、分类评价，引导不同类型高等学校凝聚优质高等教育资源，主动面向社会自主特色办学，在不同办学路径上实现卓越。高等学校分类制度以高等学校分类体系为起点，优化高等教育结构，健全高等教育体系，促进世界一流大学和一流学科建设，全面提高高等教育质量建设高等教育强国，是支撑和引领创新驱动发展战略、人才强国战略、人力资源强国战略、科技强国战略的制度工具。

　　中国高等学校分类制度的生成过程，从选拔性分层为主的高等学校管理制度走向面向高等学校设置的高等学校分类制度的强制性政策统一推进，获得了合法性地位，成为了制度话语。既有高等教育系统自发自觉地推动，也说明高等学校分类制度已然形成一定社会舆论，符合合法性机制规则。

　　高等学校分类制度的生成过程，表现为依靠自上而下的强制性制度变迁打破原选拔性分层管理制度的平衡状态形成新的制度环境。原选拔性为主的高等学校管理制度的制度环境是在中国社会主义初级阶段提高工业发展水平、发展商品经济、加快科学文化教育的外部社会背景下的产物，奠定了中国高等教育系统的层次格局和权力格局。中国高等学校分类制度的生成是奋力谱写中国式现代化阶段，国家实施科教兴国战略和人才强国战略在高等教育系统的表现，表明中国高等教育为支撑和引领国家创新驱动发展，自主自发进行深化高等教育结构体系、管理体制、内外部治理体系等方面的综合改革。

从中国高等教育结构体系的历史演变来看，中国高等学校分类制度以研究型、应用型和职业技能型构成的普通高等教育体系为基础引导不同类型高等学校分类发展，受中国高等教育管理体制影响，并建立在依据学科门类分类和高等学校分层建设等高等教育体系的基础上，又表现出与传统基于知识体系的学科分类对高等学校进行分类管理的高等教育制度不同，也与基于高等学校办学水平对高等学校进行分层管理的高等教育制度不同。从高等学校分类管理的角度来看，无论是建立在学科知识体系的高等学校分类管理，或者是根据高等学校办学水平的高等学校分层管理，都表现为以政府导向、行政推动、效率至上为原则，注重经济效用和国家战略效用，是工具理性驱动的高等教育制度选择。高等学校分类制度的生成，在中国高等教育管理体制下仍然具有政府和社会共同导向、行政力量推动的强制性制度变迁的特点，效率与公平并重，也反映出高等教育内在发展规律的学术本位和经济社会发展的社会需求的协调，注重高等教育内部效用和社会效用，是价值理性驱动的高等教育制度变迁。

从高等学校分类制度实施来看，中国强制性变迁主导的高等学校分类制度变迁，虽然通过国家强制性政策规定生成了高等学校分类制度，建立以高等教育分类体系引导分类设置、分类管理、分类办学、分类评价的稳定性的制度话语，但是在行动实践层面的制度变迁显得较为不足。当前中国高等学校分类制度生成的特征表现为强制性、滞后性、持续性、渐变性，需要处理好制度合法化与社会化、制度话语和行动实践、技术变迁和制度变迁、分层文化和分类文化的关系，推动制度持续生成。通过正式制度和非正式制度的协调、推动显性制度转化为隐性制度，通过知识和技术创新推动制度变迁，推动分层文化与分类文化的融合，彰显高等学校分类制度的正当性，以强化高等学校分类制度与其他高等教育制度之间的衔接和联结，推动高等学校分类制度的行动实践。

高等学校分类制度的持续发展和创新，需要以制度设计系统指导行动实践，加快制度实施步伐。高等学校分类制度通过强制性手段推动制度生成，原选拔性分层文化转变为非正式制度，但仍有深远的社会影响，克服高等学校办学的锁定和路径依赖的进程较为缓慢，技术创新在推动制度生成方面任重道远，在制度扩散环节，高等学校办学同构的现象依旧存在。因而要推动高等学校分类制度的持续生成，既需要有效联动其他高等教育制度，构建更加健全的制度话语体系，为促进高等学校分类制度全面实施奠定话语基础。还需要借助健全的制度话语体系对高等学校分类的行动实践开展系统性的引导，在制度实施过程中不断加快制度的社会化进程，获得更加广泛深远的社会认可度。推动高等学校分类制度的持续发展，也离不开基于高等教育内外部系统环境的变化和需求，及时调整和修正的技术变迁推动高等学校分类制度创新。高等学校分类制度的实施，需要联动中央与地方政府高等教育行政力量，高校、社会等高等教育利益相关者，引导不同类型高等学校瞄准在高等学校分类制度中的站位，积极采取富有办学特色的行动对策。通过制度话语的不断完善和制度利益相关者的深度参与实施，使得高等学校分类制度持续生成，有效规范不同类型高等学校基本办学质量，引导不同类型高等学校在多元的办学轨道上追求卓越质量，满足经济社会转型发展和创新型国家建设对高等教育多样化发展、培养多元人才和高等教育高质量发展的新要求。

参考文献

一 中文著作

陈厚丰：《高等教育分类的理论逻辑与制度框架研究》，广东高等教育出版社 2011 年版。

褚宏启主编：《教育政策学》，北京师范大学出版社 2011 年版。

辞海编辑委员会：《辞海》（第六版缩印本），上海辞书出版社 2010 年版。

夏征农、陈至立主编：《大辞海》（教育卷），上海辞书出版社 2014 年版。

夏征农、陈至立主编：《大辞海》（经济卷），上海辞书出版社 2015 年版。

夏征农等主编：《大辞海》（哲学卷），上海辞书出版社 2003 年版。

范如国：《制度演化及其复杂性》，科学出版社 2011 年版。

（清）桂馥：《说文解字义证》，中华书局 2017 年版。

胡建华：《现代中国大学制度的原点：50 年代初期的大学改革》，南京师范大学出版社 2001 年版。

林荣日：《制度变迁中的权力博弈——以转型期中国高等教育制度为研究重点》，复旦大学出版社 2007 年版。

刘冬青：《美国州高等教育财政政策的变革》，浙江教育出版社 2015 年版。

刘光主编：《新中国高等教育大事记（1949—1987）》，东北师范大学出版社 1990 年版。

潘懋元主编：《新编高等教育学》，北京师范大学出版社 2009 年版。

史秋衡：《国家高校分类体系及其设置标准实证研究》，科学出版社 2016 年版。

史秋衡等：《高等学校分类体系及其设置标准研究》，经济科学出版社 2019 年版。

孙宽平主编：《转轨、规制与制度选择》，社会科学文献出版社 2004 年版。

谭庆刚主编：《新制度经济学导论——分析框架与中国实践》，清华大学出版社 2011 年版。

汪洪涛：《制度经济学：制度及制度变迁性质解释》（第二版），复旦大学出版社 2009 年版。

王慧敏：《美国建国初期高等教育的演进》，浙江教育出版社 2017 年版。

肖海涛：《大学的理念》，华中科技大学出版社 2001 年版。

谢立中主编：《西方社会学名著提要》，江西人民出版社 1998 年版。

王晨、张斌贤主编：《美国教育的传统与变革》，中国社会科学出版社 2018 年版。

浙江大学课题组编著：《中国高等学校的分类问题》，高等教育出版社 2009 年版。

[德] 斯蒂芬·沃依格特：《制度经济学》，史世伟等译，中国社会科学出版社 2016 年版。

[法] 爱弥儿·涂尔干、马塞尔·莫斯：《原始分类》，汲喆译，商务印书馆 2012 年版。

[美] 埃贡·G·古贝、伊冯娜·S·林肯：《第四代评估》，秦霖、蒋燕玲等译，中国人民大学出版社 2008 年版。

[美] 彼得·L. 伯格、托马斯·卢克曼：《现实的社会建构：知识社会学论纲》，吴肃然译，北京大学出版社 2019 年版。

[美] 伯顿·R. 克拉克：《高等教育系统——学术组织的跨国研究》，王承绪等译，杭州大学出版社 1994 年版。

[美] 道格拉斯·C. 诺思：《制度、制度变迁与经济绩效》，杭行译，格致出版社、上海三联书店、上海人民出版社 2014 年版。

[美] 凡勃伦：《有闲阶级论——关于制度的经济研究》，蔡受百译，商务印书馆 2004 年版。

[美] 亨利·埃茨科威兹：《三螺旋——大学·产业·政府三元一体的创新战略》，周春彦译，东方出版社 2005 年版。

[美] 康芒斯：《制度经济学》，于树生译，商务印书馆 1997 年版。

[美] 克拉克·克尔：《大学的功用》，陈学飞等译，江西教育出版社 1993年版。

[美] 克拉克·克尔：《高等教育不能回避历史——21 世纪的问题》，王承绪译，浙江教育出版社 2001 年版。

[美] 罗纳德·H. 科斯等：《财产权利与制度变迁：产权学派与新制度学派译文集》，刘守英等译，格致出版社、上海三联书店、上海人民出版社 2014 年版。

[美] 沃尔特·W. 鲍威尔、保罗·J. 迪马吉奥主编：《组织分析的新制度主义》，姚伟译，上海人民出版社 2008 年版。

[美] 亚伯拉罕·弗莱克斯纳：《现代大学论——英美德大学研究》，徐辉、陈晓菲译，浙江教育出版社 2001 年版。

[美] 亚瑟. 科恩：《美国高等教育通史》，李子江译，北京大学出版社 2010 年版。

[美] 约翰·L. 坎贝尔：《制度变迁与全球化》，姚伟译，上海人民出版社 2010 年版。

[美] 约翰·S. 布鲁贝克：《高等教育哲学》，王承绪、郑继伟、张维平等译，浙江教育出版社 2002 年版。

[美] 约翰·奥伯利·道格拉斯：《加利福尼亚思想与美国高等教育：1850—1960 年的总体规划》，周作宇等译，教育科学出版社 2008 年版。

[日] 大塚丰：《现代中国高等教育的形成》，黄福涛译，北京师范大学出版社 1998 年版。

[英] 玛丽·道格拉斯：《制度如何思考》，张晨曲译，经济管理出版社 2013 年版。

[英] 迈克尔·吉本斯等：《知识生产的新模式：当代社会科学与研究的动力学》，陈洪捷、沈文钦等译，北京大学出版社 2011 年版。

［英］约翰·亨利·纽曼：《大学的理想》，徐辉、顾建新、何曙荣译，浙江教育出版社2001年版。

二 学位论文

曹赛先：《高等学校分类的理论与实践》，博士学位论文，华中科技大学，2004年。

常乔丽：《新中国成立以来高等教育重点建设政策的演变机制研究——基于制度变迁理论的分析》，硕士学位论文，兰州大学，2018年。

陈恒敏：《Institutionalized Institutions：Classification of Higher Education Institution in BRICS Countries》，硕士学位论文，厦门大学，2017年。

韩梦洁：《美国高等教育结构变迁机制研究》，博士学位论文，大连理工大学，2013年。

黄启兵：《我国高校设置变迁的制度分析》，博士学位论文，南京师范大学，2006年。

矫怡程：《高等学校设置制度研究》，博士学位论文，厦门大学，2016年。

康敏：《我国高校分类核心指标的实证研究》，硕士学位论文，厦门大学，2016年。

柯安琪：《金砖国家高等学校设置标准研究》，硕士学位论文，厦门大学，2018年。

雷家彬：《中国高等学校分类方法的反思与建构》，博士学位论文，华中科技大学，2011年。

李东航：《高等教育分流制度研究》，博士学位论文，华中师范大学，2015年。

李晓倩：《新制度主义视角下我国高等教育制度变迁》，硕士学位论文，大连理工大学，2008年。

刘静：《我国大学院系设置与管理制度的变迁研究》，硕士学位论文，华中科技大学，2016年。

马廷奇：《大学组织的变革与制度创新》，博士学位论文，华中科技大学，

· 205 ·

2004年。

张勇军：《地方高等师范院校综合化发展研究——以A省为例》，博士学位论文，华东师范大学，2012年。

朱艳：《制度视角下中国高等教育结构研究》，博士学位论文，大连理工大学，2012年。

庄三舵：《大学城校际资源共享的问题与对策研究》，博士学位论文，中国科学技术大学，2017年。

三 中文论文

曹赛先、沈红：《浅论我国的高校分类》，《科学学与科学技术管理》2004年第2期。

陈伟：《高等学校的差序格局及其变革》，《高等教育研究》2015年第6期。

陈武元、洪真裁：《关于中国高校分类与定位问题的思考》，《现代大学教育》2007年第2期。

董志强：《制度及其演化的一般理论》，《管理世界》2008年第5期。

杜瑛：《基于绩效的高校分类管理机制探析》，《国家教育行政学院学报》2017年第12期。

费显政：《新制度学派组织与环境关系观述评》，《外国经济与管理》2006年第8期。

冯友梅、李艺：《布鲁姆教育目标分类学批判》，《华东师范大学学报》（教育科学版）2019年第2期。

高飞：《合法性、嵌入性与"失准"的精准扶贫——一个新制度主义的视角》，《北京社会科学》2019年第7期。

贺武华：《高校如何在"宫格"中实现行政主导下的自主发展——兼析沪浙高校分类发展模式与经验》，《教育发展研究》2022年第1期。

胡仁东：《大学组织治理制度生成机制探析》，《江苏高教》2011年第5期。

黄毅：《建构性变通：制度变迁社会学的一个分析框架——以 S 大学教师职务聘任制变革为例》，《学术研究》2013 年第 10 期。

教军章、张卓：《玛丽·道格拉斯的制度生成理论及其超越意义》，《理论探讨》2015 年第 5 期。

李立国：《大学治理的制度逻辑：融通"大学之制"与"大学之治"》，《华东师范大学学报》（教育科学版）2021 年第 3 期。

李曙华：《当代科学的规范转换——从还原论到生成整体论》，《哲学研究》2006 年第 11 期。

林杰：《世界一流大学：构成的还是生成的？——基于系统科学的分析》，《复旦教育论坛》2016 年第 2 期。

刘宝存：《弗莱克斯纳大学理念述评》，《学位与研究生教育》2002 年第 5 期。

刘宝存：《科尔大学理念述评》，《比较教育研究》2002 年第 10 期。

刘少雪、刘念才：《我国普通高校的分类标准和分类管理》，《高等教育研究》2005 年第 7 期。

刘献君：《建设教学服务型大学——兼论高等学校分类》，《教育研究》2007 年第 7 期。

刘向东、吕艳：《高等学校分类的实证研究——基于 75 所教育部直属高校和 19 所地方共建高校的分析》，《清华大学教育研究》2010 年第 4 期。

刘玉照、田青：《新制度是如何落实的？——作为制度变迁新机制的"通变"》，《社会学研究》2009 年第 4 期。

鲁品越：《从构成论到生成论——系统思想的历史转变》，《中国人民大学学报》2015 年第 5 期。

陆正林、顾永安：《高等教育分类的方法论思考》，《教育发展研究》2011 年第 11 期。

马健生：《试论教育改革中的制度变迁》，《教育科学》2003 年第 3 期。

马陆亭：《我国高等学校分类的结构设计》，《北京大学教育评论》2005 年第 2 期。

马雪松、刘乃源:《当代西方制度演化理论的研究视阈》,《广西社会科学》2012年第2期。

潘黎:《高校分类的新视角——基于知识的视角》,《教育科学》2010年第1期。

潘懋元、陈厚丰:《高等教育分类的方法论问题》,《高等教育研究》2006年第3期。

潘懋元、董立平:《关于高等学校分类、定位、特色发展的探讨》,《教育研究》2009年第2期。

潘懋元、吴玫:《高等学校分类与定位问题》,《复旦教育论坛》2003年第3期。

戚业国、杜瑛:《试探我国高等学校分类思路及方法》,《教育发展研究》2005年第23期。

茹宁:《U-Map:欧洲版本的高等教育分类体系》,《中国高教研究》2012年第3期。

史秋衡、康敏:《探索我国高等学校分类体系设计》,《中国高等教育》2017年第2期。

史秋衡、康敏:《我国高校分类设置管理的逻辑进程与制度建构》,《厦门大学学报》(哲学社会科学版)2017年第6期。

史秋衡、康敏:《我国高校异地多校区设置管理研议》,《国家教育行政学院学报》2017年第7期。

史秋衡:《〈中华人民共和国高等教育法〉20年发展报告——基于高校分类人才培养提质增效视角》,《国家教育行政学院学报》2020年第2期。

宋争辉、郭书剑:《地方统筹:高等教育治理的新思维》,《高等教育研究》2018年第1期。

宋志燕:《高校二级学院治理效能内在逻辑与实践进路》,《西北师大学报》(社会科学版)2022年第5期。

宋中英、雷庆:《我国高等学校分类的实证研究——以北京市普通高校为例》,《高教探索》2010年第6期。

宋中英、雷庆：《我国高等学校分类及其走向》，《教育发展研究》2008 年 Z3 期。

苏君阳、王珊、阚维：《非正式教育制度与正式教育制度的冲突——基于我国当前教育改革实践的思考》，《北京师范大学学报》（社会科学版）2015 年第 4 期。

孙伦轩、陈·巴特尔：《高等学校的分化、分类与分层：概念辨析与边界厘定》，《国家教育行政学院学报》2016 年第 10 期。

田凯、赵娟：《组织趋同与多样性：组织分析新制度主义的发展脉络》，《经济社会体制比较》2017 年第 3 期。

田贤鹏：《一流学科建设中的知识生产创新路径优化——基于知识生成论视角》，《学位与研究生教育》2018 年第 6 期。

王建华：《高等教育的应用性》，《教育研究》2013 年第 4 期。

王楠：《我国高等学校分类体系重构：范式、主体与方法》，《教育研究》2016 年第 12 期。

王占军：《大学有效治理的路径：知识论基础与实践准则》，《中国高教研究》2018 年第 9 期。

邬大光：《大学分化的复杂性及其价值》，《教育研究》2010 年第 12 期。

武书连：《再探大学分类》，《科学学与科学技术管理》2002 年第 10 期。

徐国庆、余韵：《职普融通的当代涵义与实践框架——基于技术及职业关系演变的分析》，《教育研究》2024 年第 2 期。

闫丽雯、周海涛：《"双一流"建设下高校"挖人"的制度性动因》，《江苏高教》2017 年第 8 期。

杨瑞龙：《我国制度变迁方式转换的三阶段论——兼论地方政府的制度创新行为》，《经济研究》1998 年第 1 期。

杨院：《我国高校办学质量分类管理的推进与选择》，《厦门大学学报》（哲学社会科学版）2017 年第 6 期。

姚松、曹远航：《70 年来中国教育扶贫政策的历史变迁与未来展望——基于历史制度主义的分析视角》，《教育与经济》2019 年第 4 期。

鄞益奋：《公共政策评估：理性主义和建构主义的耦合》，《中国行政管理》2019 年第 11 期。

于畅、高向辉、李明、徐琪：《高校绩效评价的理论逻辑、现实依据及实践探索》，《现代教育管理》2022 年第 5 期。

曾天山：《关于推进职普融通、完善评价体系的政策建议》，《中国考试》2024 年第 1 期。

张广君、李敏：《关于"转变学习方式"的认识误区及其超越——基于生成论教学哲学的理论立场》，《教育发展研究》2017 年第 4 期。

张衡：《大学治理方法论取向：结构主义、制度主义与行动主义》，《清华大学教育研究》2021 年第 2 期。

张珏：《创新分类评价管理体系 促进高等学校差异化发展》，《中国高等教育》2018 第 1 期。

张丽：《大学章程实施的路径依赖与路径创生》，《高等教育研究》2019 年第 6 期。

张民：《基于社会服务产出类型的工科大学分类法研究》，《高等工程教育研究》2011 年第 6 期。

张熙：《大学组织与制度环境的互构机制分析——新制度主义视域下建设"双一流"的制度过程》，《高教探索》2016 年第 7 期。

张晓洁、张广君：《教学认识论的当代转向：从知识论到生成论——生成论教学哲学的认识论镜像》，《教育研究》2017 年第 7 期。

张晓洁：《"反转"还是"生成"："翻转课堂"的教学哲学考察》，《课程·教材·教法》2017 年第 6 期。

张亚平、施立明：《动物分类学及其存在的一些问题》，《自然杂志》1992 年第 1 期。

张应强、周钦：《"双一流"建设背景下的高校分类分层建设和特色发展》，《大学教育科学》2020 年第 1 期。

张应强：《高等教育质量民间立场与我国高等教育普及化》，《大学教育科学》2022 年第 6 期。

赵庆年、祁晓：《高等学校分类管理：内涵与具体内容》，《教育研究》2013年第8期。

赵婷婷、邬大光：《大学批判精神探析》，《高等教育研究》2000年第2期。

周光礼：《论高校分类的逻辑》，《中国高教研究》2022年第11期。

周洪宇、余江涛：《2023中国教育治理研究热点与未来前瞻》，《现代教育技术》2024年第3期。

周理乾：《空间的时间化——从系统科学到生成论》，《系统科学学报》2014年第2期。

周雪光、艾云：《多重逻辑下的制度变迁：一个分析框架》，《中国社会科学》2010年第4期。

周益斌：《遵循与超越：基于〈柏林原则〉的高校分类评价透视——以上海为例》，《教育发展研究》，2020年第19期。

朱德全、王志远：《新时代职普融通的教育强国战略与评价改革赋能路径》，《新疆师范大学学报》（哲学社会科学版）2024年第2期。

祝爱武、冯建军：《实践—生成论的教育人学范式》，《教育研究与实验》2016年第2期。

邹晓平：《高等学校的定位问题与分类框架》，《高教探索》2004年第3期。

四　外文论文

Committee of the corporation, the Academical Faculty, *The Yale Report of* 1828, Yale College, September 11, 1827.

Frans van Vught, "Diversity and Differentiation in Higher Education Systems", sponsored by CHET anniversary conference, Cape Town, November 16, 2007.

Futao Huang, "Challenges for higher education and research: a perspective from Japan", *Studies in Higher Education*, Vol. 39, No. 8, 2014.

Haunschild, Pamela R., Anne S. Miner, "Modes of Interorganizational Imitation: The Effects of Outcome Salience and Uncertainty", *Administrative Science Quarterly*, Vol. 42, No. 3, 1997.

Henry Etzkowitz, Loet Leydesdorff, "The dynamics of innovation: from National Systems and 'Mode 2' to a Triple Helix of university-industry-government relations", *Research Policy*, No. 29, 2000.

Joseph C. Hermanowicz, "Classifying Universities and Their Departments: A social World Perspective", *The Journal of Higher Education*, Vol. 76, No. 1, 2005.

Paul J. DiMaggio, Walter W. Powell, "The Iron Cage Revisited: Institutional Isomorphism and Collective Rationality in Organizational Fields", *American Sociology Review*, No. 48, 1983.

［日］天野郁夫:《试论日本的大学分类》，陈武元译,《复旦教育论坛》2004年第5期。

Simon Marginson, "The Master Plan and the California higher education system: Success, Failure and Implications for China", *International Journal of Chinese Education*, No. 6, 2017.

五 外文著作

Arthur M. Cohen, Florence B. Brawer, Carrie B. Kisker, *The American Community College* (6 edition), San Francisco: Jossey-Bass, 2014.

Birnbaum, R., *Maintaining Diversity in Higher Education*, San Francisco: Jossey-Bass, 1983.

Boyer, Ernest L., *Scholarship Reconsidered: Priorities of the Professoriate*, Princeton Pike, Lawrenceville: Princeton University Press, 1990.

Hannan, M. T. and Freeman, J., *Organizational Ecology*, Cambridge: Harvard University Press, 1989.

N. J. Smelser and P. B. Baltes, *International Encyclopedia of the Social &*

Behavioral Sciences, Elmsford: Pergamon, 2001.

Pfeffer, J. and Salancik, G. R., *The External Control of Organizations, A Resource Dependence Perspective*. New York: Harper and Row, 1978.

Simon Marginson, *The dream is over: The Crisis of Clark Kerr's California Idea of Higher Education*, Oakland: University of California Press, 2016.

六 会议文章

Chen S. F., Goodman J. T., "An Empirical Study of Smoothing Techniques for Language Modeling", Proceedings of ACL, 1996.

Claire Gilbert, Donald Heller, "The Truman Commission and its Impact on Federal Higher Education Policy from 1947 to 2010", The Association for the Study of Higher Education annual meeting, Indianapolis, IN. Indiana, November, 2010.

后　　记

　　落笔，又快到了凤凰花开的季节。从2013年入学至今，在厦门大学已经度过了七个年头，渐渐融入了这里的一切。有得以远眺海上船舶开航的开阔之境，有南普陀寺如约而至的晨钟暮鼓，有隔壁胡里山炮台的震天炮响，还有宿舍园子里四时变幻的虫鸣鸟唱。在厦七年的前三年是懵懂的，后四年是摸索的，感谢领着我步入学术殿堂的师者们、学友们，让我有勇气走上学术之路，期待着磨砺与蜕变。

　　撰写博士学位论文的万千思绪仍萦绕心头久久未散。博士学位论文从选题到定稿于我而言是个持续性的挑战。自2014年9月开始全程参与导师史秋衡教授主持的教育部哲学社会科学研究重大课题攻关项目"高校分类体系及其设置标准研究"，直至2018年顺利结题，便与高校分类研究主题结下了不解之缘。在撰写硕士学位论文和参与课题经验的基础上，选择了高等学校分类制度作为研究选题，既是对研究积累的深入思考，也是对未来研究的展望。博士学位论文得以最终成型，离不开高校管理者和研究者们的真诚与坦诚，在此也要特别感谢美国哥伦比亚大学师范学院Bailey校长和Brock教授在我访学期间为我的研究提供指导和启发。记得曾在硕士论文的后记中写道，这是一个结束也是一个开始。博士学位论文的定稿，又何尝不是预示着另一个新征程的开端。从踏入厦门大学至今的七载，如白驹过隙，可心中常存感恩和感激。

　　承蒙师恩，谆谆教诲。最感谢的是恩师史秋衡教授，以身作则教会我学为人师和行为世范的真谛。感谢您的信任，让我得以成为您的学生。七

后记

年来，有幸目睹您对学术研究的忘我投入、对学生的无私关怀、对行政工作的运筹帷幄和始终如一。无论学习和科研事务上遇到什么难题向您求助，您的处理方式总令我豁然开朗，而凌晨时分收到您的邮件回复仿佛已是常态。感谢您的信任，不辞劳苦地领着我步入科研之路，在我手足无措时为我指点迷津。研究生学习生涯的每一次进步都离不开您的支持，博士学位论文从选题到写作、修改完善的过程离不开您的悉心指导。感谢您的信任，让我有幸加入师门这个大家庭，加入您的研究团队，在学习和生活上有众多互相支持的兄弟姐妹。感谢您的信任，为我提供欧洲、美国、中国台湾高校的访学机会，让我有幸领略另一个世界，培养不同的思维。感谢您的信任，在参与课题研究、举办学术会议中创造机会全方位锻炼我的能力，让我能够独当一面。感谢您的信任，常常鼓励我突破自己的桎梏，凡事皆有可能。您求实治学、宽厚待人、永不懈怠的精神将激励我在未来学习和工作中不断进取。

感谢厦门大学教育研究院的老师们，你们的专业学识、严谨治学和学术热忱无不激励着我、指引着我。敬仰鲐背之年的潘先生谈起高等教育研究时候的井井有条和鞭辟入里，为我们一字一句批改作业的一丝不苟，感佩潘先生对高等教育研究的热忱和对生活的热爱。感谢武毅英教授在我申请博士研究生过程中给予的热心支持和帮助，为我的博士学位论文提供指导。感谢文静副教授从博士学位论文选题到定稿过程中的无私帮助。感谢张亚群教授、洪志忠助理教授临近春节假期仍抽出时间为我的博士学位论文初稿进行审论并提供宝贵修改建议。你们严谨治学、关心学生的精神，使我受益良多。感谢美国哥伦比亚大学师范学院 Bailey 校长和 Brock 教授在我访学期间关心我的学业进展和生活安排，感谢你们的包容和善意。此外，还要特别感谢北京师范大学余凯教授和马健生教授，感恩你们对学生自主选择的鼓励和支持。

感恩史秋衡老师和师母以及天南海北的兄弟姐妹一起组成师门大家庭，让我的学术之路充满温情与感动。感恩师母时刻关心着我们的生活和学习，愿意倾听我们的苦恼，为我们排忧解难；亲自下厨烹饪和举办佳节活动，都让我们感受到家的温暖。感恩师门的各位师兄师姐、师弟师妹对我的关心、支持与帮助，润物细无声，我也会努力地向你们看齐。感谢矫怡程师姐、王芳师姐对我学习和生活上的支持，谢谢你们在我求助的时候总是毫不吝惜倾尽所能。感恩杨院师兄、汪雅霜师兄、李玲玲师姐、冯涛师兄、孙俊华师兄、陈勤老师，谢谢你们愿意与我分享人生的大智慧。感谢陈恒敏、柯安琪、陈璐蓉，为我漫长的学习生涯带来无限活力。感谢杨玉婷、孙希嫚、季玟希、谢玲、张纯坤，谢谢你们的关心和帮助。感谢2016级博士生班级和2013级硕士生班级的学友们，谢谢你们努力打造班级的金字招牌，何其有幸能够成为其中一员。

感谢家人为我遮风挡雨，使我能够全身心投入学习。谢谢你们对我的绝对信任和支持，你们一直是我学习和生活取得进步的源源动力。纸短情长，拙嘴笨舌，拳拳之心，希望能通过新的人生征程和学术之旅来见证。

康 敏

于 123W，106th Street，NY

2020 年 3 月 20 日